Cristianismo:
La estafa más grande

Ricardo Alonso Zavala Toia

Cristianismo:
La estafa más grande

Ricardo Alonso Zavala Toia

© 2014, Ricardo Alonso Zavala Toia
zavalaricardo@hotmail.com

Editor: Héctor Sanz García
Diseño de cubierta: Erick Strada
Diseño de interiores: Erick Strada y Héctor Sanz
Derechos Reservados de esta
TERCERA EDICIÓN

Hecho el depósito legal en la Biblioteca Nacional
del Perú 2014-15462

ISBN: 9786124683107

*Para mi hijo Alonso,
como contribución a
la búsqueda de la
verdad.*

AGRADECIMIENTOS

A mis amigos Víctor Gustavo León Álvarez y Julio Talavera Chávez. Al primero por haberse tomado la molestia de participar en las correcciones y al segundo por haberme ayudado a reflexionar. Un agradecimiento especial a mi hermano Fernando por haber hecho las correcciones finales.

INDÍCE

	Página
A MODO DE INTRODUCCIÓN	13

CAPITULO 1

¿ES ORIGINAL LA HISTORIA DEL EVANGELIO? 23

CAPÍTULO 2

LAS PROFECIAS 181

CAPÍTULO 3

JESUS FUERA DE LA BIBLIA 209

CAPÍTULO 4

OTROS ASPECTOS QUE PRUEBAN LA NO HISTORICIDAD DE JESUS 227

CAPÍTULO 5

LAS DIVERSAS CONSTRUCCIONES DE JESUS EN BASE A PERSONAJES BIBLICOS ANTERIORES 239

CAPÍTULO 6

ORIGEN DE LA SIMBOLOGIA CRISTIANA 245

CAPÍTULO 7

IDOLATRIA Y LA IGLESIA CATÓLICA 267

CAPÍTULO 8

LA VIRGEN MARÍA 287

CAPÍTULO 9

LA MUJER Y EL CRISTIANISMO 309

EPÍLOGO 329

ANEXOS

ANEXO 1
TAXA CAMARAE 335

ANEXO 2
LA SÁBANA DE TURÍN, IMPLICANCIAS DE SU AUTENTICIDAD 339

BIBLIOGRAFÍA 353

A MODO DE INTRODUCCIÓN

No recuerdo exactamente cómo, pero un buen o mal día de mi infancia me di cuenta que era católico. No recuerdo ningún detalle de la ceremonia ni la fecha cuando me hice católico, pero por las fotos que después vi supe, se trató de un gran acontecimiento social para mi familia. Mucho antes que tuviera cualquier posibilidad de saber que estaba pasando a mí alrededor y, por supuesto, sin habérseme consultado, mis padres decidieron bautizarme bajo el rito católico.

Pienso que mis padres tomaron esa decisión por varias razones: la primera, porque en sus propias familias una generación antes mis abuelos también decidieron hacer lo mismo con ellos y ésta era una tradición que había que seguir; en segundo lugar, creo que en la decisión de mis padres debió pesar el que mi alma infante corría el riesgo de terminar en los fuegos eternos del infierno y, lógicamente, mis padres no iban a permitirlo; pero, además, pienso que hubo un tercer factor decisivo: en los países latinoamericanos, el bautismo es un acontecimiento social que facilita la presentación del hijo o la hija en sociedad, el bautismo de nuestros hijos es la mejor oportunidad de fortalecer las relaciones sociales con los futuros padrinos y, por lo general, es la ocasión o disculpa para organizar un gran festejo donde echamos la casa por la ventana, pasando lo religioso a un segundo plano.

Unos años más tarde, también por decisión de mis padres, inicié mi educación en un colegio católico jesuita, donde se me dio una de las mejores, si no la mejor educación, a la que cualquier niño o adolescente podía aspirar. Durante esta época y como parte de la rutina educativa, aprendí el catecismo católico, a escuchar todas la mañanas misas en latín, que nunca llegué a comprender; a recitar oraciones, rosarios y credos que siempre me resultaron de lo más insípidos y, como parte de mi "formación", recibí también la llamada confirmación y luego la primera comunión, cuyo significado no me quedó muy claro, pero que también dio lugar a otra celebración social de la familia, con nuevos padrinos, regalos y fiesta.

De esta forma, la religión católica me fue impuesta como una parte natural de mi vida en la sociedad donde el destino me trajo y, durante ese proceso, a nadie se le ocurrió consultar mi opinión, ni menos presentarme otras alternativas religiosas para escoger aquella que me resultara más atractiva o útil. No quiero decir con ello que mis padres tuvieran la mala intención de arruinarme la vida o de ocultarme la verdad; estoy seguro que ellos actuaron con la mayor buena fe, guiados por la tradición y normas sociales en las que nacieron y crecieron, pensando siempre en lo mejor para mí y para el resto de la familia.

Si me hubiera tocado nacer en Egipto, por las mismas razones, pero con diferentes fechas, lugares y personas, hoy sería musulmán, habría estudiado el Corán y recitado cinco veces al día, de rodillas y mirando a La Meca: "No hay otro Dios más que Alá y Mahoma es su profeta". Del mismo modo, si mi destino hubiera sido nacer en Tailandia, habría sido budista y tal vez habría caminado con sandalias y túnica de color naranja.

Lo cierto es que todos profesamos la religión del lugar donde nacemos o la que nos enseñaron nuestros padres. Aceptamos sin cuestionar las ideas religiosas del lugar donde crecemos y nos educamos, y lo hacemos como parte natural de nuestro desarrollo social, pues confiamos ciegamente en las enseñanzas que recibimos de nuestra familia, que luego se refuerzan con lo que aprendemos en la escuela y el círculo social donde nos desenvolvemos.

Durante este proceso, se nos impone una serie de dogmas que vamos asimilando sin titubear, pues, de lo contrario, se nos amenaza con aquel "infierno" cuya descripción es más tenebrosa que la descrita por Dante en su novela, y en algún momento de nuestra aun corta vida comenzamos a repetir sin la menor duda una serie de afirmaciones que no resisten el menor razonamiento lógico. También aprendemos que todo aquello de nuestra religión que es absurdo, ilógico o antinatural es un "misterio" y se resuelve con una palabra mágica: la fe, pues ésta no solo mueve montañas, sino que convierte lo absurdo en razonable, lo ilógico en lógico y lo antinatural en natural. De esta forma, sutilmente se nos introduce en la cultura del miedo y la domesticación de las almas, lo que guiará el resto de nuestro camino por el mundo.

Este proceso de educación religiosa que recibimos ha sido tan bien diseñado y entornillado en nuestros cerebros, que posteriormente muy pocos hombres y mujeres lo revisan, cuestionan o deciden sustituir por otra creencia u otra forma de vivir y dar respuesta a aquello que no entendemos. Simplemente aceptamos como cierto aquello que hemos aprendido.

Al final del proceso del adoctrinamiento religioso llegamos a convencernos que nuestra religión es la única verdadera y, por lo tanto, la única que nos abrirá las puertas del cielo. Además, también estamos convencidos que el resto de seres humanos que no tuvieron la suerte de revelárseles la misma verdad que a nosotros, por más que sean personas buenas, dignas y virtuosas, lamentablemente no recibirán el premio de la vida eterna. Este adoctrinamiento y manipulación mental es tal que nuestro paso siguiente será tratar, por todos los medios, de asegurarnos que nuestros familiares, amigos, vecinos, clientes, etc., también tengan la oportunidad de formar parte de nuestro privilegiado grupo, y así se pondrá en práctica una especie de expansión piramidal al mejor estilo mercantilista moderno.

Si el tema religioso quedara circunscrito al fuero interno de cada individuo, solo cabría respetar las creencias de cada uno. Pero aquello dista mucho de la realidad pues lo cierto es que son las religiones en general, y la católica en particular, las responsables de la mayor parte de persecuciones, atrocidades y genocidios que ha sido testigo la historia del mundo, y si hacemos un sincero análisis de lo bueno y malo que nos han traído, tendremos que aceptar que más ha sido el daño que han causado.

Muy pocos seres humanos siguen una religión en particular porque se han dado el trabajo de investigar y estudiar otros credos religiosos. En América Latina, y el caso es similar con las otras religiones del planeta, la mayoría de sus habitantes son católicos de nombre, no conocen más allá del forro de su Biblia, son católicos que repiten de memoria algunas oraciones hace mucho tiempo aprendidas o practican sus creencias dos horas a la semana asistiendo, generalmente el domingo, a algún servicio religioso donde la mayor parte de los participantes aparentan santidad. Si estos católicos no conocen lo elemental de su libro sagrado, menos conocen el Corán, la Torá, el Bhagavad-Gita, u otros libros sagrados, ni tienen los más mínimos elementos de juicio para afirmar, como lo hacen tozudamente, que la religión católica es la única verdad revelada. Lo razonable sería que antes de convertirnos en cristianos o musulmanes, o miembros de cualquier otra religión, hiciéramos el esfuerzo de estudiar lo que también tienen que ofrecer esas otras creencias, y luego de sopesar todas ellas, tomáramos una decisión razonada.

En la realidad somos cristianos, musulmanes, judíos o lo que fuera por azar, tradición familiar y/o lugar de nacimiento, y somos manipulados por los líderes de la religión que nos toca, y lo peor es que aceptamos esta realidad sin cuestionamiento. En los colegios se nos enseña que la ciencia y la evolución del conocimiento humano (con la sola excepción de la religión) se desarrollan en base a la razón y el cuestionamiento; en cambio, la religión debe aceptarse en base a la fe, bajo pena de sufrir el castigo del infierno eterno. De esta forma las religiones han manipulado a la humanidad desde que se organizaron como tales.

El cristianismo, y en especial el catolicismo, por la experiencia que le dan dos mil años en el negocio, ha aprendido que la mejor forma de asegurar la perdurabilidad de su organización es a través del adoctrinamiento forzado (lavado cerebral) de los millones de niños y jóvenes que van a sus colegios y universidades. En economía habríamos utilizado el término "mercado cautivo".

Cuando era niño siempre me intrigó cómo mi abuelo Sabino podía decir sin ningún reparo que era ateo. Mientras todas las personas quienes me rodeaban eran o decían ser cristianas, mi abuelo no tenía ningún problema en expresar abiertamente sus ideas antirreligiosas. Un buen día, cuando tenía unos catorce años, le pedí que me explicara los por qué de su forma de pensar y su respuesta fue muy sencilla, me dijo: – lee, así encontrarás por ti mismo la verdad –. También le pregunté por donde debía comenzar y su respuesta fue aún más radical: – no importa lo que leas, sólo lee... pronto te darás cuenta por ti mismo cual es buena y cual es mala lectura –. Esta fue la más grande enseñanza que aprendí en mi vida. Ese día tomé la decisión de encontrar mi propia verdad y aunque han pasado muchas aguas bajo el puente, no he dejado de leer e investigar estos temas.

He tenido la suerte de viajar por casi todo el mundo y eso me ha permitido ver las cosas desde diferentes ópticas. Alguna vez tuve que decidir entre atesorar bienes materiales o simplemente vivir plenamente la vida... Opté por lo segundo, y entre mis libros y aventuras por el mundo he aprendido una verdad que ahora quiero compartir.

Antes de continuar, creo importante que sepa el lector que en uno de los tantos viajes que hice a los Estados Unidos, lugar donde he residido un total de ocho años, en 1994 tuve la oportunidad de conocer a otro de los personajes que ha moldeado mi vida: el Padre Mathew Naikomparambil, sacerdote católico del sur de la India, quien es conocido como el Billy Graham del Asia. Un buen día, asumí la responsabilidad de organizar para el Padre Mathew sus jornadas de evangelización en el Perú. Durante tres años, no sólo organicé esas jornadas espirituales en el Perú y buena parte de la América de Sur, sino que me convertí en intérprete oficial del Padre Mathew y su equipo, llegando incluso a predicar con él durante el año 1996.

El Padre Mathew es un sacerdote extraordinario, un hombre humilde y sincero dedicado a la oración y a la evangelización por todo el mundo. Tuve la oportunidad de conocer muy de cerca, y en la práctica, lo que los cristianos llaman dones del espíritu santo, ver multitudes buscando una sanación, un milagro o una razón para su vida. Mi vida tuvo un giro inesperado, sin haberlo buscado conocí la vida religiosa por dentro y también fue la ocasión para desempolvar y leer mi Biblia. Pero así como tuvo un lado bueno, también conocí lo que es el poder y las pugnas dentro de la Iglesia: un día, después de tres años, las jornadas de evangelización tuvieron que ser interrumpidas pues los jerarcas religiosos vinculados al Opus Dei decidieron, sin explicación alguna, que el Padre Mathew y su equipo ya no podían continuar con la evangelización. ¿La razón? Nunca la dijeron. Yo, en ese momento, no pude comprender cómo podía suceder tal cosa, pero era claro que había gente poderosa que se sentía muy incómoda.

Ahora, después de varios años de caminar por el mundo, me doy cuenta que al Opus Dei le incomodaba que hubiera un sacerdote como Mathew que predicara y viviera en humildad, que rechazara la opulencia y la riqueza de la iglesia, pues, si bien, a eso obligan los evangelios, la realidad de la jerarquía católica distaba y dista mucho del camino de Jesús.

No puedo dejar de mencionar que durante esa época conocí mucha gente buena, que practicaba sus creencias religiosas con sinceridad y que estaba entregada con la mejor buena fe a la evangelización. También conocí el otro lado de la moneda, a aquellos que utilizan la religión sólo como un negocio, como una forma de ocultar sus perversiones o complejos, que no tienen idea de aquello que hacen ni menos tienen vocación espiritual y que lamentablemente constituyen la mayoría.

Este nuevo tropezón con la realidad me obligó nuevamente a seguir buscando respuestas y esta vez salí por el mundo a tratar de encontrarlas. Es así que en el año 2000 decidí ir a las fuentes y comencé un largo viaje por Israel, la llamada Tierra Sagrada, que ha sido testigo del nacimiento de tres de las más importantes religiones del mundo: la judaica, la cristiana y la musulmana. Allí está todavía la vieja Jerusalén, la ciudad divina convertida en un próspero mercadillo.

Estas tres religiones, si bien reclaman el mismo origen y reconocen al mismo Dios y aunque ello debería dar lugar a una gran fraternidad, en realidad, y contra toda lógica, sólo ha generado odio, guerras y millones de muertos. ¡En nombre del mismo Dios!

Jerusalén es una de esas ciudades que se debe visitar, no tanto por devoción religiosa, sino porque encierra las más enconadas contradicciones. Ahora está parcelada y cada grupo religioso obtiene el mayor beneficio de la zona bajo su control. Jerusalén es una sola, pero alberga tres mundos incompatibles y un futuro apocalíptico, pues, según parece, el mismo Dios que todos reconocen no le dará paz.

Estando en un pequeño alojamiento dentro de la antigua Jerusalén, una noche a comienzos de año 2000, alguien tocó la puerta para ofrecer un peculiar tour "esotérico" que comenzaba muy de madrugada. En efecto, a eso de las tres de la mañana nos vinieron a recoger para trasladarnos al norte de Jerusalén, llegando una hora después al pie de La Masada. Durante dos horas ascendimos a través de un empinado sendero pedregoso que nos llevó a la cima donde se ubicaba lo que antes había sido una fortaleza, mudo testigo de una de las más horrendas masacres causadas por la religión. Después de observar el más extraordinario amanecer que he admirado en mi vida, viendo al Mar Muerto y al río Jordán comenzar a dibujarse en el horizonte, por primera vez escuché de la existencia de los llamados "Manuscritos del Mar Muerto", hallados en una cueva a algunos kilómetros al norte de donde estábamos. Por la explicación del guía se trataba de antiguos manuscritos redactados en hebreo y arameo que datan entre el 200 a.c. y el 68 d.c., conteniendo el Antiguo Testamento más antiguo que conocemos, así como una serie de documentos referidos a la secta de los Esenios, cuya doctrina, en parte, dio más tarde lugar al cristianismo.

Sólo a partir de 2001, cuando comencé a radicar en Estados Unidos, tuve la oportunidad de conocer algo más de esos manuscritos, que fueron casualmente descubiertos en una cueva de Qumrán en el año 1947, y que después de muchos años de ocultamiento y censura comenzaron a ser divulgados a partir de fines del siglo pasado. Lo interesante de estos manuscritos es que contienen una edición del Antiguo Testamento (el Torá de los judíos), que no debería per se causar mayor sorpresa, pero que en realidad demuestra que la Biblia conocida ha sido enmendada, corregida y mutilada en muchas partes a través de los años; en otras palabras, la supuesta palabra de Dios ha sido modificada a través del tiempo por los jerarcas de la iglesia, lo que, por lo menos teóricamente, resulta inadmisible.

Algunas semanas más tarde, esta vez al sur de Egipto, supe que en el año 1945 dos campesinos egipcios encontraron más de 1100 páginas de antiguos manuscritos en papiro, enterrados junto al acantilado oriental en el alto valle del río Nilo. A estos documentos se les ha dado en llamar Los Evangelios Gnósticos, siendo los más conocidos: el Evangelio de Tomás, el Evangelio de Felipe, entre otros 52 tratados gnósticos. Se sabe que los códices forman una biblioteca ocultada por los monjes del cercano monasterio de San Pacomio, cuando la posesión de estos escritos fue declarada una herejía por los primeros Padres de la Iglesia.

Hasta ese día yo sabía que sólo existían cuatro evangelios: el de Mateo, el de Lucas, el de Marcos y el de Juan, que habían sido escritos por los cuatro apóstoles del mismo nombre y que se referían a la vida y enseñanzas de Jesucristo. Repentinamente, en el sur de Egipto, después de haber sido deliberadamente engañado por más de cuarenta años, descubro que no sólo eran cuatro los evangelios sino muchos más. Cuando tuve la oportunidad de leer su contenido recién entendí las razones por las que fueron ocultados durante tanto tiempo: simplemente, estos otros evangelios contenían historias distintas a la aceptada oficialmente por la Iglesia y, por lo tanto, no resultaba conveniente que fueran conocidos. Como veremos más adelante, el cristianismo fue inventado por un grupo de "inspirados" personajes que, de motu propio, decidieron crear una nueva religión en base a elementos expropiados de otras religiones, ocultando hechos, falsificando documentos y propiciando el mayor engaño del que ha sido testigo la humanidad.

Cuando se inicia el cristianismo, con el objeto de ocultar la verdad, se inicia la más grande persecución de la historia contra los llamados herejes, esto es, contra "todo aquel que no fuera cristiano", así como la confiscación de todo documento contrario al nuevo credo. De esta forma se inició la era del oscurantismo, la llamada noche negra de la historia. Por mucho tiempo la Iglesia Católica pensó que había logrado desaparecer todo rastro del fraude, y jamás se imaginó que tanto los Manuscritos del Mar Muerto como la Biblioteca de Hag Hammadi podrían algún día salir a la luz.

Algunos años antes, visitando Roma, conocí de la existencia de la llamada biblioteca secreta del Vaticano. Ahora me explico por qué es secreta y me imagino qué tipo de documentos se ocultan allí tan celosamente.

La vida sigue y yo continué mi viaje; Fui a la India en busca del Hinduismo, que es la religión organizada más antigua del mundo pues tiene más de 10 mil años. Es una religión muy rica y colorida. No posee fundador, no es una religión ni una filosofía sino una suma de ambas. Es un conjunto de creencias metafísicas, religiosas, cultos, costumbres y rituales que conforman una tradición por lo que no existen en su desarrollo ni órdenes sacerdotales que establezcan un dogma único, ni una organización central.

El hinduismo está compuesto por varias religiones, algunos creen en Vishnú, otros adoran a Krishna, otros a Shiva y muchos otros dioses, ello ha motivado a algunas personas a calificarla con ligereza como una religión arcaica, atrasada, pero creo que con mayor justicia debería más bien verse como una religión que abarca innumerables manifestaciones de la divinidad.

Lo grandioso de la India es su cultura y el aporte que ha realizado a la evolución espiritual de la humanidad. Todas las religiones y movimientos espirituales del mundo han tenido directa o indirectamente alguna influencia de esta cuna del espíritu, y aún hoy sigue siendo luz para el mundo. Bien se ha dicho que 200 años de dominación inglesa sólo dejaron el inglés, la democracia parlamentaria, el sistema de trenes y la costumbre de tomar él te; en lo demás la India continúa intacta.

En el norte de la India, en el siglo V d.c., nace el budismo. Más que una religión se trata de una filosofía desarrollada a partir de las enseñanzas de Siddharta Gautama, más conocido como Buda. Buda no se consideraba a sí mismo como un Dios, Mesías o profeta, y el budismo no postula un Dios que se comporta como portero del cielo o que castiga con el infierno. En realidad el budismo es un conjunto de enseñanzas que permiten a cada ser humano transitar por el mismo camino de meditación por el que transitó Buda, descubriendo cada uno su propia verdad, pues el budismo no propone nada basado en la fe ni enseña dogma. Así llegué al Sudeste Asiático, luego conocí China, donde encontré a Confucio.

Después de este largo periplo, comencé a encontrar mi propia verdad. Encontré que lo más importante es que aquello que: "nadie puede llegar hasta el Padre, sino por mí", (Juan 14:6), no es cierto o, dicho en otras palabras, ¡es mentira! En el mundo hay otros caminos para encontrar la verdad. Cuando las religiones se consideran como depositarias de la verdad única, su arrogancia intelectual produce intolerancia, ceguera espiritual, ello se traduce en violencia y aniquilación del hombre por el hombre. La historia está llena de esos horrores en nombre de Dios.

En segundo lugar, me convencí del indudable nexo que existe entre todas las religiones organizadas. No por casualidad se repiten entre ellas elementos fundamentales comunes. Dicho en otras palabras, no existen religiones originales.

Tercero, si Dios existe, las reglas de juego tienen que ser asequibles para todos. Esto quiere decir, para entender a Dios y relacionarnos con él, no necesitamos teología, ni ningún tipo de intermediarios. Las religiones sólo han interrumpido y malogrado la relación entre lo divino y la creación.

Cuando comencé mi investigación, me pareció una exageración sostener que muchos otros dioses de la antigüedad también fueron engendrados de madre virgen, que tenían por lo general 12 discípulos iniciales, que también meditaron en el desierto durante 40 días y fueron tentados, que instituyeron una eucaristía similar a la cristiana, que fueron crucificados junto a dos ladrones, y resucitaron luego y finalmente ascendieron al cielo. Si esto era cierto, los fundamentos de la religión en la que había sido criado se desmoronarían inevitablemente.

Conforme profundizaba mi investigación fui encontrando algunos datos que originalmente me sorprendieron, no sólo eran ciertos, sino que la existencia del mismo Jesucristo podía ser en realidad parte de un mito.

Debo confesar que antes de iniciar esta investigación era realmente ignorante respecto a la historia de las religiones, especialmente en lo que se refiere a la historia de la religión cristiana y muchos otros temas de religión comparada.

Finalmente, también me sorprendió encontrar que este tema de discusión no es sólo de nuestra época. Desde el propio nacimiento del cristianismo hubo gente con honradez intelectual que denunció el fraude, sufrió persecución o fue silenciada, pero que, a pesar del establishment, dejaron una huella que llega hasta hoy.

Los descubrimientos de Qumrán y Hag Hammadi de la década de 1940 del siglo pasado han permitido que mucha gente haya producido desde hace unos veinte años estudios interesantes que han inaugurado una nueva etapa de la polémica. Lo cierto es que la Iglesia hubiera debido admitir que no hay crimen perfecto.

Las páginas que siguen son mi reacción al engaño del que fui objeto por tanto tiempo y me siento en la obligación de compartir lo que encontré. Amigo lector, no creas nada de lo que leas sin constatarlo tú mismo; cuestiona todas mis afirmaciones verificando las fuentes de mi investigación y entre ambos sigamos buscando la verdad. No creo poseerla de forma absoluta, pero sinceramente creo estar por el camino correcto.

CAPITULO 1

¿ES ORIGINAL LA HISTORIA DEL EVANGELIO?

Precisiones iniciales.

El cristianismo sustenta su legitimidad en:

1. La historicidad de su personaje central: Jesús, contada en los Evangelios por quienes se supone fueron testigos presenciales de su vida en la tierra.
2. Los prodigios y milagros realizados por Jesús durante su vida pública.
3. El cumplimiento de las profecías que algunos de los profetas del Antiguo Testamento hicieron del esperado Mesías de los Judíos.
4. El haber sido fundada por Pedro, por directo encargo del propio Jesús.
5. La paz, felicidad y amor que ha traído su presencia al mundo.

El propósito de éste capítulo es analizar, de la forma más objetiva posible, si estos presupuestos se dan o no en el cristianismo, ello hace que nuestro fin sea *un asunto de constatación de hechos reales*. Si el cristianismo afirma que hace unos 2 mil años nació en Belén un niño, al quién se le puso el nombre de Jesús, que por su causa se produjo La Matanza de los Inocentes, que hizo milagros y realizó los más grandes prodigios que haya hecho persona alguna, que fue perseguido, sentenciado a muerte, muriendo crucificado, habiendo resucitado al tercer día y posteriormente ascendió al cielo en presencia de muchos testigos, son hechos objetivos que deberían tener pruebas también objetivas. No es un tema de aplicación de dogmas o de fe, como lo sería creer o no en la existencia del cielo o la creencia que Jesús vendrá nuevamente.

Si decimos de Tutankamon: fue un faraón que vivió en Egipto alrededor del año 1300 a.c., es porque existe la evidencia objetiva que efectivamente así fue, para lo cual nos remitimos a los restos arqueológicos que se refieren a dicho personaje. No tenemos la fe que dicha persona haya podido existir; tenemos la certeza de que así fue y a nadie en su sano juicio se le podría ocurrir que Tutankamon nunca existió y que fue solo un personaje mitológico.

No estamos tratando de probar la existencia de un humilde albañil que vivió en Palestina a comienzos de nuestra era, cuya vida pasó, como la de muchos tantos, desapercibida pues no hizo nada notable. Por el contrario, se trata quizás del personaje más importante de los últimos dos milenios, y que por la naturaleza de los hechos que se le atribuyen, deberían haber pruebas incontrastables que generen la certeza de su existencia.

Los argumentos de legitimidad 1, 2 y 4 serán tratados en éste capítulo y los otros dos en los siguientes.

Antes de entrar en materia se hace indispensable efectuar algunas precisiones. La primera tiene que ver con quiénes escribieron los Evangelios Canónigos[1] y en qué fechas.

La mayoría de estudiosos de este tema están de acuerdo en que los Evangelios fueron escritos a partir del año 70 d. c., hasta bien entrado el segundo siglo de nuestra era[2]. Esto sólo es significativo para cuestionar la veracidad de los hechos que relatan, pues es lógico suponer que de ciertos tales relatos, las testimoniales de los supuestos testigos se habrían producido inmediatamente producidos los hechos, no 30, 50 o 100 años después. Si la Buena Nueva era realmente tal, los supuestos testigos no habrían tardado tanto tiempo en compartirla.

Los cuatro evangelios no fueron escritos en ningún tiempo cercano al tiempo de Jesús. No fueron ni siquiera mencionados por alguien hasta el tiempo del Obispo Ireneo de Lyons, quien murió al comienzo del tercer siglo. Los evangelios aluden a la destrucción del Templo de Jerusalén, que ocurrió en el año 70 d.c., entonces obviamente fueron escritos más tarde, Los apologistas de la Biblia gustan pretender que tales alusiones constituyen ´profecía´ y por

---

[1] Los cuatro Evangelios aceptados por la Iglesia como inspirados.
[2] Gruber y Kersten, en su obra The Original Christ, sostienen con acertado criterio que el Evangelio de Marcos fue escrito por el año 70 d.c.; los Evangelios de Mateo y Lucas unos veinte años después; y el Evangelio de Juan, a comienzos del segundo siglo.

lo tanto confirman el origen divino de los libros, pero esta excusa claramente viola cualquier probabilidad.[3]

¿Quiénes escribieron los Evangelios? La primera respuesta de cualquier cura de pueblo será que fueron escritos por los propios Apóstoles, esto es por cuatro de los seguidores más íntimos de Jesús, lo cual no es cierto. En efecto, si tan sólo nos remitimos a los nombres de los Apóstoles (cualquiera de las listas consignadas en Mat. 10, 2-4; Mar. 3, 16-19; Luc. 6, 14-16; Juan 21, 2; o, Hechos 1, 13), nos daremos con la primera gran sorpresa: no existieron apóstoles ni con el nombre de Marcos ni con el de Lucas, lo que se corrobora por el propio dicho de Lucas, quien confiesa haber descrito los hechos *"tal como nos han sido trasmitidos por aquellos que fueron los primeros testigos"* (Luc. 1, 2). Por lo tanto, como decimos los abogados, estos dos evangelios, por contener testimonios de segunda fuente, carecen de valor probatorio, pues el testigo *sólo puede dar testimonio de los hechos que el mismo ha presenciado*, no de los que contaron terceros.

En el caso del Evangelio de Juan, que se considera como el último en ser escrito (alrededor de año 150 d.c.), no pudo haber sido obra del Apóstol Juan, pues para esa época éste ya tenía varias decenas de años bajo tierra. Por lo tanto, se trata de otro testimonio de segunda o de tercera mano, que para los efectos probatorios corre la misma suerte de los dos primeros: no tiene valor.

Nos queda, por tanto, el Evangelio de Mateo que, en el mejor de los casos, fue escrito varias decenas de años después de sucedidos los hechos que relata, por lo que también resulta muy probable que no fue escrito por el Apóstol que lleva ese nombre sino por un tercero.

Cabe tener en cuenta que los Evangelios fueron redactados en griego, la cual no era lengua ni de Jesús ni de los Apóstoles. Recordemos que fue el arameo la lengua original de Jesús y de su entorno.

Existe otro argumento contra la autoría de los Evangelios por parte de los llamados Apóstoles. Se sabe, eran gente humilde y, lo más probable,

---

[3] Walker Barbara G., Man Made God, Stellar House Publishing, Seattle, 2010, pág. 153.

gente iletrada que no sabía leer ni escribir. Si agregamos a esto que los Evangelios fueron redactados con un griego de gente instruida, descartaremos por consecuencia como sus autores a los llamados "Apóstoles".

Finalmente, debe considerarse que los Evangelios son anónimos, pues no fueron firmados por sus verdaderos autores. Ninguno de ellos fue firmado por una persona cierta, pues sólo se menciona el primer nombre del supuesto autor, desconociéndose su apellido u otros datos de identificación. Nadie que quiera dejar constancia de la autoría de un documento simplemente firma con su primer nombre. A ello hay que agregar que los Evangelios están firmados "de acuerdo a...", lo que quiere decir, que quien lo escribe guarda su anonimato trasladando la autoría del documento a un tercero cuya identidad no puede ser verificable.

Bart. D. Erhman, el más destacado investigador sobre la autenticidad de los Evangelios, nos dice:

Los autores de estos libros nunca hablan en primera persona (el Primer Evangelio nunca dice: 'Un día Jesús y yo fuimos a Jerusalén...'). Nunca afirman estar personalmente conectados con ninguno de los eventos que narran o con las personas cuyas historias relatan. Los libros son en el fondo ineluctable e invariablemente anónimos. Al mismo tiempo, cristianos posteriores tuvieron buenas razones para asignar los libros a gente que no los escribió.[4]

A lo dicho debe añadirse que: *"fue sólo después de un siglo que los evangelios fueron puestos en circulación, que fueron definitivamente nombrados Mateo, Marcos, Lucas y Juan. Esto aparece por primera vez en los escritos del Padre de la Iglesia y heresiólogo Irineo, alrededor de 80 - 85 d.c.".*[5]

La Iglesia, para evitar la discusión razonada de las fechas y autores de los Evangelios, ha utilizado el fácil argumento de la "inspiración divina", que en otras palabras quiere decir que fue el Espíritu Santo el que guió a los autores. Este argumento es igual a aquel que dice que a los bebes los trae

---

[4] Erhman Bart D., Forged, Harper One, New York, 2011, pág. 228.
[5] Idem, pág. 225.

la cigüeña. Si fuera cierto que el Espíritu Santo "inspiró" a los autores de los Evangelios Canónicos, lo menos que podríamos haber esperado es que los relatos fueran uniformes, lo que no sucede en el caso particular de estos cuatro Evangelios que son tan contradictorios entre sí que algunas veces parece que se refieren a personajes distintos. Para comprobar esta afirmación sólo basta comparar los relatos de los cuatro Evangelios.

Esto nos obliga a tratar un tema colateral: establecer si la Biblia puede ser "La Palabra de Dios". En primer lugar creo, de la misma forma como lo hace Thomas Paine[6], que existe una "revelación" de Dios dirigida a los seres humanos, que está contenida en toda su creación. Para conocer a Dios basta con observar la naturaleza que nos rodea y el infinito del universo; allí está toda la verdad y todo aquello que Dios quiere transmitirnos y enseñarnos; y para entender a Dios y su revelación no necesitamos ninguna otra fuente más que la razón y los sentidos que nos ha regalado. De esta forma aquello de "conócete a ti mismo y conocerás a Dios" es una verdad irrefutable.

La creación es lo único igual para todos y no está oculta a nadie. Todos los seres humanos tenemos la misma posibilidad de conocerla, admirarla y entender el mensaje del creador. El asunto es simple: si conocemos el producto podemos conocer al productor, la fuente.

Dios no puede ser alguien que utilice la teología ni los conceptos oscuros para revelarse a su creación; esto es simplemente absurdo. Dios, para serlo, tiene que ser claro, simple, directo e inequívoco. Consecuentemente, un libro incongruente, difícil de ser leído, como la Biblia no puede ser la "Palabra de Dios". Esto no quiere decir que mucho de lo escrito en la Biblia no sea verdad; lo es en cuanto la Biblia es una recopilación del conocimiento humano extraído, principalmente, de la sabiduría de las culturas más antiguas del mundo.

Tampoco Dios podría tener dos sistemas de leyes distintas y contradictorias entre sí aplicables según el tiempo: las normas del Antiguo Testamento *versus* las normas del Nuevo Testamento. Avalar este absurdo sería como

---

[6] Paine Thomas, The Age of Reason, Part Three, Examination of the Prophecies, Edited and Annotated by Frank R. Zindler, American Atheist Press, 1993, Austin Texas, pág. 67 y sgts.

aceptar que en una familia de diez hijos, los cinco mayores sean tratados con un sistema de normas y los cinco menores con otro sistema totalmente distinto. Dios tiene que ser justo, igual y equitativo con toda su creación.

El Antiguo Testamento, utilizando nuevamente la terminología jurídica, no es más que la apropiación ilícita que hace el cristianismo del libro sagrado de los judíos. Entendamos con claridad este asunto: como lo repite mil veces su propio texto, el Antiguo Testamento es un conjunto de libros escritos sólo y exclusivamente por los judíos para los judíos, quienes hasta ahora se consideran "el pueblo escogido de Dios". Dicho Antiguo Testamento no fue escrito ni está dirigido a otro grupo humano que no fuera el pueblo judío. El cristianismo siempre ha pretendido, a través de forzadas interpretaciones y la manipulación de los textos, hacer ver que en algún momento de la "evolución" de las divinidades y sus "pactos" con la humanidad, de un plumazo se incorporó al resto de pueblos dentro del concepto de Israel. La idea es tan frágil y forzada que los propios judíos jamás han aceptado este repentino hermanamiento.

En lo que se refiere al Nuevo Testamento, también no deja de ser un conjunto de libros sectarios, pues fue el mismo Jesús quien supuestamente ordenó a sus discípulos: *"No vayan a tierras de paganos ni entren en pueblos de samaritanos. Diríjanse más bien a las ovejas perdidas del pueblo de Israel"* (Mateo 10, 5-6). Un conjunto de libros que sólo han sido escritos para una minúscula parte de la humanidad, *"las ovejas perdidas del pueblo de Israel"*, no puede ser considerado como "La Palabra de Dios".

Además, Dios no podía revelarse a través de la Biblia ni de ninguna otra forma escrita por lo siguiente:

Dios no podía haber escogido un sistema de revelación de su palabra que sólo lo podía conocer una parte de la humanidad. En efecto, la mayor parte de la humanidad, históricamente y en la actualidad, no tiene idea de lo que es una Biblia, ni menos la ha leído. Insistir en que la Biblia es la "Palabra de Dios" y agregar, con un fundamentalismo trasnochado, que es la "única" verdad revelada, sería sostener que Dios es sectario y discriminatorio, lo cual es inaceptable.

No existe idioma alguno en el mundo que pueda ser traducido a los otros idiomas respetando el mensaje original en forma exacta. Si lo dicho es cierto, Dios no podía haber escogido la forma escrita para revelarse a la humanidad, salvo que su propósito hubiera sido el de hacer llegar diferentes mensajes, dependiendo la lengua de sus interlocutores, lo que resulta también inaceptable.

No existen lenguajes divinos. El que los judíos consideren el hebreo como idioma divino, o los musulmanes piensen lo mismo del árabe, es sólo parte de su arrogancia.

Actualmente circulan por el mundo, por lo menos 1 700 versiones de la Biblia, se han compilado 57 mil manuscritos griegos que contienen parte o la totalidad de los Evangelios; 10 mil manuscritos de la Vulgata Latina, sin mencionar las versiones sirias, coptas, armenias, georgianas antiguas, etc., lo que hace que las variantes de los textos lleguen a algún número que va de 200 mil a 400 mil o más[7]. Si tenemos en cuenta que las variantes no sólo son respecto a comas y acentos, sino que en algunos casos son de párrafos, capítulos y textos completos que cambian totalmente el sentido del mensaje, tendremos que concluir que, por la más elemental lógica, la Biblia no puede ser "La Palabra de Dios".

Dios no podía revelar su palabra a través de un medio "la palabra escrita" que pudiera ser manipulado por el hombre. Peor aún si los custodios habrían de ser los curas, obispos y papas de la Iglesia, quienes nunca fueron, ni son, ni serán los paradigmas del buen ejemplo, ni menos la garantía que el mensaje se mantuviera intacto. Al final del día, la Biblia cristiana no es más que una obra humana, que ha sido manipulada de acuerdo a sus intereses por un grupo de personas que siempre han vivido del negocio de Dios en la tierra.[8]

---

[7] Si el lector está interesado, uno de las grandes eruditos en el tema es Bart D. Ehrman, quien ha publicado una obra que lleva el Título Misquoting Jesús, The Story behind Who changed the Bible and Why, Harper San Francisco.
[8] En la introducción de La Sagrada Biblia, versión de Nácar-Colunga, se dice con una arrogancia inigualable: "No son solamente las Divinas Escrituras las que contienen este sagrado depósito (de la Revelación). Se contiene, además, en la tradición viviente de la Iglesia de Cristo, que es la fiel depositaria del divino tesoro y el intérprete autorizado de los sagrados libros. Sólo la Iglesia puede indicarnos con infalible certeza cuáles son los libros que, escritos bajo la inspiración del Espíritu Santo, contiene el sagrado depósito. Cualquier otro criterio será del todo insuficiente y solo podrá servir para confirmar la verdad de la doctrina de la Iglesia, pues siendo la inspiración un hecho sobrenatural, solo una autoridad de orden sobrenatural e infalible podrá

Aquí quiero dejar constancia de un hecho que demuestra, sin lugar a dudas, que la autoría de la Biblia es exclusivamente humana. En 2 Reyes 19:1-19 existe un relato relacionado al rey Ezequías, que se repite exactamente en Isaías 37:1-20, con los mismos personajes y circunstancias. Se trata de una flagrante prueba de la forma como se hizo la Biblia. En la terminología moderna sería una excelente demostración de la práctica del copy-cut.

A lo dicho hay que agregar que los cuatro Evangelios canónicos no son los únicos que se han escrito. La Iglesia ha querido siempre soslayar el hecho innegable que en realidad se escribieron más de cincuenta Evangelios. Cuando en el año 325 d.c. se funda la Iglesia Católica que ha llegado hasta nuestros días, los jerarcas y los llamados Padres de la Iglesia, quisieron ocultar las huellas del crimen, del engaño que estaban perpetrando y decidieron dos cosas: 1) borrar todas las pruebas confiscando y destruyendo todo manuscrito que no fuera el aceptado por ella misma; de esta forma se propició el peor oscurantismo que la humanidad haya conocido, que llegó al extremo de quemar la famosa Biblioteca de Alejandría, la cual contenía todo el saber de la humanidad acumulado durante muchos siglos[9]; y, 2) declarar como hereje a todo aquel que no pensara de acuerdo a los dogmas cristianos; dicho en otros términos, imponer por la sangre y la espada el nuevo credo, olvidando los mensajes de amor y paz de su supuesto fundador.[10]

Desde que conocí de la existencia de los otros evangelios, entre los cuales se encuentran los llamados Evangelios Gnósticos[11], siempre me he preguntado, ¿con qué derecho pudo la Iglesia decidir que solo cuatro de dichos Evangelios eran canónigos (verdaderos), y destruir el resto? Nadie puede arrogarse el derecho de decidir, por más inspiración divina que crea tener, lo que una persona puede leer o no. Si todos somos hijos del mismo Dios entonces todos tenemos la capacidad de discernir lo bueno de lo malo.

---

suficientemente certificarnos de él".

[9] Se dice que contenía por lo menos 500 mil rollos de manuscritos, y que el fuego duró hasta tres meses.

[10] Sin lugar a dudas, el Cristianismo es responsable directo o indirecto de la mayor parte de guerras, crímenes, odios y demás enfrentamientos que haya tenido la humanidad. La intolerancia religiosa del fundamentalismo cristiano es tan igual o peor que la del fundamentalismo musulmán.

[11] Se les llama así porque son la base del gnosticismo cristiano, una secta de cristianismo que tuvo gran auge desde antes y durante los primeros siglos de nuestra era.

El asunto va más allá, pues si tengo 50 versiones de una misma historia y escojo 4 de ellas como las únicas verdaderas, lo honesto es guardar las otras 46 para que si alguien en el futuro pone en duda mi decisión pueda demostrar los fundamentos que me avalaron. Si, por el contrario, lo que hago es tratar de desaparecer las otras 46 versiones de la historia, lo único que estoy demostrando es que estoy tratando de ocultar la verdad, ocultar las pruebas del engaño.

Del mismo modo como se trató de destruir los llamados Evangelios Apócrifos[12], la Iglesia hizo lo mismo con todo manuscrito que afirmara una diferente versión de los hechos, habiéndose destruido miles de manuscritos que contenían ideas disidentes.

Como se dice, no hay crimen perfecto, y la Iglesia no esperaba que algún día habrían de descubrirse, en Nag Hamadi (en una de la orillas del río Nilo en Egipto), en diciembre de 1945, los que ahora se conocen como los Evangelios Gnósticos y que son parte de los llamados Evangelios Apócrifos. Este descubrimiento es importante en cuanto nos ha permitido conocer el pensamiento Gnóstico, el Cristianismo Gnóstico y algunas de las razones por las cuales la Iglesia trató de ocultar esos documentos. Dos años después, en 1947, en una cueva de los alrededores del Mar Muerto, llamada Qumrán, se descubrieron los llamados Manuscritos del Mar Muerto que, entre otros documentos, contienen un ejemplar de la Biblia Judía, La Torá o Antiguo Testamento, así como cientos de manuscritos relacionados a una primitiva comunidad religiosa conocida con el nombre de Los Esenios. Este ejemplar del Antiguo Testamento es especialmente valioso porque puede ser comparado con el texto de los Antiguos Testamentos modernos para comprobar las alteraciones que ha sufrido hasta nuestros días. ¿Que la Palabra de Dios ha sido modificada? Así es, y como lo vamos a probar en esta obra, la llamada "palabra", se ha ido modificando, alterando, interpretando y adaptando de acuerdo a las necesidades e intereses de sus custodios.

Sin lugar a dudas, el descubrimiento religioso más importante, lo constituye el referido al de la Piedra Rosetta, que fue encontrada a orillas del río Nilo en Egipto, en 1799 por el Coronel Broussard, oficial del Ejército de Napoleón. En 1822 Champollion pudo descifrar su contenido y con ello nos

---

[12] Los evangelios no aceptados por la Iglesia como inspirados, esto es, los evangelios que no son los cuatro canónigos.

regaló las claves para descifrar los jeroglíficos egipcios. A partir de esa fecha por fin se pudo leer el contenido del Libro Egipcio de los Muertos, el Amduat, el Libro de Thoth, los textos de las pirámides, entre otros, y confirmar, como dice Alvin Boyd Khun, que:

> *Los libros del viejo Egipto ahora desenrollan las epopeyas de sabiduría que anuncian la inexorable verdad "que no hay una sola doctrina, rito, dogma o costumbre del cristianismo que haya sido una nueva contribución a la religión del mundo, sino que cada artículo y práctica de dicha fe es una desfigurada copia de la antigua sistematización". El cristianismo no solo no registró el menor avance en ninguna línea de la sabiduría o la verdad, sino que deplorablemente vició y desfiguró la hermosa estructura de la religión que ignorantemente adoptó y que horrendamente impuso como su propia nueva creación. La sombra que persiguió la fe con la semblanza de similitud externa por dieciséis siglos, ahora se muestra en la sustancia como prueba plena de identidad original. "El cuerpo entero de la doctrina cristiana ahora se aprecia que no es nada más que un remiendo y terrible mutilación de la religión egipcia".* [13]

Hay que agradecer a Dios que la Piedra Rosetta sólo fue traducida en el año 1822. De haberlo sido antes lo más seguro es que el cristianismo nos habría privado del placer de admirar las pirámides de Egipto, pues no habría quedado una piedra sobre la otra, ya que los "evangelios" estaban escritos en las paredes de Egipto 3 mil años antes del nacimiento del cristianismo.

Sólo falta decir lo siguiente: los Evangelios son la mejor prueba del engaño. Lamentablemente no muchos cristianos conocen este hecho por la sencilla razón que jamás se han dado el trabajo de estudiarlos; están convencidos que es suficiente estar enterados de las llamadas lecturas que semanalmente les proporcionan sus pastores, y los que han avanzado un poco más en la investigación lo han hecho siguiendo la sesgada dirección de sus propios carceleros.

---

[13] Kuhn Alvin Boyd, Who is this God of Glory? Http://members.tripod.com/~pc93/whosking.htm. Traducción y negritas del autor.

Debo agregar que, como mi propósito es compartir enseñando, me he dado el trabajo de transcribir literalmente todos los pasajes que he citado de los Evangelios.

Finalmente, dado que durante nuestro estudio haremos una comparación especialmente entre los mitos de Jesús, Buda, Osiris-Horus y Krishna, ebemos tener en cuenta el exacto espacio histórico de cada uno de dichos personajes

Osiris-Horus, dios egipcio, nacido de la virgen Isis un 25 de diciembre 3000 años antes de la era cristiana.
Krishna o Crishna, deidad hindú nacida de la virgen Devaki alrededor del año 1200 a.c.
Gautama Buda, nacido de la virgen Maya, alrededor del año 600 a.c.

De esta forma sabremos, en caso de similitud de las historias, quién plagió a quién. Entonces, procedamos a estudiar los Evangelios.

Los Antepasados de Jesús

De acuerdo a la Iglesia, una de las condiciones que debía tener el Mesías prometido de Israel era la de ser descendiente de David. Sólo dos de los Evangelios nos traen la genealogía de Jesús, el Evangelio de Mateo (1,1-17) y el Evangelio de Lucas (3,23-38). A continuación presentamos ambas genealogías a efecto de establecer si coinciden:

Según Mateo:	**Según Lucas:**
	Adán
	Set
	Enós
	Cainam
	Malaleel
	Jared
	Henoc
	Matusalén
	Larnec

	Noé
	Sem
	Arfaxad
	Cainam
	Sala
	Eber
	Falec
	Ragau
	Seruc
	Najor
	Tara
Abraham	Abraham
Isaac	Isaac
Jacob	Jacob
Judá	Judá
Farés	Farés
Esron	Esrón
Aram	*Arni*
	Admín
Aminadab	Aminadab
Naasón	*Najasón*
Salomón	*Salomón*
Booz	Booz
Obed	Obed
Jesé	Jesé
David	**David**
Salomón	
Roboam	
Abias	
Asá	
Josafat	
Joram	
Ocias	
Joatán	
Ajaz	
Ezequias	
Manasés	

Amón
Josías
Jaconías   *Natan*
Matalá
Mená
Milea
Eliaquím
Jonán
José
Judá
Simeón
Levi
Matat
Jarim
Eliécer
Jesus
Er
                    Elmada
                    Koram
                    Adí
                    Melqui
                    Nerib
Salatiel   Salatiel
Zorobabel   Zorobabel
Abiud
Eliacim
Azor
Sadoc
Aquim
Eliud
Eleazar
Matán
Jacob
Resi
Joanán
Judá
José

Semeí
Matatías
Maat
Nagai
Elsi

Nahum
Armós
Matatías
José
Janaí
Melqui
Levi
Matat
Heli

José   **José**

Los autores de ambos evangelios no coinciden respecto al padre de José, y del resto de la larga lista de antepasados hasta David sólo coinciden en dos nombres: Zorobabel y Salatiel. Por lo tanto, sólo caben tres alternativas: o uno de ellos es un mentiroso; que ambos evangelistas se estaban refiriendo a personajes distintos; o, lo más probable, que ambos se inventaron una genealogía colocando nombres al azar para justificar la descendencia, pero en el fondo no tenían ni idea de lo que estaban haciendo. Lo más asombroso es que semejante contradicción haya podido llegar hasta nuestros días sin que la iglesia hubiera manipulado los textos, como lo ha hecho en el caso de numerosos otros pasajes.

Pero, aun suponiendo que ambos textos bíblicos fueran coincidentes -supuesto negado-, ¿hubiera sido posible probar la descendencia de David a través de tales genealogías? Definitivamente no, porque de acuerdo a la Ley Judía, la descendencia se establece por el lado del padre, y no habiendo habido relación sexual entre José y María, como sostiene el cristianismo, por más que José pudiera ser descendiente de la Casa de David, en la práctica Jesús no es pariente consanguíneo de José, ni menos pertenece a la Casa de David.

La Iglesia ha pretendido resolver el problema argumentando que la ascendencia genealógica se dio por el lado de María o porque finalmente José adoptó a Jesús como su hijo. Ambos argumentos no funcionan para establecer la genealogía, pues de acuerdo a la Ley Judía, sólo puede ser establecida por el lado del padre biológico.

Si bien las genealogías que acabamos de ver resultan inoficiosas, no son ni de lejos una originalidad de Mateo y Lucas para tratar de justificar la descendencia real de Jesús. Cuando se inventa a Jesús, a efecto de que no pudiera ser tachado de inferior al resto de hijos de Dios que ya existían en la vitrina romana, se le va incorporando, a través del plagio, todos los elementos que ya gozaban las otras divinidades.

Ya a Buda, más de 600 años antes de Jesús, se le presenta de una manera similar: *"Los árboles genealógicos de Gautama y Jesús apuntan a orígenes reales. La presentación de una extensa descendencia genealógica con la que comienza el Evangelio de Mateo es marcadamente parecida en un texto budista donde los orígenes de Buda son narrados en forma similar".* [14]

En el caso de Krishna o Crishna, Thomas Maurice, citado por T.W. Doane, nos dice: *"Crishna, en la línea paterna, fue de descendencia real, siendo de la línea de Yadava, el más antiguo y noble de la India; y primo, por el lado de su madre, con el soberano reinante".* [15]

Y, en el caso de Horus, el Salvador egipcio nacido de una virgen, también fue de descendencia real, habiendo descendido de la línea de los reyes. Él tenía el título de *"Buen Pastor Real"*.[16]

Jesús no podía ser menos, por lo tanto, si sus competidores, dioses paganos, tenían ascendencia real, había que crearle a Jesús también su propia ascendencia real, no importando mucho objetividad u ortodoxia. Finalmente, el cristianismo siempre estuvo dirigido a los mansos gentiles, grupo del que se esperaba que aceptarían el nuevo credo sin mayor cuestionamiento.

---

[14] Gruber Elmar R. & Kersten Holger, The Original Jesus, The Buddhist Sources of Christianity, Element Books, Inc, USA, 1995, pag. 82.
[15] Doane T.W., Bible Myths and their Parallels in other Religions, 1882, Kessinger Publishing´s Rare Reprints, pag . 163.
[16] Doane, T.W. op. cit. pág. 163. Acharya S., La Conspiración de Cristo, La Mayor Ficción de la Historia, Valdemar 2006, pág. 198.

Dado que la propia Biblia cristiana contenía la prueba del engaño, hasta el siglo XVIII era un pecado leer la Biblia a la que sólo podían acceder los curas, pues no podía ser publicada en otro idioma que no fuera latín. Recién a consecuencia de la ruptura propiciada por Lutero la Biblia fue traducida por primera vez a un idioma distinto al latín, en este caso, al alemán.[17]

La Anunciación.

Mateo:

El nacimiento de Jesús fue así: estando desposada María su madre con José, antes que se desposasen, se halló que había concebido del Espíritu Santo.

José su marido, como era justo, y no quería infamarla, quiso dejarla secretamente.

Y Pensando él en esto, he aquí un ángel del Señor le apareció en sueños y le dijo: José, hijo de David, no temas recibir a María tu mujer, lo que en ella es engendrado, del Espíritu Santo es.[18]

Para Lucas, el acontecimiento se produjo de la siguiente forma:

Al sexto mes el ángel Gabriel fue enviado por Dios a una ciudad de Galilea, llamada Nazaret, a una joven virgen que estaba comprometida en matrimonio con un hombre llamado José, de la familia de David. La virgen se llamaba María.

Llegó el ángel hasta ella y le dijo ´alégrate, llena de gracia, el Señor está contigo´ María quedó muy conmovida al oír estas palabras, y se preguntaba qué significaba tal saludo.

Pero el ángel le dijo; ´No temas María, porque has encontrado el favor de Dios. Concebirás en tu seno y darás a luz un hijo, al que pondrás

---

[17] No es casualidad que los primeros y más serios cuestionamientos al Cristianismo y su Biblia comenzaron a publicarse a partir de los finales del Siglo XVIII.
[18] Mat. 1:18-20.

el nombre de Jesús. Será grande y justamente será llamado Hijo del Altísimo. El Señor Dios le dará el trono de su antepasado David; gobernará por siempre el pueblo de Jacob y su reinado no terminará jamás´.

María entonces dijo al ángel: ´Cómo puede ser eso si yo soy virgen´. Contestó el ángel: ´El Espíritu Santo descenderá sobre ti y el poder del Altísimo te cubrirá con su sombra; por eso el niño santo que nacerá de ti será llamado Hijo de Dios`. [19]

Como se puede apreciar:

1. En la versión de Mateo el ángel es anónimo, mientras en la de Lucas el anunciador es el ángel Gabriel.
2. En la versión de Mateo el ángel se aparece a José, en la de Lucas se aparece a María.
3. En la versión de Mateo la aparición es durante un sueño; en la versión de Lucas es en vivo.
4. En la versión de Mateo la anunciación se produce después de la concepción; en la de Lucas es antes de la concepción.
5. En la versión de Mateo la anunciación tiene por objeto despejar las dudas de José. En la de Lucas la anunciación tiene la forma de glorificación.

Ambas versiones no coinciden en ningún aspecto. Son totalmente contradictorias entre sí y no son conciliables, pues no es posible que pudieran haberse dado ambas.

Por su parte, ni Marcos ni Juan se creyeron semejante historia, pues en ambos casos ni siquiera se dan la molestia de referirse a ella.

Este es el primer episodio en el cual aparece el Espíritu Santo y vaya forma de hacerlo: ¡embarazando a una virgen al mejor estilo de Zeus, quien utilizaba la misma forma de aparearse con las mujeres, cubriéndolas con su sombra!

Finalmente, hay que decir que el pueblo de Nazaret al que se refiere Lucas no existía en esos tiempos. Para confirmar este dato basta revisar las obras de Flavio Josefo.

---

[19] Luc. 1:26-35.

Concepción Inmaculada de María.

En el credo cristiano uno de sus dogmas más importantes es que María concibió a Jesús sin que hubiera de por medio una relación sexual que provocara la concepción. Si esta teoría fuera cierta, el producto de la concepción -*sin relación sexual entre un hombre y una mujer*- no podría ser un ser humano, pues todos sabemos que los seres humanos (con excepción de los métodos modernos) hemos sido concebidos a consecuencia de las relaciones sexuales de nuestros padres. Los cristianos nos dirán que para Dios todo es posible; es cierto, pero esta regla funciona en la medida que aquello ocurra dentro de los parámetros establecidos por la propia naturaleza.

Incluso, entre los primeros cristianos, hubo quienes no creyeron la historia. Uno de ellos, Corinto, respecto del nacimiento de una virgen dijo: *"Es imposible, porque a través de la concurrencia de dos sexos se genera a un nuevo ser humano, lo contrario sería el más remarcable alejamiento de las leyes naturales".* [20]

Dice también el Evangelio que el hecho de la concepción inmaculada, fue profetizado muchos años antes de suceder. El Evangelio de Mateo nos dice: *"Todo esto sucedió para que se cumpliera lo que había anunciado el Señor por el profeta: la virgen concebirá y dará a luz un hijo, a quien pondrán por nombre Emmanuel, que significa: Dios con nosotros".* (Mateo 1, 22-23)

¿De dónde nace la profecía? La mayor parte de versiones bíblicas contienen el siguiente texto para el Libro de Isaías 7:14: *"El Señor, pues, les dará esta señal: la virgen está embarazada y dará a luz un hijo, a quien le pondrán el nombre de Emmanuel."*

Este texto fue alterado dolosamente, el original decía: *"El Señor, pues, les dará esta señal:* **la joven mujer** *está embarazada y da a luz un hijo, a quien le pone el nombre de Emmanuel"*

Según el texto hebreo del Antiguo Testamento (que tiene una antigüedad

---

[20] Ahmad Khwaja Nazir, Jesus in Heaven on Earth, Ammadiyya Anjuman Isha`at Islam Lahore Inc., USA, pag. 118.

de 1900 años y se encuentra en el Museo de Israel), que coincide con el texto del Antiguo Testamento encontrado en la cueva de Qumrán, que forma parte de los Rollos del Mar Muerto[21], estos versículos no hacen mención alguna de una "virgen", pues en realidad el texto habla de "joven mujer". No se trata de una palabra que pudiera tener ambos significados -el de "virgen" y el de "joven mujer"- pues la lengua hebrea tiene una palabra distinta para ambos significados: "betulah" para "virgen" y "almah" para "joven mujer", que Isaías conocía perfectamente, pues usa en el texto bíblico la palabra "almah" una vez y "betulah" cinco veces.

El otro problema con este texto es, que no se refiere a la venida del Mesías. Para demostrarlo sólo basta leer el capítulo completo. En efecto, el nacimiento del niño Emmanuel debía constituir una señal de Dios para el Rey Ajaz, quien vivió 600 años antes de Jesús. Al Rey Ajaz y a nadie más estaba dirigida la profecía.

Finalmente, el texto bíblico dice que el niño debería llamarse "Emmanuel", lo que no sucede con Jesús.

No queda más que agregar que ésta ha sido la manipulación del texto bíblico más extraordinaria de la historia, que después de 2 mil años se sigue utilizando para engañar deliberadamente a la gente.

Para los judíos, el nacimiento de una virgen no es un requisito que debía tener el Mesías. Cabe entonces preguntarse ¿Por qué los cristianos tuvieron que fabricar una profecía sobre un nacimiento de una virgen? La respuesta es muy clara: ante el rechazo del pueblo judío de la figura de Jesús como el Mesías, porque las varias precondiciones de la era del Mesías no se habían cumplido,[22] los creadores del cristianismo no tuvieron otra alternativa que

---

[21] Abegg Jr. Martin, Peter Flint & Eunece Ulrich, The Dead Sea Scrolls Bible, Harper San Francisco, 1999, pág. 281.
[22] De acuerdo al pensamiento judío, el Mesías debe reunir las siguientes condiciones fundamentales:
    a. Pertenecer a la Casa de David.
    b. Reconstruir el Templo, cuya fuente la encuentran en Ezequiel 37:26-28.
    c. La reunión de todos los judíos en la tierra de Israel (Isaías 43:5-6).
    c. Será una era de paz mundial, cuando haya terminado el odio, opresión, sufrimiento y enfermedad. "Él será juez de las naciones, árbitro de pueblos numerosos. Convertirán

tratar de atraer a la nueva religión a los gentiles paganos, para lo cual eran necesarias dos cosas: establecer que un cristiano ya no tenía que seguir obedeciendo las Leyes Judías (Hechos 15), e introducir en la nueva religión cristiana varios mitos paganos. Uno de esos mitos se refería a la concepción inmaculada del Hijo de Dios. En esos tiempos convivían en Roma diferentes comunidades religiosas que, entre otros dioses, adoraban a Mitra, Attis, Dionisos, etc., quienes de acuerdo a sus respectivos mitos habían sido concebidos inmaculadamente. Entonces, para poder introducir con éxito el nuevo producto religioso, el flamante hijo de Dios no podía tener un linaje o categoría menor a los ya existentes, por lo que tuvo que fabricarse una profecía en el Tanaj[23] en la que el Mesías sería concebido inmaculadamente.

La concepción inmaculada de los dioses de la antigüedad fue tan popular que no había uno, que para considerarse como tal, no hubiese sido concebido divinamente. Examinemos los casos de otros dioses paganos populares en la época del supuesto nacimiento de Jesús.

En el caso de Buda:

Una noche de luna llena, Maya, la esposa del Rey Suddhodana, tuvo un sueño extraño. Un elefante blanco con seis colmillos y una flor de loto en su trompa descendió del cielo y se introdujo en su matriz. De esta forma, de acuerdo con la leyenda, Buda de forma consciente y voluntaria se introdujo en el cuerpo de Maya.[24]

Por misericordia, Buda dejó el paraíso, y vino a la tierra porque estaba lleno de compasión por los pecados y miserias de la humanidad. Él quiso guiarlos por mejores caminos, y tomó sus sufrimientos sobre sí para expiar sus crímenes y mitigar el castigo que inevitablemente debían sufrir.[25]

---

sus espadas en arados, sus lanzas en podaderas. No alzará la espada nación contra nación, ni se preparan más para la guerra."(Isaías 2:4).

c. La aceptación universal del Dios de Israel. "Y el Señor reinará sobre toda la tierra. Aquel día el Señor será el único, y único será su nombre." (Zacarías 14:9).

[23] Conjunto de los 24 libros de la Biblia Hebrea, que forman parte del Antiguo Testamento.
[24] Gruber Elmar R. & Kersten Holger, op.cit. pág. 82.
[25] Doane T. W., op. cit., pág. 115.

Lo mismo sucedió en el caso de Chrishna: *"Crishna nació de una casta virgen, llamada Devaki, quien, por su pureza, fue seleccionada para convertirse en la madre de Dios"*.[26]

La leyenda, en el caso de Horus, no podía ser diferente:

Horus, quien tenía el epíteto de Salvador, nació de la virgen Isis. Su nacimiento fue uno de los más grandes Misterios de la religión egipcia. Pinturas conmemorativas aparecen en las paredes de los templos. Él es la segunda emanación de Amon, el hijo que él engendró. Los monumentos egipcios representan el infante Salvador en los brazos de su virgen madre o sentado en sus rodillas.[27]

Todo parece indicar que gran parte de la leyenda, y en especial la del nacimiento del salvador, viene de la religión egipcia. Es tan exacta esta afirmación que incluso en ambas religiones coinciden los nombres del padre terrenal de dicho avatar: en Egipto se llamó *Seb* o *"Io-sef"*, Joseph o José en castellano.[28]

Como bien subraya T.W. Doane:

Las concepciones inmaculadas y descendientes celestiales fueron tan frecuentemente recibidos por los antiguos, que cualquiera que se hubiere distinguido grandemente en los asuntos del hombre se consideraba que era de linaje sobrenatural. Los Dioses descendían del cielo y se encarnaban en hombres, y hombres ascendían de la tierra, y tomaban su asiento entre los dioses, de tal forma que estas encarnaciones y apoteosis comenzaron a llenar rápidamente el Olimpo de divinidades.[29]

Abundando en este aspecto, Pepe Rodríguez explica que en la antigüedad se tenía la costumbre de exponer a los hijos que se suponían

---

[26] Doane T. W., op. cit., pág. 113.
[27] Doane T. W., op. cit., pág 122.
[28] Acharya S. Suns of God, Khrisna, Buddha and Christ Unvieled, Adventures Unlimited Press, USA, 2004, pág. 91.
[29] Doane T. W., op. cit., pág. 112.

ilegítimos a los animales salvajes o domésticos o a las aguas abiertas (ríos o mares), y

> ...en los casos en que el recién nacido sobrevivía a la exposición a los animales salvajes o al agua y se daba la circunstancia que el padre no había podido mantener de ninguna manera relaciones sexuales con la madre (por estar este navegando o en la guerra, por ejemplo), se consideraba que la criatura había sido engendrada por algún dios, declaración que devolvía la paz a la familia y llenaba de orgullo al padre cornudo por la gracia de dios.[30]

Nacimiento de Jesús.

Sólo dos Evangelios, el de Mateo y el de Lucas, se refieren a estos hechos, lo que resulta particularmente extraño. En efecto, si hubiera sido cierta la concepción inmaculada y posterior nacimiento de Jesús de una virgen, este hecho por tratarse de algo jamás visto en la historia de la humanidad habría merecido el reporte y comentario unánime de todos los evangelistas. No se trata de un hecho que pudiera soslayarse por nadie que estuviera dando testimonio de Jesús, pues ningún ser humano ha nacido sin que sus padres lo hayan concebido en una relación sexual. Es inaceptable pensar que los otros dos evangelistas se olvidaron o consideraron no importante consignar en sus relatos tan extraordinario suceso; solo cabe una respuesta a esta omisión: Marcos y Juan nunca creyeron esa parte de la historia y por lo tanto no la incluyeron en sus respectivos relatos. La simple lógica nos obliga a sostener que todo este cuento de la concepción inmaculada y nacimiento de una virgen son simplemente falsedades que se agregaron dolosamente o se interpolaron *a posteriori* para justificar o probar la divinidad alegada del salvador del mundo.

Dicho esto, pasemos a ver lo que dice Lucas:

> En aquellos días apareció un decreto del emperador Augusto ordenando que se empadronasen los habitantes del imperio. Este censo fue el primero que se hizo durante el mandato de Quirino, gobernador de Siria.

---

[30] Rodríguez Pepe, Mentiras Fundamentales de la Iglesia Católica, Biblos, Barcelona, 2006, pág. 146.

Todos iban a inscribirse a su ciudad. También José, por ser de la estirpe y familia de David, subió desde Galilea, desde la ciudad de Nazaret, a Judea, a la ciudad de David que se llama Belén, para inscribirse con María su esposa, que estaba encinta. Mientras estaban en Belén le llegó a María el tiempo del parto, y dio a luz a su hijo primogénito, lo envolvió en pañales y lo acostó en un pesebre, porque no había sitio para ellos en la posada. (Lucas 2:1-7)

Estos siete versículos contienen una serie de datos geográficos e históricos que es necesario analizar:

1. Por la historia sabemos que Augusto ordenó censar a los ciudadanos de su imperio, pero ese censo se produjo en el año 3 a.c., es decir, tres años antes de la fecha en que se supone nació Jesucristo.
2. Lucas, menciona que el censo se produjo cuando Quirino[31] era Gobernador de Siria, pero también por los anales de la historia sabemos que Quirino sólo ocupó dicho cargo a partir del año 6 d.c.[32]
3. En el tiempo del relato evangélico, ni Judea ni Galilea formaban parte del Imperio Romano, ni José ni María eran ciudadanos romanos, por lo tanto no había razón por la que tuvieran que empadronarse.
4. Lo más absurdo es aquello que José debió regresar de Galilea a Belén para poder censarse. Se trata de un dato totalmente falso, pues la costumbre romana era censar a la gente en el lugar de su domicilio o trabajo y no en el lugar de nacimiento. Imaginemos que en cualquier país se decide efectuar un censo y que todos deban regresar al lugar de su nacimiento para ser censados. Simplemente absurdo, ilógico e inaplicable.

El Evangelio de Mateo dice: *"Jesús nació en Belén, un pueblo de Judea, en tiempo del rey Herodes".* (Mateo 2:1)

Esto contradice completamente la versión de Lucas, pues Herodes falleció el año 4 a.c.,[33] esto es un año antes del censo ordenado por Augusto.

---

[31] Algunas versiones de la Biblia usan el nombre de Cirenio.
[32] Josefo, en "Antigüedades Judías" XVIII; Pág.1.1
[33] Enciclopedia Católica.

Si entre la versión de Mateo y la de Lucas hay una diferencia de diez años (Herodes falleció en el año 4 a.c. y Quirino sólo fue Gobernador en el año 6 d.c.), como lo expresa Tom Harpur, el único milagro que realmente sucedió fue los diez años de embarazo de la Virgen María.[34]

Si a esto agregamos la leyenda de Herodes, que al enterarse del supuesto nacimiento del rey de los judíos se sobresaltó y *"ordenó matar a todos los niños menores de dos años que había en Belén y sus alrededores."* (Mateo 2: 16), como afirma Carlos Allende, *"para que esta orden tuviera sentido, debía existir al menos la posibilidad que Jesús hubiera nacido en el año 6 a.c., a saber, dos años antes de la muerte de Herodes, tres antes del censo universal de Augusto, y ¡doce años antes que Quirino fuera nombrado gobernador de Siria!"* [35]

Existen tres hechos adicionales que llaman la atención:

1. En su relato Lucas menciona que José y María viajaron de Nazaret a Belén, siendo que en ese tiempo no existía la ciudad de Nazaret.
2. Si Jesús nació un 25 de diciembre, no parece probable que María pudiera caminar tres días desde Galilea a Judea, en una época de pleno invierno que daba lugar a que los caminos se congelaran.
3. Fines de diciembre tampoco es la época de pastores *"que pasaban la noche en raso velando sus rebaños"*. (Lucas 2:8)

Lo que realmente sucedió es que Lucas, para que Jesús pudiera nacer en Belén y con ello hacer cumplir la profecía de Miqueas 5, 2: (*"Pero tú, Belén Efrata, aunque eres la más pequeña entre todos los pueblos de Judá, tú me darás a aquel que debe gobernar Israel: su origen se pierde en el pasado, en épocas antiguas."*), inventó un absurdo censo que no se produjo, y obligó -en los límites de su imaginación- a María a emprender un viaje de 150 kilómetros, que además resultaría imposible para una mujer que está por dar a luz.

Si, por el contrario, Quirino fue Gobernador y lo del censo es correcto, entonces Herodes no era Rey, quedando cronológicamente en el aire las

---

[34] Harpur Tom, The Pagan Christ, Walker & Company, New York, 2004, pág. 126.
[35] Allende Carlos, La Vida Desconocida de Jesús, Océano Ámbar, Barcelona 2005, pág. 12.

historias de Mateo respecto a los Reyes Magos, La Masacre de los Inocentes y la Huida a Egipto.

De esta forma, desde el comienzo de la fábula cristiana de Jesús, nos enfrentamos a una serie de contradicciones no sólo cronológicas sino también aquellas que se dan entre los propios Evangelios, errores geográficos, datos absurdos y otras adaptaciones que sólo podrían tener lugar en la mitología, que poco a poco comienzan a dar forma a la tesis de la no historicidad de los hechos narrados en dichos Evangelios.

Como corolario de esta parte de la leyenda, en el caso de Krishna, *"Yashoda dio a luz a Krishna cuando viajaba con su esposo a pagar impuestos. Igual que Jesús, Krishna nació en un pesebre entre pastores..."* [36]

En conclusión, por los datos que aportan los evangelistas Lucas y Mateo, las contradicciones son tan impresionantes, que ponen en seria duda la historicidad del nacimiento de Jesús. D.M. Murdock, más conocida como Acharya, quien es la estudiosa contemporánea más seria del cristianismo, al referirse al tema, expresa lo siguiente:

A la mayoría de la gente se le enseña en muchas escuelas e iglesias que Jesucristo fue una figura histórica real y que la única controversia sobre él es que alguna gente le acepta como el Hijo de Dios y el Mesías, mientras que otros no. Aunque pueda parecer impactante para el público en general, la controversia más duradera y profunda sobre este asunto es si realmente existió o no alguna vez una persona llamada Jesucristo. [37]

Por su parte, Pepe Rodríguez nos dice:

El desconocerse el año exacto del nacimiento de Jesús (así como en la práctica la totalidad de las fechas relacionadas con su existencia), cuando las crónicas históricas antiguas fechan cientos de natalicios y de hechos aparentemente menos importantes que éste, confirma una suposición obvia: ni durante su nacimiento

---

[36] Gruber Elmar R. & Holger Kersten, op. cit., pág. 83.
[37] Acharya S, "La Conspiración de Cristo, La Mayor Ficción de la Historia" op. cit., pág. 44.

pretendidamente prodigioso ni durante el resto de su vida ocurrió nada tan notable que mereciese ser registrado en una crónica, ya fuese esta judía, romana o pagana. Jesús sólo llamó la atención mucho después de su muerte, cuando se elaboró la versión mitificada de su vida.[38]

Finalmente, resulta que Belén en realidad no es un lugar geográfico en el mundo. En hebreo significa *casa del trigo, pan*, que se refiere a la casa del signo zodiacal que corresponde al 25 de diciembre, esto es Sagitario, que es el signo de la mujer que lleva en sus manos las espigas de trigo. *"El Mesías Hebreo debería nacer en Belén-Efrata, porque el lugar de nacimiento arriba estaba localizado en la ciudad de Judea, el lugar del nacimiento del sol en el signo de Piscis. De esta forma el Cristo que nació en el cielo fue aterrizado a la tierra como el pescado en lugar del cordero".* [39]

¿Es el 25 de diciembre la fecha del nacimiento de Jesús?

Cada 25 de diciembre se celebra una fiesta -cada vez más comercial que religiosa- en la que el mundo cristiano conmemora el nacimiento de Jesús. Los Evangelios no nos dicen la fecha de nacimiento de Jesús, lo que también es muy curioso, pues también resulta inaceptable que a ninguno de los biógrafos del ser más trascendente de la historia le hubiera interesado este dato.

A lo largo de la historia se han propuesto varias fechas para el nacimiento de Jesús. San Clemente de Alejandría, en el Siglo III, afirmaba que era el 24 de marzo. Por su parte, San Epifanio sugirió el 6 de enero, fecha que prevalece hasta ahora en la tradición oriental. Como veremos en los párrafos siguientes, se trata de fechas que sólo tienen significado e importancia astronómica y que sólo prueban las raíces mitológicas del cristianismo.

La historia de los Evangelios dice que María, la madre de Jesús, vivió muchos años después de la muerte de su hijo. Una de las tradiciones dice que Juan, el apóstol, se hizo cargo de ella y la llevó a vivir a un monte que queda cerca de Éfeso en el territorio de la actual Turquía. Siempre me ha

---

[38] Pepe Rodríguez, op. cit. pág. 196 (cita 155).
[39] Gerald Massey, The Historical Jesus and the Mythical Christ, The Book Tree, Escondido, California, 2000, pág. 27.

parecido lógico que si los cristianos querían celebrar el nacimiento de Jesús, lo más sencillo habría sido preguntarle a su madre por la fecha de su nacimiento y así evitar tantas opiniones y discusiones. El no haberse hecho de esa forma me confirma que los Evangelios no tienen base histórica.

Después de varios siglos de discusiones, finalmente, los creadores del cristianismo en el Siglo IV decidieron que la fecha apropiada debía ser el 25 de diciembre. ¿Cuáles fueron las razones que primaron en esta elección? La verdad es que ni súbitamente se descubrieron los datos o evidencias necesarias, ni hubo inspiración divina, simplemente se terminó de plagiar el mito pagano que asociaba el nacimiento de los dioses solares al solsticio de invierno en el hemisferio norte, ello en la práctica tendría el efecto de atraer a los fieles de esos cultos. Thorburn, sin rodeos expresa: *"... en el año 354 d.c. el Papa Julio I asimiló la fecha de nacimiento de Mitra (diciembre 25), con el objeto de facilitar la más completa cristianización del imperio"*. [40]

Murdock agrega que la fecha de nacimiento de Cristo *"no fue formalizada hasta el siglo IV y este hecho demuestra una deliberada estratagema de los oficiales del Cristianismo para usurpar a otras religiones"*. [41]

¿Qué fue aquello que precipitó la decisión de designar una fecha oficial para el nacimiento de Jesús? Pareciera que fueron los acontecimientos relacionados con Arrio. Arrio (256 – 336 d.c.) fue un presbítero de Alejandría, Egipto, probablemente de origen libio, fundador de la doctrina cristiana conocida como arrianismo, que sostenía que Jesús no era Dios desde su nacimiento; que si bien era un ser perfecto, grandioso, maravilloso, no había nacido con esa calidad. Que Dios lo había enviado para que lo ayudara a salvar a la humanidad, y que luego de su sacrificio en la cruz se hizo merecedor al título de "Dios", que Dios Padre le regaló.

La teoría de Arrio tuvo gran acogida entre los feligreses cristianos, pero también generó gran rechazo especialmente en las cúpulas de la Iglesia. El tema dio lugar a que se convocara al primer Concilio Universal del Cristianismo, que se reunió en la ciudad de Nicea a

---

[40] Citado por Murdock D.M., Christ in Egypt, the Horus-Jesus Connection, Stellar House Publishing, 2009, pág. 81.
[41] Ibid., pág. 81.

partir del 20 de mayo del año 325. A este Concilio asistieron 300 obispos.

El primer gran acuerdo del Concilio fue declarar que Jesús había sido Dios desde el mismo momento de su nacimiento, estableciendo el llamado Credo de Nicea que decía: *"Creemos en un solo Señor Jesucristo, Hijo único de Dios, nacido del Padre antes de todos los Siglos. Dios Verdadero de Dios Verdadero. Engendrado, no creado".*

Como era de esperarse, Arrio y sus seguidores fueron defenestrados de la Iglesia, pero continuaron con sus prédicas logrando cada vez un mayor número de adeptos. Frente a esta situación el Papa Julio I optó por precipitar la designación de una fecha para la celebración del nacimiento de *"Niño-Dios"*, con lo cual los fieles se acostumbrarían a pensar que Jesús era Dios desde su nacimiento.

Lo siguiente fue tomar como fecha de nacimiento del Jesús de los cristianos la misma fecha del nacimiento del *"Sol invicto"*, con ello a se terminaría de captar para el cristianismo al resto del mundo *"pagano"* que seguía adorando a Dios Sol. Si bien se trató de otro gran plagio y apropiación ilícita, en el fondo lo único que hicieron sus autores fue reconocer que el recién creado Dios Cristiano Jesús no era otra cosa que el mismo dios solar que la humanidad venía venerando desde varios milenios atrás.

Con la incorporación del 25 de diciembre como fecha de nacimiento del Dios Cristiano se resaltó también el carácter astrológico de la nueva religión.

¿Qué representa en las religiones paganas el solsticio de invierno? Todos los dioses solares, entre ellos Attis, Osiris (Horus), Buda, Krishna, Mitra, Zoroastro, Dionisio, nacieron un 25 de diciembre porque en el hemisferio norte es el día que la duración del día comienza nuevamente a crecer, llegando a su cúspide el 24 de Junio, fecha del solsticio de verano, o sea el día más largo (siempre en el hemisferio norte).[42]

---

[42] En el hemisferio sur, el solsticio de invierno se produce el 24 de Junio, fecha en que los Incas celebraban el día del dios Sol. Esto demuestra la gran uniformidad de todas las religiones solares.

En los pueblos del hemisferio norte, donde se desarrollaron las grandes religiones del mundo, a partir del 24 de Junio la duración de la luz del día es cada vez menor y, proporcionalmente, la oscuridad de la noche es cada vez más prolongada, lo que llevaba a nuestros ancestros a temer que la luz pudiera eventualmente ser vencida por las tinieblas.

El solsticio de invierno comienza en la medianoche del 21 de diciembre, siendo el 22, 23 y 24 de diciembre, los días más cortos del año, son días que parece detenerse la duración del día y de la noche[43] que, en el limitado conocimiento científico de nuestros antepasados, hacían temer el triunfo definitivo del frío y las tinieblas. Se decía que el 21 de diciembre el dios Sol (llámese Attis, Osiris, Buda, Krishna, Mitra, Zoroastro, Dionisio) había muerto, para resucitar tres días después. En efecto, el 25 de diciembre el nuevo recién nacido sol recupera el ritmo y ahora los días comienzan a ser cada vez más largos: Dios ha vuelto a nacer y eventualmente, en la pascua[44], vencerá a las tinieblas.

Con otra terminología, Murdock nos aclara:

Parece que hay mucha confusión con relación a las fechas 21, 22 y 25 de diciembre. El hecho es que todas ellas representan el solsticio de invierno, que comienza en la medianoche del 21 -equivalente a la madrugada del 22- y termina en la medianoche del 24, la madrugada del 25. Para resumir, en el mito solar la ′muerte′ del ′viejo sol′ los días decrecen en duración hacia el solsticio de invierno -la palabra ′solsticio′ significa ′el sol está quieto′- por tres días el sol aparece como que no está moviéndose ni al sur ni al norte. Por lo tanto, era considerado ′muerto′ en la ′tumba′ o ′cueva′ y no ′regresando a la vida′ hasta tres días después, a la medianoche del 24 de diciembre, cuando comenzaba nuevamente su trayecto hacia el norte. Por lo tanto, los antiguos decían que el sol había nacido, renacido o resurrecto el 25 de diciembre. [45]

---

[43] Esta aparente paralización en el crecimiento de la duración del día o de la noche, se produce por la forma elíptica de la rotación de la tierra alrededor del sol.
[44] La Pascua, o el día en que comienza la primavera, la duración del día y la noche son iguales, y a partir de esa fecha el día comenzará a ser más largo que la noche: la luz ha vencido a las tinieblas.
[45] Murdock M.B., op. cit. Christ in Egypt, pág. 83.

Las religiones paganas representaban el culto y máximo respeto a la naturaleza y a los ciclos universales. Para ellos el cosmos y el hombre estaban inseparablemente unidos y de acuerdo al principio hermético *"como es arriba es abajo"*, todo lo que ocurre en el cosmos se repite en el hombre. Las fiestas paganas eran la ocasión para recordar que el ser humano es parte del orden natural y cósmico, y que ambos elementos, el ser humano y el universo, formamos el reino de Dios, la verdad final.

Por lo tanto, el 25 de diciembre constituía una verdadera fiesta en honor a la vida, el inicio de un nuevo ciclo cósmico que permitía la renovación y confirmación de los principios universales que rigen la vida y la humanidad.

Cabe preguntarnos si la fecha de nacimiento del Jesús cristiano es un asunto tan crucial o se trata de algo más bien circunstancial, al que finalmente no debe asignársele tanta importancia. La respuesta está necesariamente ligada al significado que las religiones paganas daban a acontecimientos astronómicos que tenían indiscutibles efectos sobre los seres humanos. El solsticio de invierno marca el quiebre entre la duración de la noche y la duración del día, el momento en que el sol comienza nuevamente su ciclo vital aumentando paulatinamente su fuerza y, consecuentemente, su influencia en la naturaleza, lo que se transforma en vida renovada. Los grandes movimientos religiosos de la antigüedad asociaron la fecha de nacimiento del *"hijo de dios"*, el sol, al solsticio de invierno no sólo por su significado astronómico sino para resaltar el nacimiento de un nuevo ciclo vital, lo que hacía que no sólo se celebrara el nacimiento de la divinidad sino, lo más importante, se celebrara la naturaleza misma, directa propiciadora de vida. De esta forma se buscaba la plena identificación del individuo con su entorno, *la comprensión en el sentido que la vida humana depende del correcto funcionamiento de la naturaleza y no al revés*. El cristianismo, al concentrarse exclusivamente en el nacimiento físico de Jesús, dejó de lado el mensaje del significado del inicio de un nuevo ciclo vital, lo que en parte ha propiciado el desencuentro entre el hombre y la naturaleza, que lo ha hecho creer al hombre que su posición está por encima de la creación y que, por lo tanto, en lugar de adaptarse tiene el derecho de modificar, eliminar, sustituir y adaptar la naturaleza a sus necesidades, lo que ha llevado al mundo a las puertas del desastre ecológico y al riesgo de la desaparición de la vida. Sobre este aspecto, cabría preguntarnos cuál es la religión realmente pagana.

El erudito Pierre Saintyves, citado por Pepe Rodríguez, al comparar los mitos navideños decía:

Cómo es posible no señalar el papel destacado que juegan los pastores en esta leyenda. ¿Acaso no es una fiesta la epifanía del Sol naciente que anuncia el próximo retorno de la primavera? Tras muchos tanteos, la Iglesia, al situar la fiesta de la navidad en el solsticio de invierno, creyó poder conectar las alegrías de esta gran solemnidad con las antiquísimas prácticas religiosas; remozando, con cada retorno del Sol y en una universal solidaridad, la alegría de los siglos pasados. Y es por esto por lo que, cuando los cristianos entonan el himno de Navidad, nadie puede escucharlo sin sentir una profunda emoción. Parece como si los viejos gritos paganos resucitasen de los siglos pasados. Es la voz de nuestros hermanos, y también de millares de maestros antepasados que se levantarían de nuevo para unírseles a su coro cantando: ¡Navidad, Navidad, nos ha nacido un dios, el joven Sol sonríe en su cuna! [46]

Agregando el mismo Rodríguez:

El dios que Saintyves ha identificado como el ´joven Sol´ es, naturalmente, Jesús-Cristo, en cuya concepción mítica intervinieron todos los elementos simbólicos y legendarios característicos de desarrollos religiosos muy anteriores, evolucionados desde los primeros cultos agrícolas que divinizaron todas aquellas fuerzas y manifestaciones de la naturaleza de cuya acción dependía su supervivencia sobre la tierra. Desde la noche de los tiempos, el lugar preeminente en los cultos astrólatras fue ocupado, en una primera fase, por la luna, pero ésta muy pronto terminó cediendo el papel de soberano al Sol, el astro rey que traía la luz del día, venciendo a las tinieblas nocturnas, y marcaba, con su posición en el cielo, el paso de las estaciones. El ciclo astral solar fue la base sobre la que se construyeron y desarrollaron los importantísimos mitos y ritos de la fertilidad, un sustrato del que se alimentaron todas las religiones posteriores. [47]

---

[46] Rodríguez Pepe, op. cit. pág. 154-155.
[47] Ibid.

Joseph McCabe, en su Obra *The Story of Religious Controversy*, quien es citado por M.D. Murdock, al respecto afirma:

...todos los años los templos de Horus presentaban a los feligreses, en la mitad del invierno (o alrededor del 25 de diciembre), la escenificación del nacimiento de Horus. Era representado con un bebé nacido en un establo, con su madre Isis parada al costado. Del mismo modo es el nacimiento de Cristo dramatizado hoy en cada iglesia Católica Romana del mundo el 25 de diciembre. El escritor romano Macrobious hace la misma afirmación acerca de la representación del nacimiento de Horus en los templos...y agrega que el joven dios era un símbolo del nuevo nacimiento del sol en esa fecha. El hecho es, en toda circunstancia, fuera de duda. Nos remontamos al mismo umbral del Cristianismo. Hacia el año 1 de nuestra era para todo el mundo eran familiares las estatuas egipcias o pinturas de Isis con el bebé divino Horus en sus brazos. [48]

Por su parte Kellner, al respecto expresa:

Dado que el 21 de diciembre el sol alcanza su punto más bajo, y luego comienza una vez más a elevarse más alto en los cielos, el hombre, en su simplicidad, marcó el día en el que este cambio en el sol se hizo perceptible como el nuevo nacimiento o nacimiento del sol, el invencible Dios-Sol. ¡Qué era más natural para los cristianos de esa época que conectar este obvio evento natural con el pensamiento de la natividad de Él quien es la Luz del Mundo! Aun si las Sagradas Escrituras no hubieran sugerido esta idea, se habría presentado en la mente cristiana. La comparación de Cristo con el sol y de su trabajo con la victoria de la luz sobre la oscuridad frecuentemente aparece en los escritos de los Padres de la Iglesia. San Cipriano habló de Cristo como el verdadero sol (sol verus). San Ambrosio dice en forma precisa, 'Él es nuestro nuevo sol (hic sol novus noster) '. Similares figuras fueron empleadas por Gregorio de Nazanzus, Zeon de Verona, León el Grande, Gregorio el Grande, etc. [49]

---
[48] Murdock M.D., Christ in Egypt, The Horus-Jesus Connection, op. cit., pág.79.
[49] Ibid, pág. 112.

Barbara G. Walker, manifiesta:

En la Helenizada Alexandria, un bebe recién nacido era mostrado y la gente daba la exclamación ritual: '! La Virgen ha dado a luz! La luz está creciendo'. Egipto ya había por mucho reverenciado el nacimiento del salvador Osiris, cuya venida era anunciada por ángeles, pastores y los 'Tres Magos', refiriéndose a las tres estrellas que están en el cinturón de Orión, que apuntan directamente a la estrella más brillante en los cielos, Sirio. Su aparición señalaba la tan importante inundación anual del Nilo, trayendo salvación de la sequía. El cuerpo y sangre del salvador eran simbólicamente comidos como pan y vino, y los que lo hubieran asimilado (al salvador) se decía que pasaban la eternidad con su Buen Pastor que los guiaba a su tierra Nefer-Nefer de verdes pastizales y quietas aguas, como específicamente se menciona en los himnos egipcios. Algunas veces se le llamaba Hijo del Sol, o Osiris-Ra, o Sarapis/Serapis, quien se convirtió virtualmente idéntico al Yavé Judeo-Cristiano alrededor de los primeros siglos anteriores y posteriores a la era cristiana. [50]

Agregando:

La Persia Zoroastriana contribuyó lo del Mesías (Mashiach en Hebreo) al creciente mito. Su nombre persa era Mitra, quien obtuvo gran popularidad en Roma, lugar donde se le erigió su templo en el monte Vaticano hasta el siglo VI d.c. Se dice que el título mitráico Pater Patrum del gran sacerdote es del que se ha transformado luego en 'papa'.

Mitra nació de la usual virgen el 25 de diciembre, 'el día de nacimiento de Inconquistable Sol', que los cristianos adoptaron en el siglo IV d.c., cambiándole el nombre por el de Navidad. Algunos dicen que Mitra fue el producto de una unión incestuosa entre el 'dios sol' o Aura Mazda y su propia madre, igual como Jesús, que era Dios, fue procreado por la Madre de Dios. El nacimiento

---

[50] Walker Barbara G., Man Made God, op. cit., pág. 130. Esta cita contiene a su vez citas de Murdock Frazer, y Guignebert.

de Mitra fue testimoniado por pastores, y los ´Tres Reyes Sabios´, conocidos en Persia como los Magos. Mitra realizó milagros de sanación, echó demonios, devolvió la vista a los ciegos e hizo caminar a los cojos; reunió 12 discípulos quienes representaban los signos zodiacales alrededor del sol. Sus seguidores realizaban sus servicios semanales los domingos y practicaban 7 sacramentos, incluyendo una comunión con vino y pan marcado con la cruz. La muerte y resurrección de Mitra se produjo en el equinoccio de invierno, que fue llamado por los Celtas Pascua en honor a la diosa Astarté. Los seguidores de Mitra esperaban una gran batalla al final del mundo entre los espíritus de la luz y los espíritus de la oscuridad, después de la cual el Mesías habría de regresar a la tierra a realizar el juicio final. [51]

El Cristianismo ha pretendido siempre desligar la figura de Jesús con el solsticio de invierno y en particular con los dioses cuyo natalicio se celebra el 25 de diciembre. No obstante en la acreditada *Enciclopedia Católica*, al referirse a la Navidad dice:

Sin embargo, la bien conocida fiesta solar de Natalis Invicti, celebrada el 25 de diciembre, tiene una gran responsabilidad en nuestra fecha de diciembre...
El más antiguo reproche de los nacimientos de Cristo y el sol está en Cipriano, "De pasch. Comp." xix, "O, que bien actuó la Providencia que en aquel día en que el Sol nació... **Cristo** *debió nacer".*
En el siglo IV, Crisóstomo, "del Solst. Et AEquin." (II, p. 118, ed. 1588), dice: Pero **Nuestro Señor** *también nació en el mes de diciembre... la octava antes de las calendes de enero (25 de diciembre)..., Pero le llaman el "Día de Nacimiento del No Conquistado". ¿Quien también es no conquistado como* **Nuestro Señor**...*?*
O, si ellos dicen que es el día de nacimiento del sol, Él es el Sol de Justicia. [52]

---

[51] Ibid, op cit. pág 131. Esta cita a su vez contiene citas de Turner, Cumont, Walker, entre otros.
[52] The well-known solar feast, however, of Natalis Invicti, celebrated on 25 December, has a strong claim on the responsibility for our December date. For the history of the solar cult, its

Termino esta parte citando a D.M. Murdock:

En realidad hay muchas características astro teológicas en el cristianismo...En efecto, es aparente por la masiva cantidad de evidencia que se provee aquí y en otros lugares que la figura de "Jesucristo" constituye en gran parte un dios solar basado en los más antiguos héroes solares, incluidos y especialmente los de Egipto como Osiris y Horus. Cualquiera que hubiera querido transformar el popular y poderoso dios sol en un mesías judío, como consideramos que así fue hecho, no habría agregado nada tan evidente como el tan conocido festival solar – el nacimiento del mismo dios sol – al mito que estaban tratando de propagar como 'historia'. El hecho que esta celebración eventualmente fue agregada a la creciente mitología cristiana indica: 1. Por sus poderes tenían algunos indicios con respecto a lo que se estaban relacionando, p. ej. un mito solar; 2. Previamente no se había celebrado un nacimiento de Jesús en forma significativa. Nuevamente, la fecha 25 de diciembre es en realidad una de las muchas fechas propuestas para el nacimiento de Cristo por los Padres de la Iglesia y autoridades cristianas a lo largo de los siglos. Al final, el 25 de diciembre representa no el nacimiento de mesías judío sino del sol.

---

position in the Roman Empire, and syncretism with Mithraism, see Cumont's epoch-making "Textes et Monuments" etc., I, ii, 4, 6, p. 355. Mommsen (Corpus Inscriptionum Latinarum, 12, p. 338) has collected the evidence for the feast, which reached its climax of popularity under Aurelian in 274. Filippo del Torre in 1700 first saw its importance; it is marked, as has been said, without addition in Philocalus' Calendar. It would be impossible here even to outline the history of solar symbolism and language as applied to God, the Messiah, and Christ in Jewish or Christian canonical, patristic, or devotional works. Hymns and Christmas offices abound in instances; the texts are well arranged by Cumont (op. cit., addit. Note C, p. 355).

The earliest rapprochement of the births of Christ and the sun is in Cyprian, "De pasch. Comp.", xix, "O quam præclare providentia ut illo die quo natus est Sol . . . nasceretur Christus." — "O, how wonderfully acted Providence that on that day on which that Sun was born . . . Christ should be born."

In the fourth century, Chrysostom, "del Solst. Et Æquin." (II, p. 118, ed. 1588), says: "Sed et dominus noster nascitur mense decembris . . . VIII Kal. Ian. . . . Sed et Invicti Natalem appelant. Quis utique tam invictus nisi dominus noster? . . . Vel quod dicant Solis esse natalem, ipse est Sol iustitiæ." — "But Our Lord, too, is born in the month of December . . . the eight before the calends of January [25 December] . . ., But they call it the 'Birthday of the Unconquered'. Who indeed is so unconquered as Our Lord . . .? Or, if they say that it is the birthday of the Sun, He is the Sun of Justice."

Catholic Encyclopedia, http://www.newadvent.org/cathen/03724b.htm.

De la abundante evidencia de testimonios ancestrales, jeroglíficos, calendarios, monumentos, mitos, relojes y festivales, es claro que los egipcios celebraron en el solsticio de invierno (25 de diciembre) la restauración, resurrección, renovación y nuevo nacimiento del sol y de una forma u otra, incluyendo como Re, Osiris, Sokar u Horus, en muchos puntos de su historia de unos 5,000 años anteriores a nuestra era. Es también aparente por la censura de varios textos a lo largo de los siglos que hubieron serios y prolongados intentos de ocultar estos hechos evidentes. [53]

¿Los Magos de Oriente o Pastores?

Para Mateo fueron unos Magos venidos de Oriente los que adoraron al recién nacido: *"Jesús había nacido en Belén de Judá durante el reinado de Herodes. Unos magos que venían de Oriente llegaron a Jerusalén preguntando: '¿Dónde está el rey de los judíos recién nacido? Porque hemos visto su estrella en el Oriente y venimos a adorarlo".* (Mt. 2, 1-2)

En cambio para Lucas:

En la región había pastores que vivían en el campo y que por la noche se turnaban para cuidar sus rebaños. Se les apareció un ángel del Señor, y la gloria del Señor los rodeó de claridad. Y quedaron muy asustados... Después que los ángeles se volvieron al cielo, los pastores se dijeron unos a otros: 'Vayamos pues a Belén y veamos lo que ha sucedido y que el Señor nos ha dado a conocer.' Fueron apresuradamente y encontraron a María y a José con el recién nacido acostado en el pesebre. Entonces contaron lo que los ángeles les habían dicho del niño". (Lc. 2, 8-17)

¿A quién creemos? ¿A Mateo y su versión de los Magos de Oriente o a Lucas y su versión de los pastores?

En realidad ambos relatos corresponden a mitos distintos, anteriores al mito de Jesús, que Mateo y Juan plagiaron sin revelar la identidad de los autores y que los organizadores del nuevo credo olvidaron corregir, como se repite a lo largo de toda la Biblia. [54]

---

[53] Murdock M.D., Christ in Egypt, op. cit., pág. 115-116.
[54] Apreciado lector, compare el texto de Génesis 1, 2–27 y el texto de Génesis 2, 4-23. En

La leyenda de los Magos de Oriente es ampliada en el llamado Evangelio Árabe, que es uno de los otros aproximadamente 50 evangelios llamados apócrifos, que también circularon en la época en que fueron escritos los cuatro que se incorporaron en el Nuevo Testamento.

Después de un tiempo, los "magos", pasan a ser "reyes". Como un intento por adaptar el nacimiento de Jesús a la profecía del salmo 72, 11 (Salomón), que señalaba que "todos los reyes caerán frente a él".

Buda, *"fue visitado por sabios[55], quienes reconocieron en este maravilloso infante todas las características de la divinidad..."* y *"fue obsequiado con costosas joyas y sustancias preciosas".*[56]

En el caso de Krishna, 3 228 años más antiguo que Jesús, *"su nacimiento fue señalado por una estrella en oriente y asistieron ángeles y pastores, a la vez que le regalaban especias".*[57]

Mitra, quien aparece en la escena del mundo 1 400 años antes de Jesús, nació un 25 de diciembre en una cueva, fue visitado por pastores que llevaban regalos.[58]

En la versión de Lucas también leemos: *"De pronto una multitud de seres celestiales aparecieron junto al ángel, y alababan a Dios con estas palabras: Gloria a Dios en lo más alto del cielo y en la tierra paz a los hombres: ésta es la hora de su gracia".* (Lc. 2, 13-14)

---

la primera versión Dios hace al hombre al sexto día de la creación; en el segundo Dios crea primero al hombre, luego hizo brotar los árboles, luego formó de la tierra todos los animales y al final creó a la mujer, lo que se contradice diametralmente con el orden expuesto en la primera versión. ¿Qué pasó? Simplemente son dos versiones de la creación de origen distinto que también fueron copiadas de mitos anteriores al judaísmo.

[55] El término griego μάγος (mago), no era utilizado únicamente para referirse a los hechiceros. Se utiliza, en este caso, para referirse a hombres sabios (así se los llama en diversas versiones de la Biblia en inglés) o, más específicamente, hombres de ciencia.
[56] Doane T.W., op. cit, pág. 290.
[57] Acharya S., op. cit., pág 200.
[58] Acharya S., op. cit., pág 204.

Siguiendo a Pepe Rodríguez:

La narración de Lucas ya tenía antecedentes bien ilustres y conocidos en todo el mundo de entonces cuando el evangelista cristiano incorporó un tipo ya clásico de mito al personaje de Jesús. Así por ejemplo, cuando nació Buda (c. 565 a.c.), según el texto del Lalita Vistara, la tierra tembló, oleadas de lluvias perfumadas y de flores de loto cayeron en un cielo sin nubes, mientras que los devas -o divinidades resplandecientes, equivalentes a los ángeles y arcángeles católicos-, acompañados de sus instrumentos, cantaban en los aires: Hoy ha nacido Bodhisattva sobre la tierra para dar paz y alegría a los hombres y a los devas, para expandir la luz por los rincones oscuros y para devolver la vista a los ciegos.

En el momento de nacimiento de Krisna todos los devas dejaron sus carros en el cielo y, haciéndose invisibles fueron hasta la casa de Mathura en la que estaba por nacer el niño divino y, uniendo sus manos, se pusieron a recitar los vedas y a cantar alabanzas en honor de Krisna y aunque nadie los vio, según apunta la leyenda, todo el mundo pudo oír sus cantos; después del nacimiento, todos los pastores de la región le llevaron felicitaciones y regalos a Nanda, el criado encargado de cuidarle. [59]

La Estrella de Belén.

Como vimos anteriormente, en el relato de Mateo, cuando los Magos de Oriente llegan a Jerusalén indagando por el recién nacido aseguran haber *"visto su estrella en el Oriente"*. Con el tiempo la estrella pasó a ser conocida como la Estrella del Este o Estrella de Belén.

Hay que remarcar dos aspectos absurdos del relato. El primero es que nadie puede venir de Oriente siguiendo una estrella ubicada al Este, lo lógico es que deba seguir una estrella que se ubica al Oeste. El segundo es que la palabra "mago", proviene del griego "magol" o "maji", que significa astrólogo, por lo que es incomprensible que Dios, quien habiendo maldecido a los astrólogos (Isaías 47, 13-15), se valga de tales personajes para anunciar el nacimiento de su hijo.

---

[59] Rodríguez Pepe, op. cit., págs. 143-144.

De acuerdo al mito budista, el nacimiento de Buda fue anunciado en el cielo por un astro que se vio elevándose en el horizonte. Se le llamó la *"Estrella Mesiánica"*.[60]

También en el caso de Krishna, *"sus estrellas"* aparecieron en el cielo.[61]

Como no podía ser de otra forma, el nacimiento de Horus también fue anunciado por *"una estrella en el Este"*, a la que se conoció como *"la estrella de Horus"*, o también conocida como la estrella de Sirio, lo que significa que esta parte de la leyenda por la que los cristianos se atribuyen originalidad tenía por lo menos 6 mil años de antigüedad. [62]

Ahora bien, gracias a Zeitgeist ahora sabemos que los tres *"Reyes Magos"*, no son otros que las tres estrellas que se ubican a la altura del cinturón de la constelación de Orión, que desde hace muchísimos años se les conoce con el nombre de los *"Reyes"*, que en la época del solsticio de invierno en el hemisferio norte se alinean con la *"Estrella del Este"*, señalando el punto en el horizonte en que el 25 de diciembre de cada año sale el sol. Dicho de otro modo, es la *"Estrella del Este"* la que guía a las tres estrellas de los *"Reyes"*, cada 25 de diciembre para indicar el lugar en el horizonte donde saldrá el sol ese día. Sólo de esta forma adquiere verosimilitud aquello que los tres reyes fueron guiados por la estrella del Este respecto del lugar del nacimiento del *"Dios Sol"* para el mundo pagano o su equivalente *"Jesús"* para el mundo cristiano.[63]

---

[60] Doane T. W., op. cit., pág. 143
[61] Ibid.
[62] Maxwell Jordan, Paul Tice and Alan Snow, That Old time Religion, The Book Tree, Escondido, California, 2000, pág. 10.
[63] Zeitgeist es un documental escrito, dirigido y producido por Peter Joseph el año 2007, que tuvo una amplia difusión por Internet, en la web del proyecto y mediante Google Video; aunque fue grabado originalmente en inglés, es posible descargarlo del sitio web oficial con subtítulos en español. Al no haberse distribuido por los canales convencionales, no existen datos fiables acerca de cuánta audiencia ha tenido, pero el director del video afirma que los documentales Zeitgeist han sido vistos por cincuenta millones de personas en todo el mundo desde su publicación gratuita en Google Video, la primavera de 2007. video.google.com/videoplay?docid=-7619379823675726232

La Matanza de los Inocentes.

El relato de Mateo, es como sigue:

Después de marchar los Magos, el Ángel del Señor se le apareció en sueños a José y le dijo: Levántate, toma al niño y a su madre y huye a Egipto. Quédate allí hasta que yo te avise, porque Herodes buscará al niño para matarlo.

José se levantó aquella misma noche tomó al niño y a su madre y partió hacia Egipto, permaneciendo allí hasta la muerte de Herodes. Así se cumplió lo que había anunciado el Señor por boca del profeta: Llamé de Egipto a mi hijo.

Herodes se enojó muchísimo cuando se dio cuenta de que los Magos lo habían engañado, y fijándose en la fecha que ellos le habían dicho, ordenó matar a todos los niños menores de dos años que había en Belén y sus alrededores. (Mt. 2, 13-16)

La historia de la matanza de los inocentes es por demás absurda pues Herodes, siguiendo la lógica más elemental, debió simplemente seguir el derrotero que días antes indicó a los Magos para encontrar al niño Jesús y no ordenar una matanza que suena a lo más disparatado.

T.W. Doane[64], cita tres reputados estudiosos de la religión hindú. El primero, Joguth Chunder Gangooly, dice: *"Una voz divina le dijo a los oídos al padre adoptivo de Crishna que huyera con el niño y cruzara el río Junma, lo que fue hecho inmediatamente. Esto se hizo porque el monarca reinante, el Rey Kansa, quería matar al pequeño Salvador, y para cumplir su propósito, envió mensajeros para matar a todos los infantes de los lugares vecinos".*

El segundo, Higgins: *"Poco tiempo después del nacimiento de Crishna, él fue llevado de noche y escondido en una remota región apartada de su lugar de nacimiento, ello por miedo de un tirano al que se le había dicho*

---

[64] Doane T.W., op. cit., pág. 166.

que habría de ser destruido por el recién nacido, y quien ordenó por tal razón matar a todos los niños en esa época".

El tercero, Sir William Jones, quien dice lo siguiente acerca de Crishna: "El pasó una vida, de acuerdo a los indios, de lo más extraordinaria y de naturaleza incomprensible. Su nacimiento fue acompañado del miedo del tirano reinante Kansa, quien a la fecha de su nacimiento ordenó matar a todos los niños recién nacidos, aunque este niño maravilloso fue protegido".

En el caso de Buda, su nacimiento está asociado a una leyenda similar:

> En el sureño país de Magadha, vivía un rey con el nombre de Bimbasara, quien teniendo miedo que había aparecido un enemigo que lo derrocaría, frecuentemente reunía a sus principales ministros para discutir con ellos el tema. En una de esas ocasiones le dijeron que lejos en el norte había una respetable tribu de gente llamada Sákyas, y que dentro de esa raza había un recién nacido, primogénito de su madre. Ese joven, quien era Buda, ellos decían era responsable de querer derrocarlo, por lo que le aconsejaron que inmediatamente reuniera un ejército para destrozar al niño. [65]

Pasemos ahora al dios egipcio Horus: "Al nacimiento de Horus, la vida del pequeño niño es reclamada por el malvado Sut. La madre fue advertida del peligro por That, el dios lunar, llamado el grande. Él le dice a ella: 'Ven Diosa Isis, escóndete con mi hijo´; y le dice es bueno ser obediente. Ella debe llevar al niño a los pantanos del bajo Egipto, llamado Kneb o Khebt..." [66]

Aunque cambia el nombre del personaje, Tom Harpur nos trae el siguiente relato: "Inmediatamente después de la historia del nacimiento de Jesús en Mateo, hay una amenaza de Herodes... En la historia de Horus, la vida del recién nacido dios es inmediatamente amenazada por el maligno, que significativamente tiene el nombre de Herut". [67]

---

[65] Doane T.W., op. cit., pág. 108.
[66] Massey Gerald, Ancient Egypt, Light of the World, Cosimo Classics, New York, 2007, pág. 592.
[67] Harpur Tom, Op. Cit. pág. 93.

Podríamos seguir buscando otros paralelos, pero para los efectos de esta investigación es suficiente: la leyenda de la llamada Matanza de los Inocentes también fue plagiada de otros mitos anteriores al mito cristiano.

La referida matanza de los niños de Belén y alrededores no fue jamás reportada por ningún historiador de la época, lo que corrobora su carácter de leyenda.

José y María vuelven a Nazaret.

Mateo nos relata:

Después de la muerte de Herodes, el Ángel del Señor se apareció en sueños a José en Egipto y le dijo: Levántate, toma contigo al niño y a su madre y regresa a la tierra de Israel, porque ya han muerto los que querían matar al niño´.

José se levantó, tomó al niño y a su madre, y volvieron a la tierra de Israel. Pero al enterarse de que Arquelao gobernaba en Judea en lugar de su padre Herodes, tuvo miedo de ir allá. Conforme a un aviso que recibió en sueños, se dirigió a la provincia de Galilea y se fue a vivir a un pueblo llamado Nazaret. Así había de cumplirse lo que dijeron los profetas: Lo llamarán ´Nazoreo´ (Mt. 2, 19-23).

En primer lugar, el término "*Nazoreo*" no se refiere a una persona oriunda de Nazaret, sino a una facción de los esenios, que eran una secta del judaísmo.[68]

En segundo lugar, Nazaret no existió en la época en que se supone vivió Jesús en Galilea. Como bien lo dice Carlos Allende, "Flavio Josefo, a quien debemos casi todo nuestro conocimiento sobre la época, no menciona Nazaret en sus exhaustivos inventarios de las ciudades y aldeas de Galilea. De hecho, los historiadores no han encontrado hasta el momento ninguna prueba documental que, en la primera mitad del siglo I, existiera una aldea llamada así".[69]

---

[68] A raíz del descubrimiento de los llamados Manuscritos del Mar Muerto en 1947, los Esenios han cobrado gran importancia en el estudio de los inicios del cristianismo.
[69] Allende Carlos, op. cit., pág. 20.

Se trata entonces de un problema de traducción. Este grave error de traducción no es algo aislado, se ha estimado que los manuscritos que contienen los evangelios difieren entre ellos entre 150 000 a 250 000 veces, por lo que, de acuerdo al The Interpreter´s Dictionary of the Bible (Diccionario de Intérpretes de la Biblia), que es una prestigiosa publicación cristiana:

No existe una sola frase en el Nuevo Testamento en la que la tradición del Manuscrito sea uniforme. Muchos miles de las variantes que se encuentran en los manuscritos del Nuevo Testamento fueron puestas allí deliberadamente. No son sólo el resultado del error o negligente manejo del texto. Muchos fueron creados por razones teológicas o dogmáticas... Es porque los libros del Nuevo Testamento son libros religiosos, libros sagrados, libros canónigos, que fueron cambiados para armonizar con lo que el copista creía que era la lectura verdadera. [70]

¿Puede alguien seguir afirmando que la Biblia, y en especial el Nuevo Testamento, contienen la palabra de Dios?

Quien desee profundizar en el problema de las diferentes versiones e interpretaciones bíblicas puede comenzar con la siguiente página web: http://www.cob-net.org/compare.htm.

Sí quiero, antes de pasar a otro tema, dejar constancia de una flagrante contradicción. Según Mateo, antes que Jesús y su familia regresaran a Nazaret, Herodes había muerto. Sin embargo, según el Evangelio de Lucas 13, 31, Herodes continuaba vivo hasta la vida pública de Jesús, esto es pasados los treinta años. ¿A quién le creemos?

El episodio de Simeón.

Cuando Jesús es llevado a Jerusalén para el rito de la Purificación, según Lucas, se produce el siguiente episodio:

Había entonces en Jerusalén un hombre muy piadoso y cumplidor a los ojos de Dios, llamado Simeón. Este hombre esperaba el día

---

[70] Cita de Murdock D.M. (Acharya), Who was Jesús? Fingerprints of the Christ", Stellar House Publishing, USA, 2007, pág. 48-49.

en que Dios atendiera a Israel, y el Espíritu Santo estaba con él. Le había sido revelado por el Espíritu Santo que no moriría antes de haber visto al Mesías del Señor. El Espíritu también lo llevó al Templo en aquel momento.

Como los padres traían al niño Jesús para cumplir con él lo que mandaba la Ley, Simeón lo tomó en sus brazos y bendijo a Dios con estas palabras:

Ahora, Señor, ya puedes dejar que tu servidor muera en paz, como le has dicho. Porque mis ojos han visto a tu Salvador, que has preparado y que ofreces a todos los pueblos, luz que se revelará a las naciones y gloria de tu pueblo, Israel.

Su padre y su madre estaban maravillados por todo lo que se decía del niño. Simeón los bendijo y dijo a María, su madre: Mira este niño traerá a la gente de Israel caída o resurrección. Será una señal de contradicción, mientras a ti misma una espada te atravesará el alma. Por este medio, sin embargo, saldrán a la luz los pensamientos íntimos de los hombres. (Lc. 2, 25-35)

En la tradición budista existe la historia del anciano Asita, que en palabras de Elmar R. Gruber y Holger Kersten, es la siguiente:

En una visión Asita vio como los dioses de la Montaña Meru estaban llenos de alegría, bailando y cantando, y les preguntó la razón por tal júbilo. Su respuesta fue: El que será Buda, la mejor e incomparable joya, ha nacido, en el pueblo de Shakyas, en la región de Lumbini, para el bienestar y prosperidad en el mundo de los hombres. Por eso estamos alegres y extremadamente contentos. Asita se dirigió a la casa del Rey Shuddhodana donde tomó en sus brazos al hijo recién nacido, el futuro Buda, reconociendo los treinta y dos signos característicos del gran hombre, y comenzó a llorar. Algunos transeúntes que pasaban por el lugar preguntaron si algo terrible había pasado con el niño. Entonces Asita explicó que por su compasión, por los sufrimientos de la gente, este príncipe pondría en movimiento la Rueda de la Enseñanza. Este ser incomparable establecería una muy extendida religión, pero que él, Asita, era muy viejo para verla. Lloraba porque el moriría antes que el Buda proclamara sus enseñanzas. [71]

En el Sutta Nipata 689-691, existe el siguiente relato:

El sabio del cabello largo miró al niño y con gran alegría lo levantó. Ahora el Buda estaba en los brazos del hombre que lo había esperado, el hombre que podía reconocer todas las señales de su cuerpo, un hombre que ahora, lleno de gozo, levantó su voz para decir las siguientes palabras: "no hay nada que se pueda comparar a esto: este es el último, este es el hombre perfecto" Entonces el ermita recordó que iba a morir pronto, i por ello se sintió tan triste que comenzó a llorar. [72]

No es necesario hacer ningún comentario.

Jesús se presenta en el Templo.

Este pasaje de la leyenda es omitido en los Evangelios de Mateo, Marcos y Juan. Lucas lo relata de la siguiente forma:

Los padres de Jesús iban todos los años a Jerusalén para la fiesta de la Pascua. Cuando Jesús cumplió los doce años, subió también con ellos a la fiesta, pues así había de ser. Al terminar los días de la fiesta regresaron, pero el niño Jesús se quedó en Jerusalén sin que sus padres lo supieran.

Seguros de que estaba con la caravana de vuelta, caminaron todo un día. Después se pusieron a buscarlo entre sus parientes y conocidos. Como no lo encontraron volvieron a Jerusalén en su búsqueda. Al tercer día lo hallaron en el Templo, estaba en medio de maestros de la Ley, escuchándolos y haciéndoles preguntas. Todos los que oían quedaban asombrados de su inteligencia y de sus enseñanzas. (Lc. 2, 41-47)

---

[71] Gruber Elmar R. & Kersten Holger, op. cit., pág.. 85.
[72] Borg Marcus, Jesus & Buddha, The Parallel Sayings, Ulisses Press, USA, 2002, pág. 149.

En el mito de Buda: *"Cuando tuvo doce años el niño Buda es presentado en el templo. Él explica y hace preguntas eruditas; él sobrepasa a todos los que le hacen competencia..."* [73]

En el caso de Horus (hijo de Osiris), también a la edad de doce años fue un niño maestro en el Templo.[74]

Jesús desaparece de los doce a los treinta años.

En los Evangelios canónicos, Jesús desaparece entre los doce y treinta años. Mucho se ha especulado respecto a dónde pudo estar Jesús en ese periodo. Para algunos, como Paul Perry[75] y Michael Baigent[76], Jesús regresó a Egipto donde aprendió los secretos de la religión egipcia así como las artes de la magia que después utilizó al realizar sus milagros. Para otros, como Nicolás Notovitch,[77] Elizabeth Clare Prophet,[78] Andreas Faber-Kaiser,[79] Khwaja Nazir Ahmad, [80] Jesús en esos años estuvo en la India, no murió en la cruz y luego regresó otra vez a la India, muriendo en Cachemira, donde muchos aseguran que está su tumba,[81] lo que ha dado lugar a la conformación del Movimiento Ahmadía del Islam.

En el fondo, aquellas no dejan de ser especulaciones sin mayor fundamento pues, como lo demuestra Alvin Boyd Kuhn, *"hay una laguna en la historia de los dioses solares entre los años doce y treinta. Ambos números son puramente típicos, que representan la conclusión y perfección de ciclos, el término de una edad, o estados de transición o transformación".* [82]

---

[73] Doane T.W, , op. cit., pág. 291.
[74] Acharya, La Conspiración de Cristo, la mayor ficción de la historia, op. cit., pág. 198.
[75] Perry Paul, Jesus in Egypt, Discovering the Secrets of Christ´s Childhood years, Ballantine Books, New York, 2003.
[76] Baigent Michael, The Jesus Papers, Harper San Francisco, 2006.
[77] Notovitch Nicolás, The Unknown Life of Jesus Christ, Three of Life Publications, Joshua Tree, California 1996.
[78] Prophet Elizabeth Clare, The Lost Years of Jesus, Summit University Press, 1987.
[79] Faber-Kaiser, Andreas , Jesús vivió y murió en Cachemira, EDAF, Madrid, 2005.
[80] Ahmad Khwaja Nazir, Jesús in Heaven on Earth, New USA, 1998.
[81] Si el lector tiene curiosidad sobre el tema, consulte y vea fotografías actuales en http://www.alislam.org/spanish/jesucristo.
[82] Kuhn Alvin Boyd, Lost Light: Interpretation of Ancient Scriptures, Kessinger Publishing´s, Rare Mystical Reprints, ISBN 1-56459-177-8, pag. 397.

En efecto, como tenía que suceder, Horus desaparece de la escena entre los 12, para reaparecer como Khem-Horus a los 30. Massey nos explica que, para la cultura y mitología del antiguo Egipto, la niñez terminaba a los 12, mientras que la adultez comenzaba a los 30. Como nunca hubo un joven Horus, lógicamente debió desaparecer esos 18 años. [83] En el plano de la realidad social, lo que acabamos de afirmar también se plasma en la legislación que fijaba en 30 la edad para adquirir la adultez o mayoría de edad, como es el caso de la Lex Pappia [84] en Roma.

Al culminar este tema, quiero transcribir un párrafo de la genial obra de Gerald Massey:

Horus fue el hijo de Seb, su padre en la tierra. Jesús es el hijo de José, el padre en la tierra. Horus estuvo con su madre la Virgen hasta los doce años de edad cuando se transformó en el amado hijo de Dios como el único hijo del padre en el cielo. Jesús estuvo con su madre la Virgen hasta la edad de doce años, cuando la dejó para dedicarse a los asuntos de su padre. Desde los doce a los treinta años de edad no hay record de la vida de Jesús. Horus a los treinta años de edad se convirtió en adulto en su bautismo por Anup. Jesús a los treinta años de edad es hecho hombre en su bautismo por Juan el Bautista. [85]

El Bautismo y Juan el Bautista.

Todos los Evangelios canónicos recogen la leyenda.

Mateo:

Por aquel tiempo se presentó Juan Bautista y empezó a predicar en el desierto de Judea; éste era su mensaje: renuncien a su mal camino, porque el reino de los cielos está cerca.

---

[83] Massey Gerald, The Historical Jesus and the Mythical Christ, op. cit., págs 56-57; Consúltese también Maxwell Jordan, Paul Tice and Alan Snow, The Old Time Religion, The Story of Religious Foundations, op. cit., pág. 14-15, que contiene el Capítulo de Gerald Massey: Astro-Theology.
[84] Ibid.
[85] Massey Gerald, Ancient Egypt, the Light of the World, op.cit., pág.608.

...
Yo los bautizo en el agua, y es el camino a la conversión. Pero después de mi viene uno con mucho más poder que yo -yo ni siquiera merezco llevarle las sandalias- él los bautizará en el Espíritu Santo y el fuego.
...
Una vez bautizado Jesús salió del agua. En ese momento se abrieron los cielos y vio al Espíritu Santo que bajaba como una paloma y se posaba sobre él. Al mismo tiempo se oyó una voz del cielo que decía: Este es mi hijo, el Amado, en él me complazco. (Mt. 3, 1-17)

Marcos es más conciso en el relato, pero básicamente nos trae la misma historia de Mateo, con la diferencia que las palabras que se escucharon del cielo decían: *"Tú eres mi Hijo, el Amado, el Elegido"*. (Mar. 1, 11)

En el Evangelio de Lucas, se agrega la anunciación a Isabel, la madre de Juan; las dudas de Zacarías, padre de Juan, quien se queda mudo por no haber creído, el rito de circuncisión de Juan y las profecías de Zacarías. Por lo demás, éste Evangelio es un poco más extenso en cuanto a las actividades de Juan, difiriendo sustancialmente respecto a lo dicho por la voz que vino del cielo después del bautizo de Jesús: *"Tú eres mi hijo, hoy te he dado a la vida"*. (Lc. 3, 22)

El Evangelio de Juan es también bastante conciso respecto a Juan el Bautista y al bautizo de Jesús, omitiendo la parte en que se oyó una voz del cielo, (Juan 1, 19-34).

Lo primero que llama la atención es cómo el Hijo de Dios, que se supone no tiene pecado, necesitaba del Bautizo. Si efectivamente era Hijo de Dios, estaba libre de pecado, resultando ilógico que se tuviera que bautizar.

No es raro escuchar la afirmación en el sentido que el bautismo es una ceremonia exclusiva del cristianismo, o que fue instituida por esta religión a través de Juan el Bautista. Estas afirmaciones son totalmente falsas. Veamos por qué:

Miles años antes de aparecer la leyenda de Jesús, los brahmanistas de la India tenían una ceremonia similar al bautismo cristiano, la misma que se realizaba en un río. *"El sacerdote Brahman que oficiaba, a quien se le llamaba Gurú o Pastor, echaba barro en el candidato y luego lo sumergía tres veces en el agua. Durante el proceso el sacerdote decía: Oh, Supremo Señor, este hombre está impuro como el lodo de esta corriente; pero así como el agua lo limpia de esta suciedad, libéralo de su pecado".* [86]

Desde tiempos inmemoriales los ríos fueron considerados fuentes de fertilidad y purificación, siendo el Ganges de la India el más majestuoso. Desde hace por lo menos diez mil años hasta hoy, cada doce años, se celebra en las riberas del Ganges el ritual del Kumbh Mela. Hace poco tiempo, a comienzos de 2013 fue la última vez que tuvo lugar, reunió a más de 70 millones de personas, que en el lapso de seis semanas se sumergieron en sus aguas para purificarse.

Higgins, citado por Kersey Graves, nos dice que *"el Bautismo con agua es un rito muy antiguo, que fue practicado por los seguidores de Zoroastro, los romanos, los egipcios y otras naciones".* [87]

Los seguidores de Zoroastro no sólo practicaban el bautizo mucho antes de la era cristiana, sino que además marcaban la frente del iniciado con el *"signo sagrado"*, que no era otro que el signo de la cruz. Esto es tan cierto que el propio Padre de la Iglesia, Tertuliano, lo relataba con asombro, pues pensaba que en éste caso era la labor del demonio.[88]

Los egipcios practicaban el bautizo y al usar el agua para la inmersión buscaban la *"absoluta limpieza del alma, y se decía que la persona había sido regenerada."* [89] Parece que el simbolismo esotérico del bautismo proviene del muy Antiguo Egipto: *"El rito bautismal egipcio tiene sus orígenes en el Culto Solar de los comienzos de la Era de la Pirámides. Los egipcios creían que todas las mañanas el sol pasaba por la aguas del océano antes de renacer, emergiendo*

---

[86] Doane T. W., op. cit., pág. 318.
[87] Graves Kersey, The World´s Sixteen Cricified Saviors, Christianity before Christ, Adventures Unlimited Press, USA, 2001, pág. 192.
[88] Doane T. W., op. cit., pág. 319.
[89] Ibid.

purificado y revitalizado. El ritual del bautizo del faraón cada mañana simbolizaba este evento y renovaba vida y vigor en el recipiente". [90]

Es evidente que el bautizo cristiano fue resultado del simple plagio del bautizo egipcio porque no sólo se copió el rito mismo sino los personajes involucrados y hasta se repitieron los mismos libretos.

Veamos. La primera gran similitud es que del mismo modo que el Jesús cristiano es bautizado por Juan el Bautista, en el caso del Horus egipcio, éste es bautizado por "Anup el que bautiza", también conocido como "Anubis" o "Anpu".

Como bien lo documenta D.M. Murdock, este dios egipcio, que aparece en la escena hace más de 6 mil años, fue muy bien conocido en Roma en el tiempo de la formación del cristianismo, habiéndose producido la extrapolación hasta el extremo que *"Anubis es el hijo de su hermana Nephtys. Entonces, como la madre de Juan, Elizabeth, que fue la prima de la Virgen María, la madre de Anubis, Nephtys fue relacionada a Isis, la madre de Horus. Por lo tanto, así como Juan y Jesús son parientes entre sí, Anubis y Horus son también parientes, incluso compartiendo el mismo padre Osiris".* [91]

Hasta la costumbre de dar un nuevo nombre al bautizado viene de Egipto.

Igual que en el cristianismo, Horus no sólo se purifica con el bautizo, sino que se convierte en adelante en el que bautiza, el que unge con el bautizo.

Lo que resulta más sorprendente y expresivo es que en el bautizo de Horus, Nut expresara: *"Este es mi hijo... mi primogénito... este es mi amado, con quien me complazco..."* [92]

Siguiendo nuestro estudio comparativo, *"Buda, el Salvador, fue bautizado, y en su reportado bautismo en el agua el Espíritu de Dios estuvo presente; esto es, no solamente Dios Padre, sino también el Espíritu Santo".* [93]

---

[90] Dr. Richard A. Gabriel, Gods of the Fathers, cita D.M.Murdock, Christ y Egypt, op. cit. pág. 233.
[91] Murdock D.M., Christ in Egypt, op. cit. pág. 236.
[92] Murdock D.M., "Christ in Egypt, the Horus-Jesus Connection", op. cit., pág. 31.
[93] Doane T. W., op. cit., pág. 292.

No solamente el bautismo como acto fue conocido por las más antiguas religiones de la humanidad precedentes al cristianismo, sino que la misma paloma que utilizó el Espíritu Santo en el caso de Jesús ya fue utilizada por esas tales religiones paganas en sus respectivos mitos. Kersey Graves nos informa que esta tradición, la presencia de una paloma en el bautismo, ya era parte de los cultos de la India, México, Grecia, Roma y Persia, mucho antes del cristianismo.[94]

Entre todas las naciones, desde sus periodos iniciales, el agua ha sido usada como una especie de sacramento religioso porque, cuando goteaba de las nubes se observó que tenía el poder de revivir la languidecida naturaleza creando nueva vida o regenerando todo el reino vegetal en primavera, por lo que fue utilizada para ser el emblema de la regeneración espiritual y un medio de bautismo. El agua fue el elemento que significó el que todo pudiera nacer de nuevo. [95]

Para terminar de aclarar este asunto, transcribo dos citas provenientes del mundo cristiano. El reputado Padre de la Iglesia, Tertuliano, dice: *"Porque el lavado con agua es el canal por el cual (los paganos) son iniciados en algunos ritos sagrados de algunos notorios Isis o Mitra. Los dioses de igual modo son honrados a través de lavados con agua".* [96]

La propia Enciclopedia Católica, nos trae el siguiente comentario: *"Cuan natural y expresivo el simbolismo del lavado exterior para indicar la purificación interior fue reconocido de ser, incluso también por la práctica por los sistemas paganos de religión. El uso de agua lustral se encuentra entre los babilonios, asirios, egipcios, griegos, romanos, hindús y otros".* [97]

El bautizo siempre se practicó en la antigüedad con personas que tenían plena consciencia de sus actos y, en general constituía el primer rito de iniciación en los misterios. En todos los casos, incluida la leyenda cristiana, el bautizo se realiza a los 30, edad que en la antigüedad era considerada como la edad en que la persona adquiría madurez. Los cristianos primitivos

---

[94] Graves Kersey, op. cit., pág. 193.
[95] Ibid, pág. 194.
[96] On Baptism, Tertuliano, cita Murdock D.M., Christ y Egypt, op. cit., pág. 233.
[97] Catholic Encyclopedia, Baptism, cita Murdock D.M., Christ y Egypt, op. cit., pág. 233.

siguieron esa costumbre, siendo el simbolismo del bautizo de Jesús la mejor expresión de la seriedad del rito.

La razón principal por la cual en la antigüedad sólo se practicaba el bautismo con gente adulta era porque el catecúmeno tenía que entender perfectamente el significado del rito al que sería sometido y aceptar expresamente los fundamentos de la religión a la que estaba postulando.

Interesadamente el cristianismo consideró que esperar hasta los treinta años de edad para bautizar importaría correr el riesgo de perder al cliente, lo que dio lugar a truculentas elucubraciones, que a continuación comentamos.

Fue en el año 418 d.c. cuando un Concilio Católico decidió que todo niño nace endemoniado como resultado de su concepción sexual, por ello está automáticamente maldecido hasta ser bautizado. Es por esa razón que hasta el día de hoy, en las ceremonias católicas de bautizo se incluye una parte de exorcismo pidiendo a Dios que el catecúmeno sea liberado del dominio de Satanás y pueda ser habitado por el Espíritu Santo. Dicho en otras palabras: el recién nacido se irá al infierno si no es bautizado a tiempo. El sacerdote jesuita Martín del Río, refiriéndose al tema, tuvo el coraje de afirmar: *"Si, como no es poco común, Dios permite que los niños mueran antes de ser bautizados, es para prevenir que más adelante en la vida cometan esos pecados que harían más severa su maldición. En esto, Dios no es ni cruel ni injusto, ya que por el mero hecho del pecado original, los niños ameritan la muerte..."* [98] ¡Es difícil encontrar tanta barbaridad junta!

Con la llegada del cristianismo se perdió el profundo significado esotérico del bautizo. El rito ha degenerado a tal punto que hoy es un simple acontecimiento social, en el cual el principal sujeto del rito -el bautizado- no tiene la menor idea de aquello que sucede. Al cristianismo sólo le ha interesado la idea de ampliar su mercado, asegurándose que una buena parte de los bautizados permanezcan como fieles seguidores, con ello seguirán viviendo los que viven del negocio de Dios en la tierra. Y dice Alvin Boyd

---

[98] Cita extraída de Women´s Encyclopedia of Myth de Barbara Walker G., en la obra de Tim C, Leedom, The Book Your Church Doesn´t Want You to Read, Truth Seeker, California, 2003, pág. 234.

Kuhn: *"Es cuestionable si hoy cualquier hierofante de ortodoxa religión tiene la más remota idea del significado esotérico del rito del bautismo. La gente recibe el bautismo o lo impone en sus hijos con una aquiescencia de santo, pero sin la menor comprensión"*. [99]

En todos los casos, el Dios engendrado **Jesús/Horus**, fue bautizado por un enviado anunciador **Juan el Bautista/Anup el Bautista** a quien no se le reconocía naturaleza divina y que "coincidentemente" muere decapitado[100]. Ello no es casual, este bautizo simboliza el primer contacto del agua con la "semilla divina" que todos los seres humanos traemos al nacer, esto es la posibilidad de "germinación" de esa semilla de "vida eterna", que puede "florecer" para encontrar o producir el "Cristo" que está en nosotros. De ahí viene la palabra "iniciación", pues es la acción primera de un trayecto vivencial en la que vendrá luego otro bautizo, el bautizo en "el espíritu" que nos permitirá "revivir", "nacer de nuevo", repetir la "reencarnación" del espíritu una y otra vez, en un ciclo perenne hasta encontrar el Cristo que mora en nosotros. Este es el mensaje de Jesús a Nicodemo: *"El que no renace del agua y el espíritu no puede entrar en el Reino de Dios"*. (Juan 3, 5).

En realidad las religiones mistéricas y el gnosticismo reconocen cuatro tipos de bautizo: en tierra, agua, aire y fuego. El bautizo en tierra se produce el día del nacimiento: el recién nacido deja el vientre de su madre y por primera vez toma contacto con su entorno, la tierra; en el bautizo con el agua, se produce el simbolismo de la purificación con el agua, que a su vez le permite "germinar" y crecer espiritualmente[101]; el bautismo en el aire es el que Juan menciona (Mateo 3, 11) como el bautizo en el Espíritu Santo, o que muchos movimientos cristianos llaman "nacimiento en el espíritu"; y finalmente está el bautizo en el fuego, que se produce al final de la vida. Explicar el profundo significado de estos rituales esotéricos no es el propósito de esta obra, quien lo desee puede seguir investigando. Alvin Boyd Kunh es un buen guía.

---

[99] Kunh Alvin Boyd, op. cit., pág. 385.
[100] Harpur Tom, Op. Cit., pág. 93.
[101] Esto solo es posible cuando el bautizado entiende la simbología del bautizo en el agua. El bautismo cristiano es simplemente un rito social, que ni el mismo cura entiende pues ha dejado de lado su profundo significado para el crecimiento espiritual del individuo, y por lo tanto debería practicarse cuando el individuo tenga la capacidad para entenderlo.

La Tentación y los cuarenta días de Ayuno.

Así es el relato de Mateo:

El Espíritu condujo a Jesús al desierto para que fuera tentado por el diablo, y después de estar sin comer cuarenta días y cuarenta noches, al final sintió hambre.

Entonces se le acercó el tentador y le dijo: Si eres hijo de Dios, ordena que estas piedras se conviertan en pan. Pero Jesús le respondió: Dice la Escritura: el hombre no vive solamente de pan, sino de toda palabra que sale de la boca de Dios.

Después el diablo lo llevó a la Ciudad Santa y lo puso en la parte más alta de la muralla del Templo. Y le dijo: Si eres hijo de Dios, tírate de aquí abajo, pues la Escritura dice: Dios dará órdenes a sus ángeles y te llevarán en sus manos para que tus pies no tropiecen en piedra alguna. Jesús replicó: Dice también la Escritura: No tentarás al Señor tu Dios.

A continuación lo llevó el diablo a un monte muy alto y le mostró todas las naciones del mundo con todas sus grandezas y maravillas. Y le dijo: Te daré todo esto si te arrodillas y me adoras. Jesús le dijo: Aléjate Satanás, porque dice la Escritura: Adorarás al Señor tu Dios, y a él solo servirás.

Entonces lo dejó el diablo y se acercaron los ángeles a servirle. (Mateo 4,1-10)

La versión de Marcos es mucho más concisa pues se limita a decir que el Espíritu empujo a Jesús al desierto donde estuvo cuarenta días, siendo tentado por Satanás y servido por los ángeles. No menciona el ayuno y agrega que durante ese tiempo Jesús vivía entre los animales salvajes.

Curiosamente, el Evangelio de Juan no menciona palabra alguna sobre este pasaje que, de haber sido real, por su importancia, no podría haber sido desconocido para Juan. En efecto, según el relato de Juan, al día siguiente escogió los dos primeros discípulos (Juan 1:35-37), un día después Jesús se fue a Galilea y escogió otros dos discípulos (Juan 1:43-51), y tres días después se produjo la boda de Caná (Juan 2:1-11). Los primeros Padres de la Iglesia fueron los primeros en rechazar la verosimilitud de la historia, a la que calificaron de fabulosa.[102]

Existe otra contradicción que pone en seria duda la veracidad de la historia: según Mateo la tentación se produjo al final de los cuarenta días de ayuno (Mat. 4, 2-3); por su parte Lucas nos presenta a un Jesús que es tentado durante todo el proceso del ayuno. (Luc. 4,2)

Antes de buscar los antecedentes de esta leyenda en otros mitos debemos decir que el propio concepto de la tentación de Jesús por el diablo es incongruente. Si Jesús es Dios, como dice la Biblia, ¿qué sentido tiene la tentación? ¿Habría existido la posibilidad de que ganara el diablo y que Jesús-Dios aceptara la tentación? ¿No es que el diablo es parte de la creación de Dios y por lo tanto tiene dominio sobre él? Esta parte de la leyenda suena más a historieta de héroe popular cuyo desenlace sabemos desde el inicio.

Veamos ahora si esta leyenda es también parte de los otros mitos que estamos estudiando. En el caso de Buda, la leyenda dice:

El Gran Ser (Buda) practicó ascetismo de naturaleza extrema. Dejó de comer (esto es: ayunó) y retuvo su respiración... Entonces Mara (el Príncipe del Mal) encontró la ocasión de tentarlo. Pretendiendo compasión, le dijo: Date cuenta, da pena ver tu estado; estás extenuado más allá de toda medida... estás practicando en vano esta mortificación; puedo ver que no vas a sobrevivir. Señor, no sigas adelante en adoptar la vida religiosa, más bien regresa a mi reino y en siete días te convertirás en el Emperador del Mundo, reinando sobre los cuatro grandes continentes. Buda contestó: Presta atención Mara; Yo también sé que en siete días podría obtener el reino universal, pero no deseo tales posesiones. Yo sé que la búsqueda de la religión es mejor que el imperio del mundo. Tú, solo pensando en codiciar el

---
[102] Doane T. W., op. cit., pág. 176.

mal, quieres dejar a todos los seres sin guía para que estén bajo tu poder. ¡Aléjate de mí! [103]

La Lalitavistara, Sutra 18, también nos refiere lo siguiente: *"Durante los seis años en los que Buda practicó austeridades, el demonio lo siguió paso por paso, buscando una oportunidad para hacerle daño. Pero no encontró oportunidad alguna por lo que se alejó desilusionado y descontento".*

Borg nos alcanza también el siguiente pasaje de la vida de Buda:

Entonces Mara, el maligno, se acercó a él, y dijo: Deja que el Elevado ejerza el gobierno, deja que el Bendecido dé las normas.

Aprende oh. Maligno, ¿te das cuenta que me estás hablando a mí de este modo?

Si el Elevado, el rey de la montañas, deseara que los Himalaya, se conviertan en oro, él podría así determinarlo y las montañas se convertirían en una masa de oro.

El Elevado le respondió: Si las montañas fueran todas de resplandeciente oro, no serían suficientes para los deseos del hombre. Él, que ha visto el sufrimiento ¿cómo puede ese hombre sucumbir a los deseos?

Entonces Mara, el maligno, pensó: ¡El Elevado me conoce! ¡El Elevado me conoce! Y entonces desapareció de allí. [104]

La escena de la tentación es también parte del mito persa con Zoroastro, así como de las escrituras egipcias.[105]

La escena de la tentación es parte del simbolismo que explica la permanente tentación que significa el mundo para el ser humano, y es previa a

---

[103] Doane T. W., op. cit., pág. 176.
[104] Borg Marcus, pág. 73.
[105] Harpur Tom, op. cit., pág. 33.

toda elevación espiritual. Es parte de la naturaleza humana. Por su parte el número 40 es uno de los números místicos de la antigüedad.

Los doce Apóstoles.

¿Coinciden los cuatro Evangelios en quiénes fueron los doce? Veamos:

Según Mateo (10, 2-4):

Simón Pedro
Andrés
Santiago, hijo de Zebedeo
Juan, hijo de Zebedeo
Felipe
Bartolomé
Tomás
Mateo, el recaudador de impuestos.[106]
Santiago, hijo de Alfeo
Tadeo
Simón el Cananeo
Judas Iscariote

Según Marcos (3, 16-19):

Simón Pedro
Santiago, hijo de Zebedeo
Juan, hijo de Zebedeo
Andrés
Felipe
Bartolomé
Mateo
Tomás
Santiago, hijo de Alfeo
Tadeo
Simón el Cananeo

---

[106] Por la forma en que el autor de este Evangelio se refiere a "Mateo, el recaudador de impuestos", que se repite en el cap. 8, ver. 9, no puede estar refiriéndose a sí mismo.

Judas Iscariote.

Según Lucas (6, 14-16):

Simón Pedro
Andrés,
Santiago
Juan
Felipe
Bartolomé
Mateo
Tomás
Santiago, hijo de Alfeo
Simón, apodado Zelote
Judas hermano de Santiago
Judas Iscariote

Juan (21, 2):

Simón Pedro
Tomás el mellizo
Natanael de Caná de Galilea
Santiago, hijo de Zebedeo
Juan, hijo de Zebedeo
Discípulo (¿?)
Discípulo (¿?)

Hechos (1, 13)

Pedro
Juan
Santiago
Andrés
Felipe
Tomás
Bartolomé
Mateo

Santiago, hijo de Alfeo
Simón el Zelotes
Judas, hijo de Santiago.

Como vemos, sólo las relaciones de Mateo y Marcos coinciden; Lucas agrega a otro Judas y elimina a Tadeo; Juan no sabe el nombre de siete de los apóstoles, considera en la lista a un tal Natanael, que no es nombrado por los otros evangelistas; para Lucas, el otro Judas es hermano de Santiago, en cambio para Hechos el otro Judas no es hermano, sino hijo de Santiago. ¡Increíble! No existe uniformidad ni siquiera en los nombres de los Apóstoles, lo que nos hace pensar que a los autores de los evangelios sólo les interesaba que fueran doce sus integrantes, sin interesarles mucho los nombres. Este criterio se corrobora con el hecho de que muchos de los Apóstoles, además de su nombre, no son mencionados en ninguna otra circunstancia. En el caso de los Evangelios de Mateo, Marcos y Lucas, Pedro, Santiago y Juan son los más cercanos a Jesús; en cambio en el Evangelio de Juan, Pedro desempeña un rol secundario, y Santiago y Juan son apenas mencionados.

Si tenemos en cuenta los evangelios apócrifos, el problema es mucho mayor. El Evangelio de María Magdalena, indica que esta mujer fue la seguidora más importante de Jesús[107]. Lo propio sucede en el Evangelio de Judas, quien considera a este personaje como su amigo y servidor más importante, pues es el único capaz de traicionarlo a pedido del propio Jesús a efecto que pudiera cumplirse la secuencia de la traición, muerte y resurrección.[108]

¿Hay alguna razón especial para que los apóstoles hayan sido doce y no de otro número? La hay, doce es un número sagrado en toda la mitología de la antigüedad: doce son los signos del zodiaco, doce los dioses del Olimpo, doce son las labores de Hércules, doce las tribus escogidas, doce los meses del año.

---

[107] Meyer Marvin, The Gospels of Mary, The Secret Tradition of Mary Magdalene the Companion of Jesus, HarperSanFrancisco, 2004.
[108] Robinson James M., The Secrets of Judas, HarperSanFrancisco, 2006. Kasser Rodolphe, Meyer Marvin y Wurst George, El Evangelio de Judas, National Geographic, 2006. Monserrat Torrents José, El Evangelio de Judas, EDAF, 2006.

En el mito cristiano *"los doce discípulos de Jesús simbolizan los doce poderes espirituales de la energía de la luz que deben ser develadas en doce labores (o etapas) de crecimiento, todas a la imagen de los doce signos del zodiaco".* [109]

Como Mitra, Dionisos, Aion y Helios, él está siempre representado en el centro del zodiaco circular. Durante la ceremonia de iniciación en los Misterios de Mitra, 12 discípulos hacían un círculo alrededor del hombre-dios, tal como los 12 discípulos rodeaban a Jesús. Los discípulos de Mitra estaban vestidos representando los 12 signos del zodiaco y circundaban al iniciado, que representaba al mismo Mitra. [110]

Este tema de los *doce* discípulos deriva de la geometría sagrada, especialmente de la que desarrolló Pitágoras. Los seguidores de Pitágoras concebían a Dios como una perfecta esfera; si ésta esfera es circundada por otras de las mismas dimensiones, de tal forma que todas las esferas estén en contacto entre sí, la esfera central estará rodeada exactamente por 12 esferas. En general todas las religiones antiguas están basadas en el simbolismo de los números y figuras geométricas, el cual no es un tema relacionado con el objeto de nuestra investigación, por lo que no lo trataremos aquí.[111]

La asociación del dios sol con ´los doce´ constituye un motivo común, basado tanto en los meses del año y las divisiones de doce horas del día y la noche. En efecto, encontramos el tema de ´los doce´ en varias otras culturas, incluidos los doce dioses olímpicos de Grecia, como los de los romanos, junto con las 12 aventuras de Gilgamesh, los doce trabajos de Hércules y las doce tribus de Israel, todas las cuales simbolizan los meses del año y/o los signos zodiacales. Lo mismo puede decirse de los doce cristianos como apóstoles o discípulos de Cristo, quienes también han sido representados como signos del círculo del zodiaco... [112]

---

[109] Harper Tom, op. cit., pág. 86.
[110] Freke Timoty & Gandy Peter, The Jesús Mysteries,Was the "Original Jesus" a Pagan God?, Three Rivers Press, New York, 2000, pág. 42
[111] Cualquier interesado en este tema puede investigarlo por la internet, solo basta escribir en cualquier buscador las palabras "geometría sagrada" o "sacred geometry".
[112] Murdock M.D., op. cit, Christ in Egypt, pág. 261.

En la mitología egipcia, los doce seguidores fueron los *"salvadores del tesoro de la luz"*[113], uno de ellos, llamado *"Aan"*, es el equivalente al Apóstol Juan del Cristianismo.[114]

En el mito de Krishna, el discípulo amado era Arjuna o Ar-jouan, o sea Juan.[115]

El plagio es tan escandaloso que hasta la forma cómo se fueron agrupando los apóstoles fue tomado de la religión egipcia:

El Ritual nos muestra cómo los apóstoles fueron establecidos en la misma fundación, comenzando con dos hermanos, que fueron seguidos por los cuatro hermanos, siendo completado el ciclo por los doce en los campos de la cosecha divina...Los cuatro hermanos de Horus=los cuatro hermanos de Jesús, Amsta, Hapi, Tuamutef, Kabhsenuf=Santiago, José, Simón, Judas. En una fase posterior los seguidores en el tren de Horus son los doce, son los cosechadores en los campos de maíz de Amenta...

Los doce con Horus en Amenta son los que trabajan en la cosecha y recogen el maíz (en otras palabras las almas) por Horus. Cuando la cosecha está lista ´los portadores de la hoz cosechan los granos en sus campos de Amenta, ´tomen la hoz, cosechen el grano´ (Libro de Hades, vol 10, 119). Acá los trabajadores que cosechan en Amenta son objeto de ofrendas propiciadoras y de adoración en la tierra, como los doce discípulos de Horus, hijo de Ra, el padre celestial. Y esto fue muchos años antes que la historia de los doce ficticios cosechadores de Galilea. [116]

Como no podía ser de otro modo, el epíteto que da Jesús a sus apóstoles como "pescadores de hombres", también es otro préstamo de la religión egipcia. [117]

---

[113] Harper Tom, op. cit., pág. 86
[114] Acharya S., op. cit., pág. 198.
[115] Ibid, pág. 201.
[116] Massey Gerald, citado por Murdock M.D., op. cit. Christ in Egypt, pág. 261.
[117] Para mayor información puede el lector consultar las obras de Massey, Murdock, Doane, entre otras.

Finalmente, es necesario resaltar que algunos nombres de los apóstoles son griegos, como Andrés, Tadeo, Felipe, entre otros. Frente a este hecho caben las siguientes posibilidades:

Que en la época de Jesús habían muchos griegos en la tierra de Palestina, lo cual es absolutamente imposible.

Que algunos o todos los evangelios se escribieron por autores griegos que no tuvieron el cuidado de evitar nombres en esa lengua, lo que vendría a significar que en realidad no fueron escritos por los llamados apóstoles. No olvidemos que las únicas copias de los evangelios más antiguos están escritos en griego.

Que los Evangelios se escribieron por gente que jamás conoció la Palestina de la época y que con el único objeto de seguir el Mito, inventó nombres que restan autenticidad histórica a los hechos narrados.

Pedro, la piedra sobre la que se edificó la Iglesia.

Una buena parte de cristianos, especialmente los llamados "evangélicos" o "protestantes", consideran que los versículos 18 y 19 del capítulo 16 del Evangelio de Mateo son una interpolación realizada después de la redacción de este Evangelio, lo que compartimos plenamente. Dichos versículos dicen:

Jesús les replicó: Feliz eres, Simón Barjona porque esto no te lo ha revelado la carne ni la sangre, sino mi Padre que está en los Cielos.

Y ahora yo te digo: Tú eres Pedro (o sea piedra), y sobre esta piedra edificaré mi Iglesia; los poderes de la muerte jamás la podrán vencer. Yo te daré las llaves del Reino de los Cielos: lo que ates en la tierra quedará atado en el Cielo, y lo que desates en la tierra quedará desatado en el Cielo.

¿Por qué sostener que se trata de una interpolación?:

Porque, tratándose de un asunto de tanta importancia, como es la fundación de una iglesia, no podía haber sido omitida por los otros evangelistas. Sin embargo los otros Evangelios no dicen una sola palabra al respecto.

El Jesús de los Evangelios hablaba Arameo, sin embargo, en estos versículos aparece como hablando griego. En Arameo habría utilizado el término "Kefas", que en dicha lengua quiere decir "piedra", tal como lo utiliza Juan (Juan 1, 42).

La respuesta de Pedro: *"Tu eres el Mesías, el Hijo del Dios vivo"* por simple lógica no podía haber dado lugar a la respuesta que el interpolador pone en la boca de Jesús, pues el hecho que Jesús fuera el Mesías Hijo de Dios, ya era algo bastante conocido y repetido desde el comienzo de los Evangelios y no podía tratarse de una primera "revelación" *"del Padre que está en los Cielos"* puesta en el corazón de Pedro.

La primera referencia a la nueva iglesia y las llaves del cielo la hace Tertuliano recién en el año 211 de nuestra era, lo que quiere decir que antes no figuraban los versículos en cuestión en el texto del referido Evangelio.

La misión de Jesús estaba destinada sólo a los judíos: *"No he sido enviado sino a las ovejas perdidas del pueblo de Israel." (*Mat. 15, 24), lo que se contradice con una iglesia de carácter universal ("católica" quiere decir universal).

Jesús proclamaba el inminente fin del mundo: *"En verdad les digo: no pasará esta generación hasta que sucedan todas estas cosas"* (Mat. 24, 34). ¿Qué objeto tenía entonces fundar una iglesia?

Si el lector desea profundizar en el tema, Joseph Wheless[118] y Arthur Drews[119] han estudiado el mismo con bastante profundidad.

Veamos ahora si Pedro realmente existió o también es sólo parte de la fábula.

En la antigüedad Dios o parte de su divinidad se simbolizaron en las rocas o piedras. En el Génesis tenemos la historia de Jacob quien después

---

[118] Wheless Joseph, Forgery in Christianity: A Documented Record of the Foundations of the Christian Religión, Kessinger Publishing´s Rare Mystical Reprints, USA.
[119] Drews Arthur, The Legend of Saint Peter, American Atheist Press, 1997, Austin, Texas, USA.

de haber soñado con Yavé, *"tomó la piedra que había usado de cabecera, la puso de pie y derramó aceite sobre ella."* (Gen. 28, 18). Es la misma alusión de la Roca del Cántico de Moisés (Deut. 32) o la *"roca de la montaña que se desprendió sin que mano alguna la tocara, y que pulverizó el hierro, el bronce, la arcilla, la plata y el oro..."* (Dan. 2, 45).

No es sólo el nombre "Petros", Pedro, el que está asociado a lo divino. Simón (Simeón), también es el nombre de un dios: Sem, Shem o Shamash, como era conocido el dios sol en el Cercano Este, siendo su encarnación humana Sansón, que quiere decir "pequeño sol". En Fenicia Sem era otro de los nombres de Hércules. Estos dioses están asociados con los dos "pilares" que simbolizaban a dios, que en el templo de Salomón toman los nombres de *Boaz* ("fuerza") y *Yachin* ("el que sostiene"). De esta forma Simón Pedro, no sólo son dos nombres escogidos al azar, sino que representan la roca y los pilares.

Si seguimos buscando encontraremos que la simbología de Pedro se origina en el mito egipcio. En el Capítulo 68 del Libro de los Muertos egipcio, *"Petra (Anubis) desempeña el rol de portero para las almas en el reino de los que partieron y, como consecuencia, es el que custodia las llaves del mundo de abajo".* [120]

Pedro es un personaje que fue moldeado durante el nacimiento de la Iglesia Católica, de acuerdo a los intereses de la misma. Recordemos que el mitraísmo era un culto que estaba muy bien arraigado en Roma y que competía con el Cristianismo por la supremacía religiosa en los primeros siglos de nuestra era. La prédica del amor, la compasión y el desapego por el poder y los bienes terrenales, rápidamente cedieron ante la oportunidad de conseguir el dominio absoluto del poder religioso y terrenal, para lo cual astutamente se moldeó un Pedro que, tomando las características de la competencia, atrajera a sus seguidores -los seguidores del mitraísmo y del Sol Invicto - hacia el recién creado y muchas veces renovado cristianismo.

Arthur Drews, al respecto, agrega:

Ahora resulta también evidente que el Simón Pedro de los evangelios, el hombre roca, es simplemente el dios roca transformado

---
[120] Ibid, pág. 33.

en figura humana. Los mismos dioses que están combinados en la divinidad persa pilar-y-salvador –llamado Simón (Hércules), Proteos, Mitra y Jano-, han contribuido también a moldear al carácter de Pedro. Es inconcebible que la Iglesia, con el objeto de competir exitosamente con el mitraísmo, simplemente se prestara de otras divinidades ciertas características para su Príncipe de los Apóstoles. [121]

Finalmente, sobre el tema de Pedro, queda una última pregunta por contestar: ¿Pedro llegó alguna vez a ser la roca de la Iglesia? La Iglesia sostiene que Pedro llegó a Roma bajo el gobierno del emperador Claudio, trabajó con Pablo, fundó la Iglesia Romana y sirvió como su primer obispo durante veinticinco años, siendo perseguido y martirizado por Nerón en el año 64 d.c.

Si por un momento aceptamos la historicidad del personaje llamado Pedro, estudiando los textos del Nuevo Testamento debemos concluir que no desempeñó ningún papel importante en los orígenes del nuevo culto, y se hace aún más evidente al constatar que un extraño como lo fue Pablo terminó eclipsando al "Príncipe de los Apóstoles". Es más, el texto del Nuevo Testamento no es concluyente respecto a que Pedro alguna vez haya tenido residencia en Roma, ni menos que éste haya ocupado el cargo de primer obispo de la Iglesia en Roma y que hubiera estado en esa posición durante veinticinco años. Se trata de hechos que tampoco podían haber sido soslayados, a menos que no tuvieran la importancia necesaria para ser documentados.

En los Hechos de los Apóstoles lo último que sabemos de Pedro, después de haber sido liberado milagrosamente es que: *"Luego salió y se marchó"* (Hechos 12, 17). Después de este episodio no sabemos más de Pedro, siendo más bien Pablo el que asume el liderazgo hasta trasladarse a Roma donde pasa los dos últimos años de su vida (Hechos 28, 30-31).

En conclusión, la leyenda que sugiere que Pedro haya alguna vez ocupado el cargo de primer obispo de Roma no deja de ser tal. Se trata de otra de las tantas mentiras que la Iglesia ha fabricado para tratar de demostrar su legitimidad como sucesor de Jesús.

---

[121] Ibid, pág. 48.

El Sermón de la Montaña.

Ahora entramos a la vida pública de Jesús y vamos a seguir el orden que contiene el Evangelio de Mateo.

El Sermón de la Montaña es la pieza literaria más importante de los Evangelios. Mateo (5 y 6) y Lucas (6, 17-49) son los únicos evangelistas que nos hablan de este muy célebre sermón y, también extrañamente, ni Marcos ni Juan hacen alusión al tema.

Antes de analizar el texto del Sermón debemos resaltar otra de las grandes incongruencias de los Evangelios. En el Evangelio de Mateo, Jesús *"subió al monte"* (Mat. 5,1) para pronunciarlo, mientras que en el Evangelio de Lucas Jesús luego de bajar de un cerro, donde había escogido a sus apóstoles, *"se detuvo en un lugar llano"* (Lc. 6,17) y allí pronunció el aludido Sermón. Como ya resulta natural, los evangelistas siguen relatando leyendas distintas.

En cierta forma podemos decir que en el Sermón de la Montaña se condensa el mensaje de Jesús, que según el Cristianismo es un mensaje nuevo y original, que marca la diferencia entre el barbarismo de las religiones paganas y "la única religión verdadera".

Veamos cuánto de original tiene el Sermón de la Montaña comparándolo con otras religiones, pensadores y filósofos. Cada quien podrá sacar sus propias conclusiones.

Mateo	Judaísmo, otras religiones, filósofos, etc.
"Felices los que tienen el espíritu del pobre, porque de ellos es el Reino de los Cielos". (5,3)	*"... el que es humilde alcanzará los honores"*. (Pro. 29, 23)
	"Vivamos más felices sin poseer nada; alimentémonos de alegría como los dioses radiantes". (Buda, Dammapada 15:4)

"Felices los que lloran, porque recibirán consuelo". (5,4)	*"(Él) sana los corazones destrozados y sana sus heridas".* (Sal. 147, 3)
"Felices los pacientes porque recibirán la tierra en herencia". (5,5)	*"Los humildes heredarán la tierra y será grande su prosperidad".* (Sal. 37,11)
"Felices los que tienen hambre y sed de justicia, porque serán saciados". (5,6)	*"Pues tú Señor, bendices al justo y como un escudo lo cubre tu favor".* (Sal. 5,13)
"Felices los compasivos, porque obtendrán misericordia". (5,7)	*"Al que tenga misericordia sobre las criaturas recibirá misericordia del cielo".* (Judaísmo, Talmud, Shabbath 151b)
"Felices los de corazón limpio, porque verán a Dios". (5,8)	*"¿Quién subirá a la montaña del Señor? ¿Quién estará al pie en su santo recinto? El de manos limpias y de puro corazón".* (Sal. 24, 3-4)
	"Todo el que entra en la meditación compasiva puede ver a Brama con sus propios ojos, hablar con él cara a cara y consultarle". (Buda, Digha Nikaya 19:43)
"Felices los que trabajan por la paz, porque serán reconocidos como hijos de Dios". (5,9)	*"busca la paz y ponte a perseguirla".* (Sal. 34, 15)
"Felices los que son perseguidos por causa del bien, porque de ellos es el Reino de los Cielos". (5,10)	*"El hombre siempre debe tratar de estar entre los perseguidos en lugar de los perseguidores".* (Judaismo,Talmud, Baba Kamma 93a.)
"Felices ustedes cuando por causa mía los insulten, los persigan y les levanten toda clase de calumnias". (5,11)	

"Deja allí mismo tu ofrenda ante el altar, y vete antes a hacer las paces con tu hermano, después vuelve y presenta tu ofrenda". (5,24)

"Pero yo les digo: Quien mira a una mujer con malos deseos, ya cometió adulterio con ella en su corazón".

"Pero yo les digo: si un hombre se divorcia de su mujer, fuera del caso de unión ilegítima, es como mandarla a cometer adulterio..." (5,32)

"Pues yo les digo: No resistan al malvado. Antes bien, si alguien te golpea en la mejilla derecha, ofrécele también la otra". (5, 39)

"... un hombre bondadoso es difícil de encolerizarse y fácil de reconciliarse".
(Talmud, Aboth 5,14)

"El que ve a una mujer con intenciones impuras es como si ya hubiera tenido relaciones con ella".
(Judaísmo, Talmud, (5,28)
Kallah, *Capítulo I*)

"No cometas adulterio; la ley se quiebra por sólo mirar a la mujer de otro con lujuria en la mente".
(Tercer mandamiento de Buda)[122]

"El hombre no debe divorciarse de su mujer a no ser que la encuentre culpable de algo indecoroso".
(Talmud, Gittin 90a.)

"...que tienda la mejilla al que lo hiere, que se llene de humillaciones". (Lam. 3,30)

"Si alguien te da una bofetada con la mano, con un palo o con un cuchillo, debes abandonar cualquier deseo y no debes pronunciar malas palabras".
(Buda, Majihima Nikaya 21:6)

"El que no hace daño a las criaturas vivientes, el que no mata ni participa en matar, debe ser llamado hombre santo. El que es tolerante con el intolerante, el que pacientemente tolera el castigo, y el que

---

[122] Harpur Tom, op. cit., pág 32.

	muestra compasión hacia todas las criaturas, debe ser llamado hombre santo". (Buda, Ud. 33:45-46)[123]
"Da al que te pida, y al que espera de ti algo prestado, no le vuelvas la espalda". (5,42)	*"El impío pide fiado y no devuelve, pero el justo es compasivo y comparte".* (Sal. 37, 21.)
	"No se ha cansado de dar y prestar: en sus hijos se notará la bendición". (Sal. 37, 26)
	"Entonces no debemos vengarnos o pagar con mal la maldad sea cual fuere la maldad que hayamos sufrido de otra persona". (Platón)
"Pero yo les digo: Amen a sus enemigos por sus perseguidores". (5,44)	*"Si tu enemigo tiene hambre, dale y recen de comer; si tiene sed, dale de beber".* (Pro. 25,21)
	El odio nunca cesará en este mundo con el odio, sino con el amor: ésta es verdad elemental. Vence la cólera con amor, vence lo malo con lo bueno... Vence al avaro dando, vence al mentiroso con la verdad". (Buda, Dhammapada 1.5 / 17.3)
	"Desea que puedas beneficiar a tus enemigos". (Dichos de Sixto el Pitagoreano).
	"Este es el camino del filósofo: ser azotado como un asno y amar al que te azota, ser padre y hermano para toda la humanidad". (Epícteto)

---

[123] Gruber Elmar G. & Kersten Holger, op. cit., pág. 125.

"Trata a tu enemigo como si fuera tu amigo y se convertirá en tu amigo".
(Publius Syrus, Esclavo romano) [124]

"Para vengarte de tu enemigo hazlo tu amigo". (Pitágoras) [125]

"Para vengarte de tus enemigos, se mas virtuoso". (Diógenes) [126]

"El enemigo no debe ser odiado sino sanado". (Séneca) [127]

"...para que así sean hijos de su Padre que está en los Cielos. Porque él hace brillar el sol sobre malos y buenos, y envía la lluvia sobre justos y pecadores". (5,45)

"Y no tiene sentido el que todos tengan la misma suerte: el justo y el malo, el hombre puro y el que no lo es..." (Ec. 9,2)

"Por su parte, sean ustedes perfectos como es perfecto el Padre de ustedes que está en el Cielo". (5,48)

"Sean como Él... tal como Él es bondadoso y compasivo, ustedes sean bondadosos y compasivos".
(Judaísmo, Talmud, Sabbat 133b)

"Tu cuando ayudes a un necesitado, ni siquiera tu mano izquierda debe saber lo que hace la derecha: tu limosna quedará en lo secreto. Y tu Padre, que ve en lo secreto, te premiará". (6,3-4)

"Un hombre que da caridad en secreto es más grande".
(Judaísmo, Talmud, Baba Bathra 9b)

"Cuando pidan a Dios, no imiten a los paganos con sus letanías interminables; ellos creen que un bombardeo de

"Las palabras de un hombre siempre deben ser pocas al dirigirse a Dios". (Judaísmo, Talmud, Berakoth 61a.)

---

[124] Graves Kersey, op. cit., pág. 350.
[125] Ibid.
[126] Ibid., pág. 351
[127] Ibid.

palabras hará que se los oiga". (6,7)

"Ustedes, pues, recen, así:
Padre nuestro que estás en el Cielo,
santificado sea tu Nombre,
venga tu Reino,
hágase tu voluntad
así en la tierra como en el Cielo.
Danos hoy el pan que nos corresponde;
y perdona nuestras deudas,
como también nosotros perdonamos a nuestros deudores;
y no nos dejes caer en la tentación,
sino líbranos del Maligno".
(Mat. 6,9-13)[128]

"Padre nuestro del cielo, te deleitas en establecer tu Casa en nuestras vidas y posar tu Presencia en las tinieblas de nuestros días".
(Judaísmo, Liturgia para la mañana del Shabat)

Permite que tu grandioso nombre sea magnificado y santificado." (Judaísmo, Kadish).

Permite que tu reino llene las vidas, y los días y la vida de toda la Casa de Israel muy pronto, en un futuro cercano".
(Judaísmo, Kadish).

"Perdónanos, oh Padre nuestro, porque hemos pecado, absuélvenos, oh rey nuestro, porque hemos cometido transgresiones".
(Judaísmo, La Amidá).
Se dice que en la Máximas de Ani también se puede encontrar una oración idéntica al Padre Nuestro cristiano.[129]

---

[128] Resulta inadmisible que este texto del Padre Nuestro de Mateo sea tan diferente al texto que trae el Evangelio de Lucas (11, 1-4). Ni en algo tan fundamental existe concordancia.

[129] Estos papiros fueron descubiertos por Mariette Bey en 1881, y se hallan en el Museo de Boulacq, Egipto. Buscando en la Internet (http://foroakasico.eai.es/showthread.php?t=3854) encontré la siguiente oración, que traducida al castellano diría:

*El Dios de esta tierra es el gobernante
del horizonte.
Dios es para hacer grande su nombre.
dedícate a la adoración de su nombre.
Da a tu Dios existencia.
El hará tu negocio.
Su imagen está sobre la tierra.
da a Dios incienso y ofrendas de comida
diariamente.
El Dios juzgará a los sinceros y honestos*

"Porque si ustedes perdonan a los hombres sus ofensas, también el Padre celestial les perdonará a ustedes. Pero si ustedes no perdonan a los demás, tampoco el Padre les perdonará a ustedes".
(6,14-15)

¿A quién perdona sus pecados? A aquel que perdona..."
(Talmud, Rosh Hashanah 17a)

"No junten tesoros y reservas aquí en la tierra, donde la polilla y el óxido hacen estragos, y donde los ladrones rompen el muro y roban. Junten tesoros y reservas en el Cielo, donde no hay polilla ni óxido para hacer estragos, y donde no hay ladrones para romper el muro y robar". (6,19-20)

"Mis antepasados guardaron tesoros aquí abajo, y yo guarde tesoros en el cielo... Mis antepasados guardaron tesoros en un lugar al que podía llegar la mano del hombre, pero yo los he guardado en un lugar a donde no puede alcanzar la mano del hombre". (JudaísmoTalmud, Baba Bathra 11a)

"Dejad que el hombre sabio haga lo correcto: Un tesoro que otros no puedan compartir, que ningún ladrón pueda robar, un tesoro que no morirá".
(Buda, Khuddakapatha 8,9)

"Nadie puede servir a dos patrones: necesariamente amará a uno y odiará al otro, o bien cuidará al primero y despreciará al otro. Ustedes no pueden

"...no me des ni pobreza ni riqueza. Dame solo mi ración de pan. Porque con la abundancia podría dejarte y decir: ¿Pero quien es Yavé? Y en la miseria podría

---

Y perdonará a nuestros deudores.
Guárdanos de las cosas que dios abomina
Cuídame de caer.
Dios es el rey del horizonte.
El magnifica a todo aquel que lo magnifica.
Permite que mañana sea como hoy.
Amen.

servir al mismo tiempo a Dios y al Dinero". (6,24)

"Por eso yo les digo: No anden preocupados por su vida con problemas de alimentos, ni por su cuerpo con problemas de ropa. ¿No es más importante la vida que el alimento y más valioso el cuerpo que la ropa? Fíjense en las aves del cielo: no siembran, ni cosechan, no guardan alimentos en graneros, y sin embargo el Padre del Cielo, el Padre de ustedes las alimenta. ¿No valen ustedes mucho más que las aves?" (6,25-26)

"Por lo tanto, busquen primero su reino y su justicia, y se les darán también todas esas cosas". (6,33)

"No se preocupen por el día de mañana, pues el mañana se preocupará por sí mismo. A cada día le bastan sus problemas". (6,34)

"No juzguen a los demás y no serán juzgados ustedes. Porque de la misma manera que ustedes juzguen, así serán juzgados, y la misma medida que ustedes usen para los demás, será usada contra ustedes". (7,1-2)

ponerme a robar: lo que sería deshonrar el nombre de mi Dios". (Pro. 30. 8-9).

"Uno es el camino a la riqueza, el otro es el camino a nirvana". (Buda, Dhammapada 5.16)

"Aquellos que no tienen acumulación, que comen con perfecto conocimiento, cuya esfera es el vacío, sin signo y liberación, son difíciles de seguir, como las aves del cielo. Aquellos que ya no tienen coacciones, que no tienen apego a la comida, que su esfera es el vacío, no tienen signo y liberación, son difíciles de seguir, como las aves del cielo".
(Budismo, Dhammapada 7.3-4)

"él entrega a las bestias su alimento y a las crías del cuervo cuando graznan".
(Sal. 147,9)

"Pon tu alegría en el Señor, él te dará lo que ansió tu corazón". (Sal. 37,4)

"Quien sólo tiene un pedazo de pan en el canasto, y pregunta: ¿Qué debo comer mañana? es un hombre de poca fe".
(Talmud, Sotah 48b)

"Quien juzga a su vecino favorablemente también será juzgado favorablemente."
(Talmud Shabbath 127b)

La forma como uno mide a los demás será utilizada contra uno mismo". (Talmud, Sotah 8b)

"Qué pasa? Ves la pelusa en el ojo de tu hermano, ¿y no te das cuenta del tronco que hay en el tuyo? Y dices a tu hermano: déjame sacarte esa pelusa del ojo, teniendo tú un tronco en el tuyo?. Hipócrita, saca primero el tronco que tienes en tu ojo y así verás mejor para sacar la pelusa del ojo de tu hermano". (7,3-5)

"No den lo que es santo a los perros, ni echen sus perlas a los cerdos, pues podrían pisotearlas y después se volverían contra ustedes para destrozarlos". (7,6)

"Pidan y se les dará, busquen y hallarán; llamen y se les abrirá la puerta". (7,7)

"Todo lo que ustedes desearían de los demás háganlo con ellos: ahí está toda la Ley y los Profetas". (7,12) Talmud, Shabbath 31a)

"...por si alguien le dice: Remueve la pequeña basura que tienes entre los ojos. El contestará: Remueve la viga que tienes entre tus ojos". (Talmud, Arakin 16b)

"Las faltas de los otros son más fáciles de ver que las propias;... Esto es como el tramposo que oculta su dado pero muestra el de su oponente, llamando la atención por los defectos del otro, pensando siempre en acusarlo".
(Buda, Udanavarga 27.1)

"No aconsejes a un tonto, despreciará aún tus palabras más sensatas". (Pro. 23,9)

"...y cuando me busquen me encontrarán, siempre que me imploren con todo su corazón". (Jer. 29,13)

"Lo que es odioso para ti, no se lo hagas a tu vecino. Esa es toda la Ley; el resto es su comentario. Anda y apréndela". (Judaísmo,-

"Haz con el otro lo que tu quisieras que el haga contigo, y no hagas con el otro lo que tú no quisieras que el haga contigo. Esta no es la única ley. Es el fundamento del resto". (Confucio, 500 a.c.) [130]

"Debemos conducirnos con otros de la misma forma que quisiéramos que los otros se

---

[130] Graves Kersey, op. cit., pág. 348.

conduzcan con nosotros". (Aristóteles, 385 a.c.)[131]

"No hagas con tu vecino lo que te parecería mal que el haga contigo". (Pittacus, 650 a.c.)[132]

"No hagas lo que acusarías a otros de hacerte". (Tale, 464 a.c.) [133]

"Actúa con otros como tu deseas que actúen contigo". (Isócrates, 338 a.c.) [134]

"Cultiva la benevolencia recíproca lo que te hará tan ansioso del bienestar ajeno como del tuyo". (Arístipus, 365 a.c.) [135]

"Lo que tu deseas que tu vecino sea contigo, que sea también para él". (Sixto, un pitagoreano, 406 a.c.) [136]

"No hagas con otros lo que no te gustaría que ellos hagan contigo". (Hillel, 50 a.c.) [137]

"Entonces yo les diré claramente: Nunca les conocí. ¡Aléjense de mi ustedes que hacen el mal!. (7,23)

Aléjense de mí, ustedes malvados..." (Sal. 6,9)

Como lo hace notar Tom Harpur, es interesante constatar que el Sétimo Libro de Hermes, lleva como título *"Su Sermón Secreto en la Montaña de*

---

[131] Ibid.
[132] Ibid.
[133] Ibid.
[134] Ibid.
[135] Ibid., pág. 349.
[136] Ibid.
[137] Ibid.

la Regeneración"[138], y que Horus tuvo su propio Sermón de la Montaña, que fue recopilado por sus seguidores en *"Los dichos de Iusa (Jesús)"*. [139]

Finalmente, sobre este tema, resulta interesante anotar que Buda pronunció su propio Sermón en la Montaña Cabeza de Elefante, cerca de Budha Gayá, en la India.

Para Carpenter: *"El Sermón de la Montaña, que con la Oración del Señor incluida en él, forma el gran y aceptado depósito de la enseñanza y piedad cristianas, se sabe bien que es una colección de discursos de los escritos precristianos, incluyendo los salmos, Isaías, Eclesiastés, los Secretos de Enoc, el Shemoneherseh (un libro de oraciones judías), y otros..."* [140]

Finalmente, quiero citar la acertada opinión del erudito Massey:

Y estos, por ejemplo, están entre los ´discursos' en el Libro de los Nazarenos. ´Bienaventurados los pacificadores, los justos, los creyentes´. ´Alimentad a los hambrientos; dad de beber al sediento; vestid al desnudo´. ´Cuando hagas un regalo, no busques testigos de ello que echen a perder tu merced. Que tu mano derecha ignore lo que hace la izquierda´. Estos eran comunes en todas las escrituras gnósticas, remontándose a las egipcias.

Los discursos del Señor eran pre-históricos, como los discursos de David (que era un Cristo anterior), los discursos de Horus, de Elías el Señor, de Mana el Señor, de Cristo el Señor, pues las directrices divinas transmitían las enseñanzas antiguas. Se recogieron en arameo como ´Discursos del Señor´ para convertirse en el núcleo de los primeros evangelios cristianos según Mateo. Así dice Papias. En una fecha posterior se presentaron como la revelación personal de un maestro personal, y se convirtieron en la fundación de la ficción histórica maquinada en los cuatro Evangelios, que fueron finalmente canonizados.

---

[138] Harpur Tom, op. cit., pág. 33.
[139] Ibid, pág. 84.
[140] Acharya S., La Conspiración de Cristo, op. cit., pág. 365.

No importa quien pueda haber sido el plagiario, la enseñanza que ahora se consideraba divina provenía de fuentes humanas más antiguas, y se colocaba bajo falsas pretensiones... El nuevo maestro no iba a traer nada nuevo en el evangelio, y se le hace simplemente repetir viejos discursos con un pretencioso aire de autoridad sobrenatural; el resultado es que los verdaderos discursos de los antiguos por necesidad, se traen a épocas posteriores de un modo engañoso... Las proclamas más importantes atribuidas a Jesús resultan ser falsas. El reino de Dios no estaba muy cerca; el mundo no estaba cerca de su fin; la catástrofe predicha nunca ocurrió; la segunda venida no era más real que la primera; las ovejas perdidas de Israel no se han salvado aún. [141]

Antes de entrar en otro tema, es necesario dejar constancia de otra de las graves incoherencias de los Evangelios: como hemos visto líneas arriba, según Mateo, la enseñanza del Padre Nuestro es parte del Sermón de la Montaña, en cambio para Lucas (Luc. ll 1-4), la enseñanza se produjo algún tiempo después camino a Jerusalén. ¿O será que los discípulos eran tan malos alumnos que tuvo que enseñarlo dos veces?

Jesús y Juan el Bautista.

El Evangelio de Mateo 11, 2-3 nos dice: *"Juan que estaba en la cárcel, oyó hablar de las obras de Cristo, por lo que envió a sus discípulos a preguntarle: ¿Eres tú el que ha de venir, o tenemos que esperar a otro?"* [142]

Este pasaje es totalmente incongruente con la historia que nos trae Lucas 1, 39-45, que dice:

Por entonces María tomó su decisión y se fue, sin más demora, a una ciudad ubicada en los cerros de Judá. Entró en la casa de Zacarías y saludó a Isabel. Al oír Isabel su saludo, el niño dio saltos en su vientre. Isabel se llenó del Espíritu Santo y exclamó en alta voz: ¡Bendita tú eres entre todas

---

[141] Ibid, págs. 366-367.
[142] Lucas, 7, 19; nos dice textualmente lo mismo: "Los discípulos de Juan lo tenían informado de todo aquello. Llamó, pues, a dos de sus discípulos y los envió a que preguntaran al Señor: ¿Eres tú el que ha de venir o tenemos que esperar a otro?

las mujeres y bendito el fruto de tu vientre! ¿Cómo he merecido yo que venga a mí la madre de mi Señor? Apenas llegó tu saludo a mis oídos, el niño saltó de alegría en mis entrañas. ¡Dichosa tú por haber creído que se cumplirían las promesas del Señor!

Si aceptamos que estos relatos que acabamos de transcribir son ciertos, entonces:

1. María e Isabel son primas y tienen una relación muy cercana.
2. Isabel sabía que su prima María concebía al tan esperado Mesías del pueblo de Israel.
3. Por lo tanto, si Juan estando aún en vientre de Isabel "dio saltos" al percibir la presencia de Jesús en el vientre de María, resulta lógico pensar que desde muy pequeño sabía perfectamente que Jesús era el Mesías.
4. La relación de parentesco entre Isabel y María hace pensar que ambas mujeres, así como Juan y Jesús, deben haber tenido una relación fluida, y aunque no fuera así, no parece lógico que se hayan alejado tanto que se hubieran olvidado, más aún si Isabel, ergo también Juan, sabían que Jesús era el Mesías.
5. ¿Qué paso con Juan? ¿El Espíritu Santo lo abandonó y se olvidó que su primo Jesús era el Mesías?

Shakespeare habría dicho: ¡algo huele mal en Dinamarca! En efecto, la contradicción o incongruencia es tan evidente que nos hace sospechar que la historia no es real. Si esto es cierto, entonces la alegada inspiración de los Evangelios no es tal y, finalmente esos textos no contienen, no pueden contener la palabra de Dios, sino la palabra de algunos tramposos que por algún interés escribieron, corrigieron, interpolaron, manosearon y que por lo tanto dolosamente tergiversaron la verdad, o inventaron totalmente una historia que nunca se dio. Conforme sigamos avanzando, cada uno se formará su propio juicio, y no dudo que siempre habrán quienes teniendo ojos no quieren ver, y se rasgarán las vestiduras viendo demonios a su alrededor; de ellos seguirá siendo el reino de la oscuridad.

En el mismo sentido, los episodios del bautizo de Jesús hacen ver que Juan conocía a Jesús, sabía quién era, cuál era su misión y fue testigo presencial de los prodigios que se produjeron después del bautizo, los cuales, de haber sido ciertos, habrían creado la certeza plena e imborrable de que Jesús era el Mesías. ¿Qué pasó entonces con Juan? ¿Le dio una repentina amnesia?

Los Milagros de Jesús.

Una parte importante de la leyenda cristiana son los milagros atribuidos a Jesús, que en realidad fueron plagiados de los cultos llamados paganos. Analicemos los milagros más conocidos y/o importantes:

1. Cura del Leproso.

Siguiendo el itinerario propuesto por Mateo: *"Jesús, pues, bajó del monte, y empezaron a seguirlo muchedumbres. Un leproso se acercó y le dijo: Señor, si tú quieres puedes limpiarme. Jesús extendió la mano, lo tocó y le dijo: Quiero, queda limpio. Al momento quedó limpio de la lepra".*

W.T. Doane nos informa que *"uno de los primeros milagros realizados por Crishna, ya de adulto, fue la curación de un leproso".* [143]

2. Jesús calma la tempestad.

Jesús subió a la barca y sus discípulos lo siguieron. Se levantó una tormenta muy violenta en el lago, con olas que cubrían la barca, pero él dormía. Los discípulos se acercaron y lo despertaron diciendo: ¡Señor, sálvanos, que estamos perdidos! Pero él les dijo: ¡Que miedosos son ustedes! ¡Qué poca fe tienen! Entonces se levantó, dio una orden al viento y al mar, y todo volvió a la más completa calma. (Mat. 8, 23-26).

Buda también tenía dominio contra las fuerzas de la naturaleza. Se dice que en una oportunidad *"sucedió una gran lluvia de la cual resultó una gran inundación. Entonces el Señor hizo que las aguas se retiraran a todo el rededor, y entonces él caminó de arriba abajo en la mitad de tierra cubierta de polvo".* [144]

---
[143] Doane W. T., op. cit., pág. 281.
[144] Borg Marcus, op. cit., pág. 104.

El dominio sobre las aguas, es parte de poder de los dioses egipcios. Estas características están plenamente relatadas en el Libro de los Muertos.[145]

3. Los endemoniados de Gadara.

Al llegar a la otra orilla, a la tierra de Gadara, dos endemoniados salieron de entre los sepulcros y vinieron a su encuentro. Eran hombres tan salvajes que nadie se atrevía a pasar por aquel camino. Y se pusieron a gritar: ¡No te metas con nosotros, Hijo de Dios! ¿Has venido aquí para atormentarnos antes de tiempo? Cerca de allí había una gran piara de cerdos comiendo. Los demonios suplicaron a Jesús: Si nos expulsa, envíanos a esa piara de cerdos. Jesús les dijo: Vayan. Salieron y entraron en los cerdos. Al momento toda la piara se lanzó al lago por la pendiente, y allí se ahogaron. (Mat. 8, 28-32)

En este relato, si fuera verdadero, se muestra un Jesús que desprecia a los animales, pues, por más cerdos que fueran no se puede tratar a ningún animal de una forma tan cruel.[146]

En realidad se trata de una alegoría que nunca pudo darse por una simple imposibilidad geográfica: Gadara se encuentra a 12 kilómetros de distancia del lago de Galilea, siendo imposible que la leyenda tuviera lugar.

Timothy Frank y Peter Gandy[147], citando a Burkert y Harrison, nos cuentan que en los Misterios de Eleusis, *"como parte de la ceremonia de purificación previa a la iniciación, cerca de 2 mil iniciados se bañaban en el mar con pequeños cerdos. Este baño desterraba todos los demonios hacia los cerdos, los que luego eran sacrificados, como símbolo de las propias impurezas de los iniciados, siendo perseguidos hacia el abismo".*

---

[145] Murdock D.M., Christ y Egypt, op. cit., pág. 293 y sgts.
[146] Quien desee profundizar en el tema del maltrato de animales en la Biblia puede consultar a Fernando Vallejo en su obra "La Puta de Babilonia", de la editorial Planeta (pág. 169 en adelante). El título del libro es un tanto vulgar pero nos alcanza datos interesantes especialmente sobre la oscura historia de la Iglesia Católica.
[147] Frank Timothy & Dandy Peter, The Jesús Mysteries, op. cit., pág. 41.

En el caso de los egipcios, Massey, citado por Acharya, nos dice que este relato, el de los endemoniados de Gadara, es *"exactamente como en las escenas egipcias del juicio, donde a los espíritus condenados se les obliga a regresar al abismo, y hacen el camino de retorno al lago de materia primordial tomando la forma de cerdos"*. [148]

4. Multiplicación de los panes.

Se trata de los milagros más conocidos de Jesús. El relato de la primera multiplicación de los panes y peces es el siguiente: *"Tomó los cinco panes y dos pescados, levantó los ojos al cielo, pronunció la bendición, partió los panes y los entregó a los discípulos. Y los discípulos los daban a la gente. Todos comieron y se saciaron, y se recogieron los pedazos que sobraron: ¡doce canastos llenos! Los que habían comido eran unos cinco mil hombres, sin contar mujeres y niños"*. (Mat. 14, 19-21)

El segundo relato es el siguiente: *"Tomó luego los siete panes y los pescaditos, dijo gracias y los partió, iba entregándolos a los discípulos, y éstos los repartían a la gente. Todos comieron hasta saciarse, y llenaron siete cestos con los pedazos que sobraron. Los que habían comido eran cuatro mil hombres, sin contar mujeres y niños"*. (Mat. 15, 36-38)

Por el propio texto del Evangelio parece que no fueron dos hechos separados sino uno solo, de otra forma no se explica cómo en el segundo caso los discípulos hubieran podido exclamar a Jesús: *"Estamos en un desierto ¿Dónde vamos a encontrar suficiente pan como para alimentar a tanta gente?"*(Mat. 15, 33). Si ya se había producido poco antes una multiplicación de los panes y los peces, no hubiera habido lugar para esta expresión de duda.

Gruber y Kersten nos explican que el milagro de la multiplicación de los panes y peces *"obviamente deriva de la introducción a Jakata 78. Allí se reporta que con el pan de la canasta de limosnas el Buda satisfizo el hambre de 500 de sus discípulos y todos los habitantes del monasterio, y que sobró mucho pan... coincidentemente, 12 canastos"*. [149]

---
[148] Acharya S., op. cit., págs., 321-322.
[149] Gruber Elmar R. & Kersten Holger, op. cit., pág. 98.

Ambas religiones, la cristiana y la budista, tomaron prestada la historia de los egipcios, con la diferencia que ésta historia no se desarrolló en la tierra sino en el cielo.

Los siete panes constituyen la dieta celestial con que la multitud de almas son alimentadas en Annu, llamado el **lugar donde se multiplican los panes.** Pero aquellos que se alimentan con los siete panes en la localidad celestial de Annu no son seres humanos de la tierra; son seres espirituales en Amenta donde Horus es el pan de vida, como dador de alimento a los espíritus de los muertos.[150]

El mismo Massey nos explica porque en una de las historias se menciona cinco y en otra siete panes: *"Cinco pueden ser los Panes de Seb, dado que Seb es el número cinco y cinco son sus dioses. Entonces cinco panes podrían representar los panes de la tierra, y siete los panes del cielo. Sea como sea, ambos, los cinco panes y los siete son números sagrados de regulación en el Ritual Egipcio".* [151] Y añade que los *"dos peces"* y las sobras en *"doce canastas"* representan los dos peces del símbolo zodiacal de piscis y las doce casas del zodiaco, respectivamente.[152]

Para confirmar esta hipótesis (que la leyenda fue tomada del Ritual Egipcio) siguiendo a Massey[153], observemos que en el relato de Juan aparecen dos detalles que no mencionan los otros evangelistas: un *"muchacho"* que tiene en su poder los cinco panes y dos pescados (Jn. 6,9), y el hecho que *"había mucho pasto en el lugar"* (Jn. 6,10). En el Ritual egipcio se menciona a *"alguien"* del quien no se dice nada más (el muchacho de Juan), quien es el portador de los panes, siendo distribuidos en el *"frondoso césped ubicado detrás del árbol de Hathor."* ¿Se tratará de otra coincidencia divina?

5. Jesús camina sobre las aguas.

El Evangelio de Mateo nos dice:

---

[150] Massey Gerald, Ancient Egypt, op. cit., pág. 627.
[151] Massey Gerald, The Historical Jesús and the Mythical Christ, op. cit., pág. 73.
[152] Massey Gerald, Ibid, pág. 74.
[153] Massey Gerald, , op. cit. pág. 628.

Inmediatamente después Jesús obligó a sus discípulos a que se embarcaran; debían llegar antes que él a la otra orilla, mientras él despedía a la gente. Jesús pues despidió a la gente, y luego subió al cerro para orar a solas. Cayó la noche y él seguía allí solo.

La barca en tanto estaba ya muy lejos de la tierra y las olas la golpeaban duramente, pues soplaba el viento en contra. Antes del amanecer, Jesús vino hacia ellos caminando sobre el mar. Al verlo caminando sobre el mar se asustaron y exclamaron: ¡Es un fantasma! Y por el miedo se pusieron a gritar.

En seguida Jesús les dijo: Ánimo, no teman, que soy yo. Pedro contestó: Señor si eres tú, manda que yo vaya a ti caminando sobre el agua. Jesús le dijo: Ven. Pedro bajó de la barca y empezó a caminar sobre las aguas en dirección a Jesús. Pero el viento seguía muy fuerte, tuvo miedo y comenzó a hundirse. Entonces gritó: ¡Señor, sálvame! Al instante Jesús extendió la mano y lo agarró diciendo: Hombre de poca fe ¿Por qué has vacilado? (Mat. 14, 22-31)

Un solo milagro y tres versiones distintas. Es lo que encuentra quien compara los evangelios de Mateo, Marcos y Juan. Según el primero (Mt 14, 22-33), había tormenta cuando los apóstoles vieron desde la barca a Jesús "caminar sobre el mar", el maestro animó a Pedro a que saliera a su encuentro y el discípulo empezó a hundirse porque dudó. En el segundo (Mc 6, 45-52), había viento fuerte cuando Jesús anduvo sobre el mar hasta la barca de sus seguidores y, una vez en ella, hizo que el viento amainara. Y, en el tercero (Jn 6, 16-21), las aguas habían comenzado a encresparse cuando los apóstoles vieron a Jesús *"que caminaba sobre el mar y se acercaba a la barca"*, pero no llegaron a recogerle porque la embarcación *"tomó tierra en el lugar a donde se dirigían"*.

Los relatos de Marcos y Juan también omiten el episodio de Pedro caminando sobre las aguas. El Evangelio de Lucas omite por completo la historia (¿?).

El caminar sobre la aguas es una habilidad muy común en los dioses de la antigüedad. Veamos algunos ejemplos: *"En el Dighanikaya y el Majjhimanikaya, los libros budistas más antiguos, la habilidad de caminar sobre las aguas está expresamente enumerada como una de las muchas habilidades mágicas del Buda. En el Mahavamsa leemos cómo Gautama cruzó el Ganges.* [154]

Siguiendo a Gruber y Kersten, nos informamos que en el Mahavagga se relata otro episodio en el que el Buda camina sobre el agua:

El incidente ocurrió durante la estación de lluvias, cuando el agua caída tan violentamente de los cielos que pronto ya no era posible caminar con los pies secos. Gautama no tenía interés en salir a caminar pero si en hacer meditación mientras caminaba. Los monasterios tenían caminos especiales para esta importante práctica budista. Gautama utilizo sus extraordinarias habilidades para mantener un área libre de agua para poder meditar. Kassapa estaba muy preocupado por su reverenciado maestro. Teniendo temor que El Iluminado pudiera ser tragado por las furiosas aguas subió a un bote para buscarlo. Entonces vio como Gautama caminaba sobre las aguas sin mojarse. Kassapa estaba tan sorprendido que incrédulamente preguntó: ¿Estás ahí gran monje mendicante? Con las palabras: Soy yo Kassapa. El Buda calmó al temeroso hombre y subió al bote. Kassapa y el Buda entonces comenzaron a hablar, y el ascético no tuvo otra alternativa que aceptar la superioridad espiritual del Iluminado y convertirse a su fe. [155]

Dado que las similitudes entre ambas historias son tan sorprendentes, creemos necesario citar nuevamente a Gruber y Kersten para enumerarlas:

1. Ambos, Jesús y Buda están solos en un lugar solitario.
2. *Están abocados a prácticas religiosas (oración, meditación).*
3. *Caminan para arriba y abajo en el agua, descrito en los mismos términos tanto en pali como en griego.*
4. *En ambos casos el agua está turbulenta.*
5. *La narración se vuelve hacia los discípulos/Kassapa.*
6. *En el agua hay un bote con gente.*
7. *Los que están en el bote están asombrados del hombre que camina sobre el agua.*

---

[154] Gruber Elmar R. & Kersten Holger, op. cit., pág. 98.
[155] Ibid, págs 98-99.

8. En ambos casos no saben quién es la persona que camina sobre las aguas y lo cuestionan.
9. En ambos casos, Jesús y Buda se identifican con las palabras: *Soy yo.*
10. En ambos casos las personas quieren subir al caminante sobre su bote.
11. Jesús y Buda suben al bote. [156]

En el Anguttara Nikaya (3.60) también se dice respecto al Buda: *"Él camina sobre el agua sin tocarla, como si fuera tierra sólida".* [157]

En el Ritual Egipcio se lee cómo el alma de muerto reza: *"Concédeme que yo también pueda caminar sobre las aguas como caminó Nun sin hacer ninguna parada."* [158] Más adelante, al igual que Pedro, la misma voz dice: *"Me caigo, me hundo en el abismo de las aguas que fluyen".* [159]

De acuerdo a la Astroteología[160], en realidad este milagro se da en las estrellas, durante el camino del sol a través de las casas del zodiaco, son los espacios ubicados entre las constelaciones, considerados agua.

6. El Milagro de las Bodas de Caná.

Juan, quien siempre parece referirse a un personaje distinto del Jesús que describen los evangelios sinópticos, nos dice que el primer milagro de Jesús fue el conocido como las Bodas de Caná, el cual es absolutamente ignorado por los otros evangelistas.

Dice Juan:

Tres días más tarde se celebra una boda en Caná de Galilea, y la madre de Jesús estaba allí. También fue invitado Jesús con sus discípulos. Sucedió que se terminó el vino preparado para la boda,

---
[156] Ibid. págs. 100-101.
[157] Borg Marcus., op., cit., pág. 105.
[158] Harper Tom, op. cit., pág. 104
[159] Ibid.
[160] Es el término que se viene utilizando por aquellos que han encontrado una evidente relación entre la astrología y el origen de las religiones.

y se quedaron sin vino. Entonces la madre de Jesús le dijo: No tienen vino. Jesús le contestó: ¿Qué quieres de mi mujer? Aún no ha llegado mi hora.

Pero su madre dijo a los sirvientes: Hagan lo que él les diga.

Había allí seis recipientes de piedra, de los que usan los judíos para sus purificaciones, de unos cien litros de capacidad cada uno. Jesús dijo: Llenen de agua esos recipientes. Y los llenaron hasta el borde. Saquen ahora, les dijo, y llévenle al mayordomo. Y ellos se lo llevaron.

Después de probar el agua convertida en vino, el mayordomo llamó al novio, pues no sabía de dónde provenía, a pesar de que lo sabían los sirvientes que habían sacado el agua. Y le dijo: Todo el mundo sirve al principio el vino mejor, y cuando ya todos han bebido bastante, les dan el de menos calidad, pero tú has dejado el mejor vino para el final. (Jn. 2, 1-10)

Como sucedió con los otros milagros que el cristianismo tomó prestado de las religiones paganas, los fundadores de la nueva religión sólo se preocuparon del plagio, de borrar las pruebas del delito y olvidaron preservar el simbolismo o significado esotérico de cada una de dichas historias, que era lo más importante. En este caso, *"la transformación del agua en vino representaba el poder de la divinidad de madurar, en cada uno de nosotros, los elementos interiores de sentido y sentimiento para obtener el carácter espiritual".* [161]

En este pasaje se utiliza el vino como símbolo de eternidad. La uva, es el elemento que una vez convertido en vino sigue transformándose y mejorando eternamente. Con el episodio de Caná no se trató de demostrar el poder mágico de un personaje llamado Jesús, que convierte el agua en vino; el mensaje está entre líneas, como lo está en todos los pasajes de los Evangelios, y enseña que lo ordinario, la materia (el agua, la vid) pueden transformarse cualitativamente y convertirse en seres con "vida eterna". Con lo dicho se demuestra que al tratar de entender los Evangelios en términos literales, la iglesia ha perdido todo el verdadero mensaje que está subsumido

---

[161] Ibid, pág. 100.

en ellos. Un ejemplo claro de ello es el que sucede en las fábulas, cuando los animales hablan; lo importante no está en el hecho que hablen sino en el mensaje o moraleja. La Biblia ha sido escrita en ese sentido y hay que entenderla de ese modo.

Comentando esta historia, A.J. Mattill, citado por Acharya S.[162], nos dice:

La historia es realmente el equivalente cristiano a las leyendas paganas de Dionisos, el dios griego del vino, que en su festival anual en su templo llenó de vino tres marmitas vacías, ¡no fue necesaria agua! Y el cinco (más tarde seis) de enero, brotaba a chorros vino en vez de agua de su templo en Andros. Si creemos en el milagro de Jesús, ¿Por qué no creer en el milagro de Dionisos?

Como acertadamente lo hace notar Rusenbark, citado por Jon G. Jackson,[163] "... *Baco (Dionisos) convirtió el agua en vino a comienzos del año; y, por una de esas coincidencias, que se encuentran tan frecuentemente en las Escrituras, la conversión del agua en vino en las Bodas de Caná, fue el primer milagro de Jesús*".

Una prueba irrefutable respecto que la conversión de agua en vino precedió en varios siglos el "milagro" cristiano lo constituyen las ruinas griegas de Corintios que se utilizaban para escenificar dicha conversión, que tienen una antigüedad de 400 años antes iniciada nuestra era.[164] En dichas ruinas griegas se echaba agua por una compuerta, la cual ingresaba al interior de la estructura y era cambiada por vino por los sacerdotes que en su interior permanecían escondidos, produciéndose el "milagro" de la conversión del agua en vino.

Finalmente hay que decir sobre este milagro atribuido a Jesús que los pueblos antiguos, como Caná, eran muy pequeños y por más que supongamos que todo el pueblo participó de la boda, los invitados no pueden haber sido más de cien o un número parecido. Resulta incongruente con la realidad de las cosas y con la prédica de Jesús que en la mitad de la fiesta, cuando ya se habían agotado las reservas de la casa, milagrosamente apa-

---
[162] Acharya S., La Conspiración de Cristo, op. cit., pág. 317.
[163] Jackson John G., Christianity Before Christ, American Atheist Press, 1985, pág. 196.
[164] Acharya S., Suns of God, Krishna, Buda and Christ Unveiled, op. cit., pág. 16.

rezcan y se consuman 600 litros más de vino. La borrachera habría sido de tal naturaleza que no podemos sino tildarla de escandalosa.

7. La resurrección de Lázaro.

Jesús, conmovido de nuevo en su interior, se acercó al sepulcro. Era una cueva cerrada con una piedra. Jesús ordenó: 'Quiten la piedra'. María, hermana del muerto le dijo: Señor, ya tiene mal olor pues lleva cuatro días. Jesús le respondió: ¿No te he dicho que si crees verás la gloria de Dios? Y quitaron la piedra.

Jesús levantó los ojos al cielo y exclamó: Te doy gracias, Padre, porque me has escuchado. Yo sabía que siempre me escuchas, pero lo he dicho por esta gente, para que crean que tú me has enviado. Al decir esto, gritó con fuerte voz: Lázaro, sal afuera.

Y salió el muerto. Tenía las manos y los pies atados con vendas y la cabeza cubierta con un sudario. Jesús les dijo: Desátenlo y déjenlo caminar. (Juan 11, 38-44)

Como sucede con la historia de las Bodas de Caná, sólo el Evangelio de Juan nos trae el relato. Los otros tres, no mencionan palabra alguna de semejante acontecimiento. ¿Será que Mateo, Marcos y Lucas consideraron que la resurrección de Lázaro no tenía tanta importancia para considerarla en sus relatos? ¿O es que esta historia nunca tuvo lugar y sólo fue el producto de la imaginación o plagio de Juan u otro escriba posterior?

Lo primero que debemos decir es que la resurrección de los muertos no es un tema ajeno al repertorio religioso de la antigüedad. En la Biblia cristiana existen por lo menos otros dos casos de resurrecciones anteriores a Jesús: la de Elías que resucita la vida del hijo de una viuda (1 Reyes 17, 17-22) y la resurrección de Eliseo (2 Reyes 4, 32-35). En el Nuevo Testamento se relatan dos casos anteriores al de Lázaro, la resurrección de la hija de Jairo (Mateo 9, 18-26) y la resurrección del hijo de la mujer viuda (Luc. 7, 11-15).

En el caso de Crishna, la leyenda dice: *"En otra ocasión, Crishna pidió a un instruido Braman que le pidiera su más anhelado deseo, a lo que el Bra-*

man le dijo: *Por sobre todas las cosas, quisiera que mis dos hijos muertos recobraran la vida. Crishna le aseguró que así sería, e inmediatamente los dos jóvenes recobraron la vida y fueron traídos hasta donde estaba su padre".* [165]

A Apolonio se le atribuye la resurrección de una doncella en Roma.[166]

Robert M. Price, nos reporta que no solamente Apolonio resucitó a la mencionada novia en el día de su matrimonio, sino que también lo hizo Hércules en el caso de otra mujer llamada Alcestis y Asclepios.[167]

"Horus, el Salvador Egipcio, es representado en los antiguos monumentos egipcios con una vara en la mano resucitando a los muertos, igual como vemos a Cristo haciendo lo mismo con Lázaro en los monumentos Cristianos". [168]

A continuación quiero reproducir el comentario hecho por Tom Harpur respecto del mito egipcio de Lázaro:

En el Libro de la Muerte egipcio, Anu, llamado Hielópolis en griego (que significa: ciudad del sol), era el nombre teológico de una ciudad actual de Egipto, donde los ritos de la muerte, entierro y resurrección de Osiris u Horus se escenificaban cada año. El nombre es una combinación de nu, el nombre de madre cielo o espacio vacío, el abismo de la nada y la letra alpha –consecuentemente, A-Nu, o no nada, una palabra de concreta actualidad, el mundo de sustancial manifestación. En otras palabras Anu era el lugar donde las unidades de divina consciencia (o almas) van para su muerte simbólica en todo humano (encarnación) y posterior resurrección en la gloria. Anu etimológicamente se convierte en Betania en hebreo. El punto es que cuando leemos el texto egipcio, encontramos que el Cristo Egipcio Horus realizó un gran milagro en Anu, o Betania. Él levantó a su padre Osiris de la muerte, llamándolo en la cueva levántate y sal afuera.

---

[165] Doane T.W., op. cit., pág 254.
[166] Ibid, pag. 262.
[167] Price Robert M., The incredible Shrinking Son of Man, Prometeus Books, N.Y., 2003, pág.155.
[168] Doane T.W., op. cit., pág 273.

Estas claves nos ayudan a resolver la cuestión de quién fue Lázaro originalmente. De acuerdo al egiptólogo Sir. Wallis Budge, así como otras fuentes importantes y otras eminentes autoridades en los textos, el nombre más antiguo de Osiris fue Asar. Los egipcios regularmente expresaban su reverencia anteponiendo el artículo el a los nombres de sus dioses. Igual como los cristianos dicen, o deben decir, el Cristo, los egipcios decían el Osiris. Pero eso era el equivalente de decir Señor Osiris. Cuando los hebreos tomaron el nombre de Osiris, o Señor Osiris, usaron la palabra hebrea para Señor, el resultando El-Asar. Posteriormente los romanos, que hablaban latín, agregaron a El-Asar la terminación us, que es la terminación de casi todos los nombres masculinos. El resultado fue El-Asar-us. Con el tiempo se borró, como los lingüistas lo describen, la inicial e y la s de Asar se convirtió en z. Entonces tenemos al Lázaro, el Osiris de Anu o Betania. De tal forma que, comenzando con Massey, estos estudiosos han concluido convincentemente que el Jesús resucitando a Lázaro en Betania no es más que reescritura del antiguo misterio dramático egipcio en el que Horus, el Cristo, resucitó de la tumba a su fallecido padre Osiris. Está escrito en jeroglíficos que Horus siguió a la divina Meri -léase María- al lugar donde Asar (Osiris) estaba sepultado en su tumba, igual como Jesús siguió a María, quien vino a buscarlo en su camino a Betania. El punto más importante es que este recital egipcio estaba en el papiro quizás hasta 5 mil años antes de nuestra era". [169]

Existen otros elementos que hacen inequívoco que la alegoría egipcia de El-Asar-us es exactamente la misma historia atribuida al Jesús del Nuevo Testamento. Anu el lugar donde se desarrolla la alegoría egipcia también era conocido como el *"lugar de los sollozos"*, y como lo hace notar Alvin Boyd Kuhn es el lugar donde *"Isis y Neftis, Jesús y Horus, María y Marta, lloraron ante el Señor inerte, El-Asar-us en Betania".* [170]

Hasta los nombres egipcios de Isis y Neftis fueron plagiados, pues se usaron los equivalentes de María y Marta. Veamos: el antiguo nombre de Isis era Meri, siendo su equivalente en latín *"mare"*, el mar (la fuente primitiva de la vida), del que deriva en la palabra hebrea *"Martha"*, o Marta en caste-

---

[169] Harper Tom, op. cit., págs. 133-134.
[170] Kuhn Alvin Boyd, op. cit., pág. 569.

llano. Ese es el verdadero origen de estas misteriosas mujeres, las hermanas del Cristo, que juegan un papel fundamental en la resurrección del El-Asarus egipcio y el Jesús cristiano.

Como era de esperarse, al transformarse la alegoría egipcia de la resurrección de Osiris en la resurrección cristiana de Jesús, se perdió el profundo significado esotérico de la transformación espiritual que enseñaba la alegoría. Alvin Boyd Kuhn, citando a Massey nos dice: *"La verdad es que la religión cristiana es la única en la historia de las religiones que se basa en la resurrección de un cadáver en lugar de la transformación espiritual"*. [171]

Cuando tratemos la resurrección de Jesús, volveremos al tema y explicaremos algo de los alcances esotéricos. En todo caso, Gerald Massey y Alvin Boyd Kuhn, en sus obras ya citadas, son dos fuentes fundamentales para el estudio de este tema, que es central para entender la enseñanza de las religiones paganas, que lamentablemente fue castrada por el cristianismo.

8. La pesca milagrosa.

Al amanecer, Jesús estaba parado en la orilla, pero los discípulos no sabían que era él. Jesús les dijo: Muchachos, ¿tienen algo que comer? Le contestaron: Nada. Entonces Jesús les dijo: Echen la red a la derecha y encontrarán pesca. Echaron la red y no tenían fuerzas para recogerla por la gran cantidad de peces.

El discípulo al que Jesús amaba dijo a Simón Pedro: Es el Señor. Apenas Pedro escuchó decir que era el Señor, se puso la ropa pues estaba sin nada, y se echó al agua. Los otros discípulos llegaron con la barca -de hecho no estaban lejos, a unos cien metros de la orilla-; arrastraban la red llena de peces.

Al bajar a tierra encontraron fuego encendido, pescado sobre las brasas y pan. Jesús les dijo: Traigan algunos de los pescados que acaban de sacar. Simón Pedro subió a la barca y sacó la red llena con ciento cincuenta y tres pescados grandes. Y a pesar de que hubiera tantos, no se rompió la red. (Juan 21, 4-11)

---
[171] Ibid, pág. 559.

La historia sólo es relatada en el evangelio de Juan, mientras que los otros Evangelios la ignoran por completo, lo que también la hace inverosímil, más aun tratándose de un hecho atribuido al Jesús resucitado.

En realidad se trata de otro "préstamo" del autor o autores del Evangelio de Juan, esta vez tomado de Pitágoras. Dice Iamblicus en la *"Vida de Pitágoras"*:

> *En ese tiempo también, cuando estaba viajando de Sybaris a Crotona, se encontró cerca de la orilla con unos pescadores que estaban jalando sus redes, totalmente llenas de peces de la profundidad, y les dijo que él sabía el número exacto de peces que habían pescado. Los pescadores le prometieron que harían cualquier cosa que el ordenara si su predicción fuera verdadera. Después de haber contado los peces y confirmado la predicción, les ordenó que los devolvieran al mar; y lo que es más asombroso es que ninguno de los peces, pese a haber permanecido por largo tiempo fuera del agua, murió. Habiendo pagado a los pescadores el valor del pescado partió hacia Crotona.* [172]

Lo que hace que la historia tenga el sello original de Pitágoras es el número de peces: 153, ni uno más ni uno menos, que es uno de los números triangulares venerados por Pitágoras y sus seguidores. Quien añadió esta historia en el Evangelio de Juan quiso hacer gala de su erudición, pero el hacerlo dejo la huella flagrante del plagio.

John Michell, en el año 1972, en su libro *City of Revelation*[173], demostró que esta historia cristiana de los 153 peces está basada en un diseño geométrico del mismo tipo del diseño geométrico utilizado en la multiplicación de los panes y peces, que ya tuvimos oportunidad de comentar. La explicación completa puede verse en el Apéndice 1 de la obra citada de David Fideler.

Como resalta Fideler, estudiosos anteriores ya hicieron notar que las palabras griegas "Peces" y "La Red" equivalen, de acuerdo a las equivalencias

---

[172] Price Robert M., The Incredible Shrinking Son of Man, How reliable is the Gospel Tradition, op. cit., pág. 158.
[173] Fideler David, op. cit., pág. 291.

de la numerología de Pitágoras, al número 1 224, siendo 153 1/8 de dicho número[174]. En un estudio más reciente el mismo John Michell afirma:

> *Es una práctica tradicional entre los maestros de filosofía esotérica alcanzar sus doctrinas en una guisa de simples parábolas que asombran a los niños, enriquecen la mitología popular y para aquellos que conocen la ciencia de interpretarlas, ilustran varios procesos cosmológicos. Los temas que son adoptados por hagiógrafos y compositores de leyendas sagradas son aquellos que ocurren espontáneamente en diferentes tiempos y culturas y que por lo tanto pueden ser llamados arquetipos. De esta forma, los fundadores del Cristianismo tomaron ciertos episodios del folclore universal e hicieron de Jesús su figura central. En la leyenda de los 153 peces él juega el papel del hombre chamánico de los milagros cuya función tradicional incluye traer buena suerte a los cazadores o pescadores. Con interpolación de nombres y números esta historia fue hecha para reflejar la construcción de un diagrama geométrico con significado cosmológico, por cuya referencia los maestros gnósticos estuvieron en la posibilidad de demostrar a los iniciados la verdad básica tejida tras la leyenda cristiana.* [175]

Nuevamente nos encontramos frente al hecho que el cristianismo plagió el episodio, y atribuyó historicidad a la persona de Jesús, pero olvidó el significado esotérico del relato.

Para terminar el tema de los milagros de Jesús, resulta oportuno citar nuevamente a Tom Harpur:

> *Los milagros del Nuevo Testamento son virtualmente una idéntica reproducción de las dramatizaciones de las antiguas religiones y no hechos actuales o episodios históricos. Todos los milagros de los Evangelios son históricamente imposibles, porque 'ya eran preexistentes como representaciones míticas... y protagonizados en el drama de los Misterios.' Su punto de vista es que los milagros adscritos a Jesús en los Evangelios fueron todos asignados ante-*

---
[174] Ibid.
[175] Ibid.

riormente al Iusa/Horus pre-Cristiano, el divino sanador que muy obviamente no fue histórico. Horus/Iusa -o Jesús- es el actor de todos los milagros que luego se repiten en el Nuevo Testamento. Concluye Massey que ´los milagros de los Evangelios eran los mitos de la religión Egipcia y los subsecuentes Misterios, todos probablemente pre-existentes.´ Pero es importante subrayar que todos apuntaban a un Dios sanador vivo, que estaba detrás, encima y dentro de todas las cosas. El Dios encarnado sana a todos los que buscan su poder en su interior. Esto es tan verdad hoy como lo fue en el antiguo Egipto o en Palestina hace 2 mil años.* [176]

El patrón en la narración de los milagros.

Resulta interesante encontrar que todas las historias de los milagros del Nuevo Testamento responden a un patrón único, que era utilizado por todos los narradores de milagros del mundo antiguo y que "coincidentemente" también fue utilizado en los Evangelios.

Robert M. Price, dice al respecto:

Las historia de milagros del Nuevo Testamento comparten la misma fórmula de otras antiguas formas de contar historias. Todas ellas siguen la misma sintaxis, variando solo las opciones paradigmáticas, y esto en no mucho. La sintaxis narrativa de la historia de milagros es como sigue. Tome nota que cada elemento singular no necesita aparecer en cada historia de milagros en particular, pero la mayoría lo hacen en la mayor parte del tiempo, y la lógica relación entre el elemento o las etapas, es el mismo.

Primero, existe un escenario, descrito en breves trazos, solo cuanto vamos a necesitar para que la acción tenga sentido. Jesús es rodeado por una multitud, o en el mar abierto, o está separado de los apóstoles, o está con una muchedumbre en el desierto.

Segundo, la ´historia clínica´ indica la severidad de la situación de la que el milagro va a rescatar a la(s) víctima(s), quizás la

---

[176] Harpur Tom, op. cit., pág. 98.

duración de una enfermedad. La hija de Jairo fue amputada a la corta edad de doce. La anciana tenía un derrame menstrual de doce años y gastó todos sus ahorros en curanderos. El cojo que no puede recibir ayuda de nadie para llegar al baño sanador. La muchedumbre no había comido por varios días. Los discípulos están a punto de zozobrar en la tormenta. El hijo del hombre tenía su demonio desde la niñez. El hombre muerto era el único soporte de su madre viuda.

Tercero, escuchamos el anuncio por el hacedor de milagros (o hay un signo equivalente) que él salvará el día. ´Nuestro amigo Lázaro duerme, pero yo voy a ir a despertarlo´. ´Denles algo de comer´. ´Ella no está muerta, solo dormida´. ´Donde está tu fe´. ´¿Quieres ser sanada?´. ´Hagan rodar la piedra de la tumba´.

Cuarto, escuchamos el escepticismo de los que están alrededor, un elemento destinado a elevar la barra, para elevar la tensión dramática e incrementar las dificultades que nuestro héroe deberá enfrentar. ´Se rieron de él´. ´¿Cómo vamos a alimentar tal multitud con esto?´. ´¿Maestro, no te importa si morimos?´. ´Toda la multitud presiona contra ti´. El punto de esta arma es anticipar el escepticismo del oyente para que diga, ´Esperemos y veamos´. Algunas veces el elemento escepticismo es tratado al revés, y es el héroe el que sube la valla del que suplica a efecto de probar su fe, ´lo siento, sólo fui enviado para las ovejas perdidas de Israel´. ´Ustedes sólo creerán si ven milagros´. ´¿crees que puedo hacerlo?

Quinto, el hacedor de milagros hace algo, una palabra o gesto discreto para realizar el truco. Jesús pone sus dedos dentro de las orejas del sordo, las jala y grita ´Ábranse´. Toma las manos de la hija de Jairo y le dice: ´levántate pequeña´. Toma la mano del hijo de la viuda. Calma la tormenta o la fiebre. Dice: ´Lázaro, ven´. Unta con barro los ojos del ciego y lo envía a que se lave.

Sexto, El milagro sucede. El muerto se levanta, el cojo camina, el ciego ve, los hambrientos son alimentados, el agua se convierte en vino.

Sétimo, la narrativa ofrece prueba concreta o lo que uno habría aceptado como tal de haber estado allí. La hija de Jairo camina y almuerza (entonces no es un fantasma). Hay canastas de sobras de comida milagrosa. Los cerdos poseídos se lanzan al barranco. El que estuvo cojo camina a casa cargando sus muletas. El ciego relata lo que ve.

Octavo, viene la aclamación de la multitud. ´Nunca vimos algo como esto´. ´Dios ha visitado su gente´. ´Un gran profeta ha nacido de nosotros´. ´! Una nueva enseñanza! Y con autoridad, hasta los demonios le obedecen´. El propósito aquí es atrapar al oyente en la reacción deseada. Como las risas en un set de televisión. [177]

Otros Episodios de la vida de Jesús

Ahora estudiaremos otros episodios que sin relacionarse con milagros, constituyen una parte importante de la vida del personaje que nos ocupa.

1. La Transfiguración

"Seis días después, Jesús tomó consigo a Pedro, a Santiago y a su hermano Juan, y los llevó aparte a un monte alto. A la vista de ellos su aspecto cambió completamente: su cara brillaba como el sol y su ropa se volvió blanca como la luz. En seguida vieron a Moisés y Elías hablando con Jesús". (Mat. 17,1-3)

Con otros detalles, el relato de la transfiguración es repetido en los Evangelios de Marcos y Lucas y como ya resulta familiar, el episodio es completamente ignorado en el Evangelio de Juan, quien se supone fue testigo de tan extraordinario acontecimiento (¿?).

Si el Evangelio de Juan ignora este asunto, resulta lógico afirmar que se trata de algo que nunca sucedió y que simplemente fue importado de otra fuente.

Además llama la atención:

1. Que en ambos textos se mencione *"seis días después"*, sin indicación de la escena anterior, esto es, qué sucedió seis días antes. Da la

---

[177] Price Robert M., The Incredible Shrinking Son of Man, op. cit., págs. 137-139.

impresión que se hubiera borrado deliberadamente el texto anterior.
2. ¿Bajo qué parámetros los discípulos fueron capaces de reconocer a Moisés y Elías? Es imposible que ellos pudieran efectuar tal distinción, por ello se deduce que se trata de un hecho imaginario puesto en escena con el propósito de resaltar el episodio.
3. Existe una inequívoca relación entre el pasaje bajo estudio y el relato de Éxodo 23, 13-17, cuando Moisés y Josué subieron al monte de Dios.
4. Se trata de una escena sobrenatural, por lo tanto carente de historicidad.

Massey nos dice:

La escena en el Monte de la Transfiguración obviamente deriva del ascenso de Osiris en la montaña de la luna. El sexto día se celebraba como el del cambio y transformación del dios solar en el orbe lunar, cuando entraba en ese día como el regenerador de su luz. Con esto podemos comparar la declaración hecha por Mateo, que seis días después Jesús subió en una montaña alta; y fue transfigurado, y su rostro brillaba como el sol, y sus vestidos se volvieron blancos como la luz. [178]

En el mito de Buda encontramos el siguiente relato:

En una ocasión, ya al final de su vida en la tierra, se ha reportado que Gautama Buda fue transfigurado, Cuando en la montaña de Ceilán, inesperadamente una llama de luz descendió sobre él y rodeó la corona de su cabeza con un círculo de luz. La montaña se llamaba Pandava, o color blanco-amarillento. Se dice que la gloria de su persona se vio doblada en su poder, que su cuerpo era glorioso como una imagen dorada brillante, que le vio con el brillo del sol y la luna, que los transeúntes expresaron su opinión que no podía tratarse de cualquier persona o una persona mortal, y que su cuerpo estaba dividido en tres partes de cada cual salía un rayo de luz. [179]

2. Jesús comparte con cobradores de impuestos y otros pecadores.

---
[178] Massey Gerald, The Historical Jesus and The Mythical Christ, op. cit., pág. 78
[179] Doane T. W., op. cit., págs. 292-293.

> *Jesús estaba comiendo en casa de Mateo, un buen número de cobradores de impuestos y otra gente pecadora vinieron a sentarse en la mesa con Jesús y sus discípulos. Los fariseos al ver esto decían a los discípulos. ¿Cómo es que su Maestro come con cobradores de impuestos y pecadores? Jesús oyó y dijo: No es la gente sana la que necesita médico sino los enfermos. Vayan y aprendan lo que significa esta palabra de Dios: Me gusta la misericordia más que las ofrendas. Pues no he venido a llamar a los justos sino a los pecadores. (Mat. 9, 9-13)*

En los Evangelios de Marcos y Lucas, se relata la misma historia con la diferencia de que el dueño de la casa ya no es Mateo sino Levi, hijo de Alfeo (Mar. 2, 13-17; Luc. 5, 27-32).

Buda actuaba con la misma filosofía:

> *El Buda hacía su aparición en los campos de deporte y en las casas de juego, pero su objetivo era siempre ayudar a aquella gente que estaba enviciada al juego y las apuestas. Para enfrentar seres humanos aparecía en los cruces de los caminos y en las esquinas. Para enfrentar a los demonios del deseo entraba hasta los burdeles. Para conseguir que los borrachos lograran la plena consciencia, entraba a todas las tabernas.* [180]

3. Expulsión de los vendedores del Templo.

Los Evangelios Sinópticos mencionan este episodio como algo que sucedió al final de la vida pública de Jesús (Mat. 21, 12-17, Mar. 11, 15-18, Luc. 19, 45-46), y fue precisamente ésta una de las razones por la que *"los jefes de los sacerdotes y los maestros de la Ley se enteraron de lo ocurrido y pensaron deshacerse de él."* (Mar. 11,18), mientras que Juan ubica el episodio al comienzo de la vida pública de Jesús (Juan 2, 14-16). La falta de concordancia entre los evangelistas es tan notoria que pone en duda la veracidad del evento.

4. Jesús y la Samaritana.

> *Jesús decidió entonces abandonar Judea y volver a Galilea. Para eso tenía que pasar por el país de Samaria, y fue así que llegó a*

---

[180] Borg Marcus, op. cit., pág. 79.

un pueblo de Samaria llamado Sicar, cerca de la tierra que Jacob dio a su hijo José. Allí se encuentra el pozo de Jacob.
Jesús cansado por la caminata, se sentó al borde del pozo. Era cerca del mediodía. Fue entonces cuando una mujer samaritana llegó para sacar agua, y Jesús le dijo: Dame de beber. Los discípulos se habían ido al pueblo para comprar algo de comer.

La samaritana le dijo: ¿Como tú que eres judío, me pides de beber a mí, que soy una mujer samaritana? (se sabe que los judíos no tratan con los samaritanos). Jesús le dijo: Si conocieras el don de Dios, si supieras quien es el que te pide de beber, tú misma le pedirías agua viva y él te la daría. (Juan 4, 3-10)

En el libro budista Divyavadana (217) existe un relato muy similar que dice así:

Cuando viajaba por el campo, Ananda (el pupilo favorito de Buda) conoció a una chica de Matangi llamada Prakriti quien sacaba agua de un pozo. Él le pide un poco de agua. Ella tenía miedo de tomar contacto con él dado que -como se lo dijo a Ananda- los miembros de la casta Matangi no estaban permitidos de acercarse a un hombre santo. Sin embargo, Ananda contesto: Mi hermana, no estoy preguntando sobre tu casta o tu familia, te estoy preguntando si puedes darme algo de agua para beber. [181]

Como puede verse, el evangelista Juan nuevamente toma prestada una historia del budismo para introducir al místico Cristo en su referencia al "agua viva". Se trataba de una historia -la del budismo- muy simple en la que se demuestra la bondad del Cristo de no hacer distingos entre seres humanos.

En el mito egipcio: *"Osiris aparece en el pozo y personifica el agua. Saca el agua de vida de una tinaja que tiene el nombre de vida del alma (ankh-ba). Debajo de la tierra se dice que Osiris da el sorbo de vida. La mujer con la cabellera larga es la diosa Nu, quien había sacado el agua de vida desde un tiempo inmemorial."* [182]

---

[181] Gruber Elmar R. & Kersten Holger, op. cit., pág. 102.
[182] Massey Herald, The Historical Jesus and the Mythical Christ, op. cit., pág. 68.

5. La ofrenda de la viuda.

Jesús se había sentado frente a las alcancías del Templo, y podía ver cómo la gente echaba dinero para el tesoro; pasaban ricos y daban mucho, pero también se acercó una viuda pobre y hechó dos monedas de muy poco valor.

Jesús llamó entonces a sus discípulos y le dijo: Yo les aseguro que esta viuda pobre ha dado más que todos los otros. Pues todos han echado de lo que les sobraba, mientras que ella ha dado desde su pobreza; no tenía más, y dio todos sus recursos. (Mar. 12, 41-44)

En el libro budista Kalapanamandinaka (4:22), existe la siguiente historia:

Una viuda va a una asamblea religiosa donde se sirve algo de comer. Se siente mal de su mala suerte viendo que otros donan objetos preciosos y ella no puede dar nada. Entonces ella recuerda que posee dos monedas de cobre que se encontró en un basurero. Entonces gozosamente ofrece las dos monedas. Un arhat, quien puede percibir los pensamientos más secretos de la gente, no presta atención a las donaciones de la gente afluente pero canta una canción en honor a la piedad de la pobre viuda. Camino a casa ella se encuentra con un rey quien regresa de enterrar a su esposa, y hace de ella su nueva consorte. [183]

6. La mujer adúltera.

Los maestros de la Ley y los fariseos le trajeron una mujer que había sido sorprendida en adulterio. La colocaron en medio y le dijeron: Maestro esta mujer es una adúltera y ha sido sorprendida en el acto. En un caso como este la ley de Moisés ordena matar a pedradas a la mujer. Tú, ¿qué dices? Le hacían esta pregunta para ponerlo en dificultades y tener algo de que acusarlo.

Pero Jesús se inclinó y su puso a escribir en el suelo con el dedo. Como ellos insistían en preguntarle, se enderezó y les dijo: Aquel de ustedes que no tenga pecado que arroje la primera piedra. Se inclinó de nuevo y siguió escribiendo en el suelo.

---

[183] Gruber Elmar R. & Kersten Holger, op. cit., págs 104-105.

Al oír estas palabras se fueron retirando uno tras otro, comenzando por los más viejos, hasta que se quedó Jesús solo con la mujer, que seguía de pie ante él. Entonces se enderezó y le dijo: Mujer ¿dónde están? ¿Ninguno te ha condenado? Ella contesto: ninguno, Señor. Y Jesús le dijo: Tampoco yo te condeno, vete y no vuelvas a pecar. (Juan 8, 3-11)

Nadie puede dudar que se trate de uno de los relatos más hermosos de los Evangelios, y que encierre un mensaje extraordinario. Deben haberse derramado muchas lágrimas y escrito muchos volúmenes de comentarios y, probablemente, todos hemos escuchado algún conmovedor sermón e incluso se ha hecho cine por este relato de perdón.

Lamentablemente se trata de otro caso de interpolación, esto es un añadido *a posteriori* respecto a la fecha de redacción original del Evangelio de Juan. Las pruebas son contundentes:

1. Los manuscritos más antiguos del Evangelio de Juan no contienen esta historia. Entre otros, este relato no forma parte de los papiros P66 (cercano al año 200) y P75 (de principios del siglo III), los códices Sinaítico y Vaticano (del siglo IV), los Códices Washingtoniano y Borgiano del siglo V. Tampoco formó parte de las traducciones Siríacas, Góticas, Armenias y Georgianas.
2. No obstante su importancia, los primeros Padres de la Iglesia como Clemente de Alejandría, Tertuliano, Orígenes, Cipriano, Juan Crisóstomo, Cirilo de Alejandría, entre otros, no mencionan ni comentan el relato.
3. Ningún escritor griego hizo comentario alguno de este pasaje en los primeros 11 siglos de existencia del cristianismo.
4. El estilo utilizado en la redacción de este pasaje no es el mismo que el resto del Evangelio de Juan, incluyendo un buen número de palabras y frases que son ajenas al lenguaje del resto del Evangelio.
5. La interpolación de este pasaje interrumpe la secuencia lógica del Evangelio de Juan. La concordancia se recupera si del v. 7, 52 vamos directo al v. 8,12.
6. Cuando apareció este relato en los Evangelios, fue colocada en diferentes lugares: Juan 7, 36; Juan 21, 24; Juan 7, 44 y Lucas 21, 38.
7. La versión RSV (Revised Standard Versión), en actual circulación,

sólo incluye el relato como un apéndice de pie de página, y en otras, aparece entre corchetes, reconociendo la duda en su origen.
8. Obviamente este tema no se trata en la escuela dominica ni en los sermones del cura del barrio, pero es materia de estudio en toda escuela de teología.

¿Cómo terminó este relato siendo incluido en el Evangelio? En opinión de Bart D. Ehrman[184] pudo haber sido que por algún tiempo circulara en la tradición oral y que luego fue añadida en forma marginal, llegando después al texto actual. Como fuere, hoy es aceptado en forma uniforme por los estudiosos de estos temas que definitivamente se trata de un agregado posterior que no formaba parte del texto original.

Como me lo hizo ver mi amigo el Dr. Félix Palacios, quien haya sido el personaje que decidió agregar esta historia en el Evangelio de Juan, le hizo un flaco favor al cristianismo pues de un plumazo echó por tierra toda la doctrina del perdón, pues en ningún pasaje del episodio aparece que la mujer adúltera haya mostrado arrepentimiento, lo que constituye condición indispensable del perdón. Otro amigo, me argumentó que evidentemente Jesús había leído el corazón de la mujer, que en todo caso constituye una simple suposición sin fundamento.

Las Parábolas y otras enseñanzas de Jesús.

Jesús	Otros Dioses
"El sembrador salió a sembrar. Y mientras sembraba, unos granos cayeron a lo largo del camino: vinieron las aves y se los comieron. Otros cayeron en terreno pedregoso, con muy poca tierra, y brotaron enseguida, pues no había profundidad. Pero apenas salió el sol, los quemó y, por falta de raíces, se secaron. Otros cayeron en medio de cardos: estos crecieron y los ahogaron. Otros granos, finalmente, cayeron en buena	Atribuida a Buda.[185]

---

[184] Ehrman Bart D., Misquoting Jesus, The Story Behind Who changed the Bible and Why, op. cit., pág. 65.
[185] Harpur Tom, op. cit., pág. 33

tierra y produjeron cosecha, unos el ciento, otros sesenta y otros el treinta por uno. El que tenga oídos que escuche". (Mateo 13, 3-9)

"Un hombre sembró buena semilla en su campo, pero mientras la gente estaba durmiendo, vino su enemigo y sembró cizaña en medio del trigo y se fue.	Atribuida a Buda.[186]
Cuando el trigo creció y empezó a echar espigas, apareció también la cizaña. Entonces los servidores fueron a decirle al patrón: "Señor ¿No sembraste buena semilla en tu campo? ¿De dónde pues, viene esta cizaña? Respondió el patrón: Esto es obra de un enemigo. Los obreros le preguntaron ¿Quieres que arranquemos la cizaña? No, dijo el patrón, pues al quitar la cizaña podrían arrancar también el trigo. Déjenlos crecer juntos hasta la hora de la cosecha. Entonces diré a los cegadores: Corten primero la cizaña, hagan fardos y arrójenlos al fuego. Después cosechen el trigo y guárdenlo en mi bodega". (Mateo 13, 24-30)	
"Yo soy la luz del mundo." (Mateo 8,12) *"Yo soy el Camino, la Verdad y la Vida".* (Mateo 14, 6)	*"Yo soy Horus en gloria" "Yo soy el Señor de la Luz" "Yo soy el victorioso... Soy el heredero de tiempo infinito." "Soy el que conoce los caminos al cielo".* (El Ritual, *El Libro Egipcio de los Muertos* c.78) [187]

---

[186] Harpur Tom, op. cit., pág. 33
[187] Ibid, pág. 79.

"Un hombre joven se le acercó y le dijo: Maestro ¿Qué es lo bueno que debo hacer para conseguir la vida eterna? Jesús le contestó: ¿Por qué me preguntas sobre lo que es bueno? Uno solo es el Bueno. Pero si quieres entrar en la vida, cumple los mandamientos ¿Cuáles? Jesús respondió: no matar, no cometer adulterio, no hurtar, no levantar falso testimonio, honrar al padre y a la madre y amar al prójimo como a sí mismo.

El joven le dijo, todo eso lo he guardado ¿Qué más me falta? Jesús le dijo: Si quieres ser perfecto vende todo lo que posees y reparte el dinero entre los pobres, para que tengas un tesoro en el Cielo. Después ven y sígueme.

Cuando el joven oyó esta respuesta, se marchó triste porque era un gran terrateniente". (Mateo 19, 16-22)

Atribuida a Buda. [188]

"En verdad les digo: si tuvieran fe, del tamaño de un grano de mostaza, le dirían a este cerro: Quítate de ahí y ponte más allá , y el cerro obedecería. Nada sería imposible para ustedes". (Mateo 17, 20)

"Porque tuve hambre y ustedes me dieron de comer, tuve sed y ustedes me dieron de beber". (Mateo 25, 35)

"Un monje que tiene dominio de la concentración puede cortar los Himalaya en dos". (Anguttara Nikaya 6.24)[189]

"He dado pan al hambriento y agua al sediento y vestido al desnudo y un bote al marinero".
(Frases pronunciadas por las almas de los muertos acompañados de

---

[188] Harpur Tom, op. cit., pág. 33.
[189] Borg Marcus, op. cit., pág. 108.

"El cielo y la tierra pasarán, pero mis palabras no pasarán". (Marcos 13, 32).

"En verdad te digo que nadie puede ver el Reino de Dios si no nace de nuevo desde arriba". (Juan 3, 3)

"En verdad te digo: El que no renace del agua y del Espíritu no puede entrar en el reino de los cielos. Lo que nace de la carne es carne, lo que nace del Espíritu es espíritu". (Juan 3, 5-6)

"Yo soy la vid verdadera y mi Padre es el labrador. Toda rama que no da fruto en mí la corta. Y todo sarmiento que da fruto lo limpia para que dé más fruto". (Juan 15, 1-2)

Horus, en el Hall de Maat)[190]

"Podréis remover de su base la montañas nevadas, podréis acabar con las aguas del mar, el firmamento podrá caer sobre la tierra, pero al final mis palabras se cumplirán". (Buda)[191]

Se trata de un concepto que ya se conocía desde el hinduismo. En la religión egipcia también se decía que se nacía primero del "agua" y luego del "espíritu". El Ritual Egipcio dice: "Salve, Osiris, tú has nacido dos veces".[192]

"Hay dos dones: el carnal y el espiritual. De estos dos dones el espiritual es preeminente. El que ha hecho el ofrecimiento espiritual, ese, lo mejor de la humanidad, es honrado por el resto de seres como el que ha ido más lejos". (Buda, Itivuttaka 4.1.)[193]

Horus, en Egipto, ya jugó el mismo rol 2 mil años antes.

---

[190] Harpur Tom, op. cit., pág. 74.
[191] Harpur Tom, op. cit., pag 33.
[192] Harpur Tom, op. cit., pág. 110.
[193] Ibid, pág. 86.

La entrada triunfal a Jerusalén

Cuando se aproximaban a Jerusalén, cerca ya de Betfagé y de Betania, al pie del Monte de los Olivos, Jesús envió a dos de sus discípulos diciéndoles: 'Vayan a ese pueblo que ven en frente, apenas entren encontrarán un burro amarrado, que ningún hombre ha montado todavía. Desátenlo y tráiganlo aquí. Si alguien les pregunta ¿por qué hacen eso? Contesten: El Señor lo necesita pero lo devolverá cuanto antes.

...

Trajeron el burro a Jesús, le pusieron sus capas encima y Jesús montó en él, muchas personas extendían sus capas a lo largo del camino, mientras otras lo cubrían con ramas cortadas en el campo. Y tanto los que iban delante como los que seguían a Jesús gritaban: '¡Hosanna! ¡Bendito el que viene en nombre del Señor! ¡Ahí viene el bendito reino de nuestro padre David! ¡Hosanna en la alturas!' (Mar. 11:1-12).

En la versión de Mateo (21:11-3), el burro cambia por *"una burra atada con su burrito"*.

En la versión de Juan (12:12-16), Jesús no mandó a traer ningún animal, *"Jesús encontró un burrito y se montó en él"*. Nuevamente nos vemos ante el dilema de a quién creer.

Dejando de lado las diferencias entre los Evangelios, el significado místico de la escena es el siguiente:

La crucifixión y resurrección de Jesús representa la iniciación neumática y realización de la Gnosis. Para aquellos que tienen la capacidad de leer el lenguaje simbólico, cuando Jesús llega a Jerusalén, se le presenta como que ha completado la iniciación psíquica. Triunfalmente monta un burro mientras las multitudes lo saludan como su rey. El burro era una figura familiar en los Misterios Paganos, representando la parte 'animal' de uno mismo. El montar sobre el burro simboliza que Jesús, el arquetipo de iniciado, ha lo-

grado el objetivo de la iniciación psíquica dominando su naturaleza inferior. Él ha sido ungido como el Rey/Cristo por María Magdalena y ahora proclamado como el ´Rey de los Judíos´. Pero el objetivo del camino Gnóstico no es convertir al eidolón como el rey de este mundo, sino ver a través de la ilusión del ser separado y descubrir nuestra esencia natural como un Misterio de Dios. Así Jesús no es el ´Rey de los Judíos´. Este título le será adherido sobre su cuerpo moribundo, porque es el Rey de los Judíos el que debe morir para que Jesús renazca como el Cristo, el Rey del Cosmos.

La misión de Jesús comienza en Galilea y termina en Jerusalén. El nombre ´Galilea´ significa ´una rueda que roda´. De acuerdo a Irineo, para los ´Cristianos Gnósticos, ´Jerusalén´ es una palabra codificada de ´la Madre´. Entonces, mitológicamente, Jesús el arquetipo de iniciado, comienza su camino en la ´rueda del sufrimiento´. A través del proceso de iniciación, sube la escalera mítica de la Diosa Madre en la ogdoad, en la boca de la cueva del cosmos. Él está ahora listo para romper el confinamiento en la cueva a través de realización neumática, en verdad, nunca estuvo en prisión.[194]

La Última Cena y la Eucaristía.

De acuerdo al relato de Mateo:

Mientras comían, Jesús tomó el pan, pronunció la bendición, lo partió y lo dio a sus discípulos, diciendo: Tomen y coman; esto es mi cuerpo. Después tomó una copa, dio gracias y se las pasó diciendo: Beban todos de ella: esto es mi sangre, la sangre de la Alianza, que será derramada por muchos, para el perdón de sus pecados. (Mateo 26, 26-28)

El mismo relato está contenido en Marcos 14, 22-24 y Lucas 22, 19-20. Juan no mencionó palabra alguna de la última cena y la eucaristía.

Esta es la Eucaristía Cristiana, que según el cristianismo fue instaurada por Jesús antes de morir en la cruz. Sin embargo, como veremos en

---

[194] Freke Timothy & Gandy Peter, Jesus and the Lost Goddess, Three Rivers Press, New York, 2001, pág.121.

las siguientes páginas, la Eucaristía es uno de los ritos más antiguos de la humanidad, habiendo sido practicado miles de años antes del cristianismo.

Comencemos con la India: *"Los adherentes del Gran Lama en Tíbet y Tartary ofrecen a su dios un sacramento de pan y vino".* [195]

En el antiguo Egipto también existe el ritual de la Eucaristía, que T.W. Doane describe de la siguiente forma:

Los antiguos egipcios anualmente celebraban la Resurrección de su Dios y Salvador Osiris, en cuyo momento conmemoraban su muerte a través de la Eucaristía comiendo la sagrada torta o wafer, después de haber sido consagrada por el sacerdote y que se hubiera convertido en verdadera carne de su carne. El pan, después de ritos sacerdotales, se convertía místicamente en el cuerpo de Osiris y, de esta manera, ellos se comían a su Dios. El pan y el vino eran traídos a los templos por los feligreses, como ofrendas. [196]

Kuhn, citado por Tom Harper, nos dice que *"el jugo de la uva era la sangre o energía esencial de Horus u Osiris en la eucaristía egipcia, lo mismo que en el vaso de Jesús durante la última cena".* [197]

Añade M.D. Murdock: *"Otra tradición egipcia adoptada por el Cristianismo es la noción que la sangre del dios es representada por el vino, como es descrito en el papiro mágico en el Museo Británico dirigido a Asclepios de Memphis".* [198]

Murdock también compara la eucaristía cristiana y el culto al dios Dionisio, afirmando que *"las correspondencias entre el culto a Dionisio y posterior culto cristiano incluyen el uso de ´imágenes´ como por ejemplo el comer la carne y el tomar la sangre de la víctima del sacrificio en lugar de la del dios, así como el enfocar en la uva y el vino en sustitución de la sangre de dios".* [199]

---

[195] Doane T.W., op.cit., pág 305.
[196] Ibid, pág. 306.
[197] Harpur Tom, op. cit., pág. 100.
[198] Murdock M.D. (Acharya S.), "Suns of God", pág. 94.
[199] Ibid, pág. 100.

Nuevamente, en el caso de la Eucaristía, encontramos otro caso en que el cristianismo repite mecánicamente una ceremonia ancestral pero olvida su significado esotérico: la transformación del agua en vino representa el poder de lo divino de madurar los elementos inertes del ser humano hacia lo espiritual.

M. Renán, citado por T.W. Doane, al hablar del mitraísmo, explica:

Tenían sus misteriosas reuniones: capillas, que tenían un fuerte parecido a pequeñas iglesias. Habían forjado una muy duradera hermandad entre sus iniciados: tenían una Eucaristía, una cena tan igual como la de los Misterios Cristianos, que el buen Justino Mártir, el Apologista, sólo pudo encontrar una explicación de la aparente identidad, que Satanás, con el objeto de engañar a la raza humana, determinó imitar las ceremonias Cristianas y por lo tanto se las robó. [200]

La historia del mundo no enseña que desde tiempos pretéritos el ser humano creía que el hijo de dios había traído a la humanidad el arte de cultivar los granos y la vid para producir el pan y el vino, por lo que siempre tuvieron un especial simbolismo.

Cabe recordar lo que ya dijimos al comentar el episodio de las Bodas de Caná. Todas las religiones han utilizado la figura de la vid y el vino, para ejemplificar el cambio cualitativo que puede operar dentro del ser humano, de transformarse en un ser inmortal: así como la vid se convierte en vino que nunca morirá y que, por el contario, seguirá transformándose con el transcurso de los años, el ser humano, a través del "bautizo en el espíritu", puede ascender a la vida plena espiritual.

La Traición de Judas.

De acuerdo al Evangelio de Mateo:
Entonces uno de los Doce, que se llamaba Judas Iscariote, se presentó a los jefes de los sacerdotes y les dijo: ¿Cuánto me darán si se los entrego? Ellos prometieron darle treinta monedas. (Mat. 26, 26, 14-15)

---

[200] Doane T.W., op. cit., pág. 306.

Llegada la tarde, Jesús se puso a la mesa con los doce. Y mientras comían, les dijo: uno de ustedes me va a traicionar... El que me va a entregar es uno de los que mojan el pan conmigo en el plato. El Hijo del Hombre se va como dicen las Escrituras, pero ¡pobre de aquel que entrega al Hijo del Hombre! ¡Sería mejor para el no haber nacido! Judas, el que lo iba a entregar, le preguntó también: ¿Seré yo acaso, Maestro? Jesús respondió: Tú lo has dicho. (Mat. 26, 20.25)

Estaba todavía hablando cuando llegó Judas uno de los Doce. Iba acompañado de una chusma armada con espadas y garrotes, enviada por los jefes de los sacerdotes y por las autoridades judías. El traidor les había dado esta señal: Al que yo de un beso, ése es; arréstenlo. Se fue directamente donde Jesús y le dijo: Buenas noches, Maestro. Y le dio un beso. Jesús le dijo: Amigo haz lo que vienes a hacer. Entonces se acercaron a Jesús y lo arrestaron. (Mat. 26, 47-50)

Cuando Judas, el traidor, supo que Jesús había sido condenado, se llenó de remordimientos y devolvió las treinta monedas de plata a los jefes de los sacerdotes y a los jefes judíos. Les dijo: He pecado: he entregado a la muerte a un inocente. Ellos le contestaron ¿Qué nos importa eso a nosotros? Es asunto tuyo. Entonces él arrojando las monedas en el Templo, se marchó y fue a ahorcarse.

Los jefes de los sacerdotes recogieron las monedas, pero dijeron: no se puede echar este dinero en el tesoro del Templo, porque es precio de sangre. Entonces se pusieron de acuerdo para comprar con aquel dinero el Campo del Alfarero y lo destinaron para cementerio de extranjeros. Por eso ese lugar es llamado Campo de Sangre hasta el día de hoy. (Mat. 27, 3-8)

Los Evangelios de Marcos y Lucas, a grandes rasgos, repiten la historia omitiendo la parte del arrepentimiento de Judas y su posterior muerte ahorcado.

En cambio en el Evangelio de Juan, la historia cambia de la siguiente forma:

Antes de la fiesta de Pascua, sabiendo Jesús que le había llegado la hora de salir de este mundo para ir al Padre, como había amado a los suyos que quedaban en el mundo, los amó hasta el extremo.

Estaban comiendo la cena (no era la cena de Pascua como afirman los otros Evangelios) y el diablo ya había depositado en el corazón de Judas Iscariote, hijo de Simón, el propósito de entregarle. (Juan 13, 1-2)

Tras decir estas cosas, Jesús se conmovió en su espíritu y dijo con toda claridad: En verdad les digo: uno de ustedes me va a entregar. Los discípulos se miraron unos a otros, pues no sabían a quien se refería. Uno de sus discípulos, el que Jesús amaba, estaba recostado a su lado en la mesa, y Simón Pedro le hizo señas para que le preguntara de quien hablaba. Se volvió hacia Jesús y le preguntó: Señor, ¿Quién es? Jesús le contestó, voy a mojar un pedazo de pan en el plato. Aquel al cual se lo dé, ese es".

Jesús mojó un pedazo de pan y se lo dio a Judas Iscariote, hijo de Simón. Apenas Judas tomó el pedazo de pan, Satanás entró en él. Entonces Jesús le dijo: Lo que vas a hacer, hazlo pronto.

Ninguno de los que estaban en la mesa comprendió porque Jesús se lo decía. Como Judas tenía la bolsa común, algunos creyeron que Jesús quería decirle: compra lo que nos hace falta para la fiesta..., o bien: da algo a los pobres. Judas se comió el pedazo de pan y salió inmediatamente. Era de noche. (Juan 13, 20-30)

Cuando terminó de hablar, Jesús pasó con sus discípulos al otro lado del torrente Cedrón. Había allí un huerto, y Jesús entró en él con sus discípulos.

Judas, el que lo entregaba, conocía también ese lugar, pues Jesús se había reunido allí muchas veces con sus discípulos. Judas hizo de guía a los soldados romanos y a los guardias enviados por los jefes de los sacerdotes y los fariseos, que llegaron allí con linternas, antorchas y armas.

> *Jesús que sabía todo lo que le iba a suceder, se adelantó y les dijo: ¿A quién buscan? Contestaron: A Jesús el Nazoreo. Jesús dijo: Yo soy. Y Judas, que lo entregaba, estaba allí con ellos.*
>
> *Cuando Jesús les dijo: Yo soy, retrocedieron y cayeron al suelo[201]. Les preguntó de nuevo: ¿A quién buscan? Dijeron: A Jesús el Nazoreo. Jesús les respondió: Ya les he dicho que soy yo. Si me buscan a mi dejen que estos se vayan. Así se cumplía lo que Jesús había dicho: No he perdido a ninguno de los que tú me diste. (Juan 18, 1-9)*

Como hemos visto, en el relato de Juan no existe insinuación alguna en el sentido que Judas hubiere traicionado a Jesús por el precio de las treinta monedas, que éste lo entregó con un beso, ni menos de arrepentimiento y posterior ahorcamiento. Más parece, en la historia de Juan, que Judas es simplemente utilizado como pieza necesaria para que se produjera la entrega de Jesús y con ello la posibilidad de la culminación de su tarea expiatoria.

¿Era necesario que Jesús tuviera que ser identificado y entregado? Esta parte es totalmente incongruente con el resto del relato, pues Jesús – por la cantidad de hechos extraordinarios que le atribuyen - ya era o debió ser un personaje sumamente conocido que no necesitaba que alguien lo señalara. Más bien parece que la presencia de un Judas, que lo traiciona y entrega, está en la historia de los Evangelios como parte del Mito.

La parte de las treinta monedas de plata coincide exactamente con el precio de la traición de Sócrates.[202]

En la década de los años 1970 se descubrió, en el Egipto Medio, el Códice Tchacos, que entre otros manuscritos contenía, en copto, el llamado Evangelio de Judas, que después del Evangelio de Tomás, es el descubrimiento más importante de documentos cristianos escritos originalmente a comienzos de nuestra era y que se tenía por perdido.

---

[201] En el Ritual Egipcio, cuando los asociados de Sut capturaron a Horus, súbitamente vieron una doble corona en su frente y cayeron de cara. Ver obra citada de Tom Harpur, pág. 97.
[202] E.Wilson, citado por Walker Barbara G., op. cit., pág. 136.

Sobre este Evangelio, nos dice el conocido erudito Bart D. Ehrman:

... este evangelio está centrado en una figura ampliamente conocida, muy denostada y sobre la cual se han hecho muchas conjeturas. Han circulado muchas preguntas acerca de Judas a lo largo de los años, tanto entre los eruditos como en la calle: tenemos como muestras el éxito del musical Jesucristo Superstar y la producción de Hollywood La última tentación de Cristo.

Lo que dará popularidad (o quizás ignominia) al evangelio recién descubierto es que presenta un Judas bastante diferente al que habíamos conocido. Aquí no se trata del discípulo malvado, corrupto y diabólico de Jesús, que traicionó a su maestro entregándolo a sus enemigos. "En lugar de eso encontramos al amigo más íntimo de Jesús, el que le entendió mejor que ningún otro y entregó a Jesús a las autoridades porque Jesús quiso que así lo hiciera".

"Entregándolo Judas presto el servicio más grande imaginable..." [203]

Para confundirnos aún más, el libro de Hechos de los Apóstoles nos trae otra versión respecto de la muerte de Judas. Pedro dice:

Hermanos, era necesario que se cumpliera la Escritura, pues el Espíritu Santo había anunciado por boca de David lo que hizo Judas: este hombre que guió a los que prendieron a Jesús, era uno de nuestro grupo y había sido llamado para compartir nuestro ministerio común.

Sabemos que con el salario de su maldad se compró un campo, se tiró de cabeza, su cuerpo se reventó y se desparramaron sus entrañas. (Hechos 1, 16-18)

Las discrepancias especialmente con el Evangelio de Mateo son tan notorias que pareciera que dan dos soluciones: o se refieren a personajes distintos o que aquí también la inspiración no fue tan perfecta y otra vez hubo una equivocación.

---

[203] Ehrman Bart D., El Evangelio de Judas, editado por Rodolphe Passer, Marvin Meyer y Gregor Wurst, Nacional Geographic, 2006.

El Proceso contra Jesús

Veamos que dicen los Evangelios, comenzando con Mateo:

Los que tomaron preso a Jesús lo llevaron a casa del sumo sacerdote Caifás, donde se habían reunido los maestros de la ley y las autoridades judías.

Pedro lo iba siguiendo de lejos, hasta llegar al palacio del sumo sacerdote. Entró en el patio y se sentó con los policías del Templo, para ver en que terminaba todo.

Los jefes de los sacerdotes y el Consejo Supremo andaban buscando alguna declaración falsa contra Jesús, para poderlo condenar a muerte. Pero pasaban los falsos testigos y no se encontraba nada. Al fin llegaron dos que declararon: "Este hombre dijo: Yo soy capaz de destruir el Templo de Dios y de reconstruirlo en tres días.

Entonces el sumo sacerdote le dijo: En el nombre de Dios vivo te ordeno que me contestes: ¿Eres tú el Mesías, el Hijo de Dios? Jesús le respondió: Así es, tal como tú lo has dicho. Y yo les digo más: a partir de ahora ustedes contemplarán al Hijo del Hombre sentado a la derecha del Dios Todopoderoso, y lo verán venir sobre las nubes del cielo.

Entonces el sumo sacerdote se rasgó las ropas, diciendo: ¡Ha blasfemado! ¿Para qué necesitamos más testigos? Ustedes mismos acaban de oír estas palabras. ¿Qué deciden ustedes? Ellos contestaron: Merece la muerte. (Mateo 26, 57-68)

Al amanecer, todos los jefes de los sacerdotes y las autoridades judías celebraron una reunión para decidir la manera de hacer morir a Jesús. Luego lo ataron y lo llevaron para entregárselo a Pilato, el Gobernador. (Mateo 27, 1-2)

Jesús compareció ante el Gobernador y éste comenzó a interrogarlo. Le preguntó, ¿Tu eres del rey de los judíos? Jesús contestó: Tu eres el que lo dice.

Los jefes de los sacerdotes y las autoridades judías lo acusaban, pero Jesús no contestó nada. Pilato le dijo: ¿No oyes todos los cargos que presentan contra ti? Pero Jesús no dijo ni una sola palabra, de modo que el Gobernador se sorprendió mucho.

Con ocasión de la Pascua, el gobernador tenía la costumbre de dejar en libertad a un condenado, a elección de la gente. De hecho entonces tenía el pueblo un detenido famoso, llamado Barrabás. Cuando se juntó toda la gente, Pilato les dijo: ¿A quién quieren que deje libre?, ¿a Barrabás o a Jesús, llamado el Cristo? Porque sabía que le habían entregado a Jesús por envidia.

Mientras Pilato estaba en el tribunal, su mujer le mandó a decir: No te metas con ese hombre porque es un santo, y anoche tuve un sueño horrible a causa de él.

Mientras tanto, los jefes de los sacerdotes y los jefes de los judíos persuadieron al gentío para que pidieran la libertad de Barrabás y la muerte de Jesús. Cuando el Gobernador volvió a preguntarles: ¿A cuál de los dos quieren que les suelte?, ellos contestaron: A Barrabás. Pilato les dijo: ¿Qué hago con Jesús, llamado el Cristo? Todos contestaron: ¡Crucifícalo! Pilato insistió: ¿Qué ha hecho de malo? Pero ellos gritaban cada vez con más fuerza: ¡Que sea crucificado!

Al darse cuenta Pilato de que no conseguía nada, sino que más bien aumentaba el alboroto, pidió agua y se lavó las manos delante del pueblo. Y les dijo: Ustedes responderán por su sangre, yo no tengo la culpa. Y todo el pueblo contestó: Que su sangre caiga sobre nosotros y sobre nuestros hijos.

Entonces Pilato les soltó a Barrabás. Mandando a azotar a Jesús y lo entregó a los que debían crucificarlo.

Los soldados romanos llevaron a Jesús al patio del palacio y reunieron a toda la tropa en torno a él. Le quitaron sus vestidos y le pusieron una capa de soldado de color rojo. Después le colocaron sobre la cabeza una corona que habían trenzado con espinos y en la mano derecha le pusieron una caña. Doblaban la rodilla ante Jesús y se burlaban de él, diciendo: ¡Viva el rey de los judíos! Le escupían en la cara y con la caña le golpeaban en la cabeza.

Cuando terminaron de burlarse de él, le quitaron la capa de soldado, le pusieron de nuevo sus ropas y lo llevaron a crucificar.

Por el camino se encontraron con un hombre de Cirene, llamado Simón, y le obligaron a que cargara con la cruz de Jesús. Cuando llegaron al lugar que se llama Gólgota (o, Calvario), o sea, calavera, le dieron a beber vino mezclado con hiel. Jesús lo probó, no lo quiso beber. (Mateo 27, 11-34)

Marcos repite casi el mismo relato. En cambio Lucas, agrega una escena más a la historia, la intervención de Herodes, quien:

... se alegró mucho. Hacía tiempo que deseaba verlo por las cosas que oía de él, y esperaba que Jesús hiciera algún milagro en su presencia. Le hizo, pues, un montón de preguntas. Pero Jesús no contestó nada, mientras los jefes de los sacerdotes y maestros de la Ley permanecían frente a él y reiteraban sus acusaciones.

Herodes con su guardia lo trató con desprecio; para burlarse de él lo cubrió con un manto espléndido y lo devolvió a Pilato. Y ese mismo día Herodes y Pilato, que eran enemigos, se hicieron amigos. (Lucas 23, 11-12)

Finalmente, Lucas agrega, en la escena del camino al Gólgota, varios diálogos de Jesús con las mujeres que lo acompañaban, así como la conversación de Jesús con los dos ladrones que supuestamente fueron crucificados con él.

El Evangelio de Juan, menciona, previo al encuentro con Caifás, otro encuentro con Anás, suegro del sumo sacerdote Caifás, y mientras los sinópticos enfatizan que Jesús casi no quiso decir nada frente a Pilato, Juan pone en boca de Jesús una mucho más extensa conversación.

De los relatos de los Evangelios se deduce que contra Jesús se produjeron por lo menos dos procesos: uno frente al sumo sacerdote, los maestros de la Ley y las autoridades judías; y un segundo proceso frente a Pilatos. Si aceptamos la tesis del Evangelio de Lucas en el sentido que también se siguió otro proceso frente a Herodes, tendríamos tres procesos contra la misma persona por los mismos cargos, lo que habría sido absolutamente improcedente e inadmisible tanto por la ley judía como la romana.

Si a esto le añadimos que, según los sinópticos, el proceso ante los judíos se produjo en la casa del sumo sacerdote, la noche de la Pascua Judía, hay que concluir que toda esa parte del relato es falsa porque:

No existe, en ninguna parte del mundo ni bajo ningún sistema procesal -por su carácter esencialmente público-, proceso que pueda llevarse a cabo en una casa particular.

Porque la ley judía no admitía la posibilidad de un proceso que se desarrollara de noche.

Porque era la noche de Pascua, y de acuerdo a las leyes y costumbres judías, estaba absolutamente prohibida la posibilidad de cualquier tipo de actividad pública. Resulta inimaginable que pudiera haberse seguido en esas circunstancias proceso alguno.

Finalmente, si aquello que los judíos perseguían era crucificar a Jesús, ellos no podían hacerlo pues no tenían la posibilidad de condenar a nadie a esa pena. Lo máximo que podrían haber hecho es apedrearlo por disidencia religiosa, lo que no sucedió.

Rabbi Wise, un eminente estudioso del siglo XIX, se dio el trabajo de examinar los legajos de todos los expedientes o casos tramitados en lo que fue la Corte de Pilatos y no encontró palabra ni rastro alguno respecto a que alguna vez se hubiera celebrado un proceso contra un individuo llamado Jesús que terminó con una sentencia condenatoria con la pena de crucifixión.[204]

---

[204] Graham Lloyd, Deceptions and Myths of the Bible. A Citadel Press Book, Carol Publishing Edition, 1999, USA.

Finalmente, el tema de la Crucifixión fue totalmente desconocido para los primeros cristianos hasta por lo menos el segundo siglo.[205]

Consecuentemente sólo queda la posibilidad que a Jesús se le hubiera seguido un proceso formal por un delito que acarreara la pena de muerte. De acuerdo a la Ley Romana la crucifixión era una pena que se aplicaba para un crimen político, como la sedición. Si seguimos el texto de los Evangelios:

No hubo proceso formal alguno en contra de Jesús. Por más que la Iglesia quiera sugerir que los romanos eran *"paganos"*, nadie duda que allí imperaba la *Lex Romana*, esto es, el sistema legal más perfecto de la época, cuyo modelo es todavía seguido por la mayor parte de legislaciones del mundo civilizado. Esto quiere decir que no se podía simplemente llevar a Jesús frente a Pilatos, y sin mediar ninguna formalidad o garantía procesal, condenarlo a la pena de muerte por crucifixión.[206]

La única fuente para probar la realidad de dicho proceso son los Evangelios, los que por su origen son interesados y por su historia deleznables. No existe fuente independiente alguna que pruebe que dicho proceso en

---

[205] Por más que la Iglesia nos quiera hacer cree otra cosa, la polémica respecto a si Jesús murió o no en la cruz comenzó en la época de los primeros cristianos. Hubo un considerable grupo de ellos que sostenían que no murió a consecuencia de su crucifixión y por lo tanto no se produjo la proclamada resurrección. La mejor prueba la ofrece el mismo Pablo en su primera Carta a los Corintios, en la que trata el tema y subraya que la muerte y resurrección de Jesús es fundamental para la doctrina cristiana, pues todo el cristianismo ha sido construido bajo ese supuesto. Literalmente, Pablo nos dice lo siguiente:
"Ahora bien, si se anuncia que Cristo ha resucitado de entre los muertos, ¿por qué algunos de vosotros andan diciendo que no hay resurrección de los muertos? Si no hay resurrección de los muertos, tampoco Cristo ha resucitado; y si Cristo no ha resucitado, tanto mi anuncio como vuestra fe carecen de sentido. Resulta incluso que somos falsos testigos de Dios, porque damos testimonio contra él al afirmar que ha resucitado a Jesucristo, siendo así que no lo ha resucitado, si en verdad los muertos no resucitan. Porque si los muertos no resucitan, tampoco Cristo ha resucitado. Y si Cristo no ha resucitado, vuestra fe carece de sentido y seguís aun hundidos en vuestros pecados, y por supuesto también habremos de dar por perdidos a los que han muerto en Cristo. Si nuestra esperanza en Cristo no va más allá de esta vida, somos los más miserables de todos los hombres". (I Cor. 15:12-19)

[206] Los únicos bárbaros, asesinos con sotana, que negaron toda garantía procesal para ejecutar miles de personas, fueron los tribunales de la Inquisición.

realidad se dio, pues nunca se dejó constancia del mismo en ningún tipo de registro, acto o documento alguno.

La Pascua era un día feriado. No podía desarrollarse un proceso judicial en un feriado.

Si aceptamos -supuesto negado- que hubo el proceso descrito en los Evangelios, el resultado del mismo fue que Pilatos no encontró en Jesús razón para condenarlo por ningún crimen, y por lo tanto no podía ordenar su crucifixión.

Para darle mayor emoción al drama, los Evangelios dicen que era común que en la Pascua se ordenara la libertad de algún condenado. Esto es falso, jamás existió en el Imperio Romano semejante costumbre.[207]

En mi concepto, el relato de los Evangelios no es más que un bosquejo mal hecho de una obra teatral, similar a las que se escenificaban todos los días en los anfiteatros de la antigüedad, y sospechosamente parecido a las obras de teatro que escenificaron las llamadas religiones mistéricas para enseñar a sus iniciados.

Si es muy claro que el énfasis que demuestran los Evangelios para subrayar la participación judía en la muerte de Jesús, fue concebido y agregado posteriormente, entre otras razones, para justificar a lo largo de los siglos la persecución y holocausto del pueblo judío.[208]

El Cristianismo, fiel a su larga proclividad por la exageración y tergiversación de los hechos, sostiene que antes de su crucifixión Jesús sufrió una cruel flagelación de mil azotes (algunos llegan a contar diez mil), lo que constituye un absurdo pues no hay que olvidar que, como ya hemos señalado y en el peor de los casos, este proceso se llevó a cabo dentro del marco de la *Lex Romana*, que prohibía la aplicación

---

[207] Además Barrabas deriva de Bar Abba, que en hebreo quiere decir "hijo de Dios", lo cual le agrega al drama un tufo de falsedad.
[208] Véase Tomson, Peter J., Presumed Guilty, How the Jews were blamed for the death of Jesus, Fortress Press, Minneapolis, USA, 2005.

de dos castigos por un mismo delito (flagelación y crucifixión). Es probable que Jesús, como sucedía con cualquier otro condenado a la crucifixión, fuera objeto de un azotamiento, que sólo tenía el objeto de humillar al sentenciado, mas no debilitarlo, pues de otro modo se abreviaba el tormento de la cruz, que estaba diseñado para durar varios días. Si la crucifixión era una pena de extrema crueldad por su larga agonía, resulta ilógico diezmar al sentenciado con una flagelación que a la larga habría de acortar significativamente el sufrimiento en la cruz.

En cuanto al *vía crucis*, como bien lo señala Carlos Allende es *"mayoritariamente una leyenda, que los historiadores remontan a las procesiones religiosas medievales. La normativa romana no obligaba al condenado a ´cargar su cruz´, no sólo porque esto habría supuesto un esfuerzo devastador, sino porque el larguero de la cruz permanecía clavado en el patíbulo. El reo debía cargar a cuestas el travesaño horizontal, que se ataba a sus muñecas con correas de cuero y se acoplaba luego al larguero mediante tornillos. Por lo general el verdugo fijaba sus pies a la cruz con un clavo, pero sólo ocasionalmente le clavaba las manos, que permanecían atadas con las correas, entre otras cosas porque los clavos podían desgarrar las manos a causa del peso del cuerpo, con lo cual el crucificado se precipitaba violentamente a tierra".* [209] No hay que olvidar que el travesaño de la cruz, de acuerdo a los evangelios sinópticos, fue cargado por un tal Simón de Cirene. (Marcos 15, 21-22; Mateo 27, 32; Lucas 23, 26)

Antes de terminar esta parte del estudio, cabe mencionar algunas otras contradicciones en las que incurren los evangelios:

Según Mateo 26: 48 la señal de Judas habría sido: *"Al que yo de un beso, ese es; arréstenlo"*. En el relato de Juan (18: 3-12) no existe mención ni menos insinuación que Judas había ofrecido una señal o que ésta hubiera sido el famoso beso.

---

[209] Allende, Carlos, La Vida Desconocida de Jesús, op. cit., pág. 127.

Según Juan 13: 38, *"antes de que cante el gallo me habrás negado tres veces"*. En cambio para Marcos el dicho de Jesús fue: *"Antes de que el gallo cante dos veces, tú me habrás negado tres"*.

De acuerdo a Juan 19:17 *"Así fue como se llevaron a Jesús. Cargando con su propia cruz, salió de la ciudad al lugar llamado Calvario (o de la Calavera), que en hebreo se dice Gólgota"*. En cambio para Mateo 27:31-32, Cristo no cargó la cruz: *"Cuando terminaron de burlarse de él, le quitaron la capa de soldado, le pusieron de nuevo sus ropas y lo llevaron a crucificar. Por el camino se encontraron con un hombre de Cirene, llamado Simón, y le obligaron a que cargara con la cruz de Jesús"*. [210]

El velo del templo se rasgó antes que Jesús muriese, así lo afirma Lucas 23: 45-46: *"En ese momento la cortina del Templo se rasgó por la mitad, y Jesús gritó muy fuerte: 'Padre en tus manos encomiendo mi espíritu'. Y dichas estas palabras, expiró"*. Para Mateo y Marcos, la cortina se rasgó después de la muerte de Jesús: *"Pero nuevamente Jesús dio un fuerte grito y entregó su espíritu. En ese mismo instante la cortina del santuario se rasgó de arriba abajo, en dos partes"*. (Mateo 27: 50-51.); *"Pero Jesús dando un fuerte grito expiró. Enseguida la cortina que cerraba el santuario del Templo se rasgó en dos, de arriba abajo"*. (Marcos 15:37-38)

Las contradicciones y diversas versiones de esta parte fundamental para el cristianismo son tan claras que pareciera, como lo ha sido inequívocamente durante todo el relato, que cada uno de los evangelistas refirió hechos que correspondían a diversas personas. Aunque los hechos son tan evidentes, no me cabe duda que habrá quien, como buen necio, niegue estas contradicciones.

Finalmente cabe preguntarnos si esta parte del mito es original del Cristianismo. En mi concepto, el caso más extraordinario de similitud está relacionado con el dios babilónico Bel (también conocido como Baal por los hebreos), cuyo culto tiene una antigüedad de unos 2 mil años a.c. En el Museo Británico, que está ubicado en Londres, existe una tableta que contiene un drama, cuyo resumen es el siguiente:[211]

---

[210] Estuve en Jerusalén en el año 2000 y no obstante el tiempo transcurrido desde los eventos que relatan los Evangelios, los cristianos aún no se ponen de acuerdo sobre el lugar de ubicación del Gólgota.
[211] Tomado de Jackson John G., Christianity before Christ, op. cit. págs. 43-44.

Acto 1. Bel es tomado prisionero:

De entre los actores del drama, el que representa a Bel fue arrestado por soldados y sacado fuera del escenario.

Acto 2. Bel es ajusticiado en la Corte de Justicia:

Aquí tenemos una audiencia en un tribunal. Había un Juez y testigos que dan su testimonio a favor y en contra de la víctima, el mismo que -no obstante ser encontrado inocente- es sentenciado a muerte.

Acto 3. Bel es humillado:

En esta escena Bel es abusado y humillado por la multitud. Como el profeta Isaías luego dijo: 'Despreciado por los hombres y marginado, hombre de dolores y familiarizado con el sufrimiento, uno de aquellos a los que se les vuelve la cara, no contaba para nada y no hemos hecho caso de él´.

Acto 4. Bel es llevado a la Montaña:

El actor que representa a Bel fue llevado con guardias a lo alto de un monte en el cual había un bosque sagrado.

Acto 5. Con Bel son llevados dos malhechores, uno de los cuales es liberado:

En esta escena dos criminales son ajusticiados. Uno es encontrado culpable y el otro inocente. El malhechor es sentenciado a muerte, y el inocente es liberado. La muerte del dios no se escenificó en el anfiteatro. 'Esto puede ser (dice Findlay) porque esto tuvo lugar en un monte en el cual fue colgado de uno de los árboles en el bosque sagrado, o crucificado o sacrificado en un altar, por lo que no podía ser escenificado en el escenario. Ahora el teatro está vacío y todos han subido a lo alto del monte para atestiguar la escena de muerte... después de la escena de la muerte la gente regresa al anfiteatro". (Findlay, Psychic Stream, pág. 227)

Acto 6. Después que Bel se fue al monte, la ciudad se rompe en un tumulto:

En esta escena una multitud aparece en el escenario representando el tumulto ocasionado por la muerte de Bel.

Acto 7. Las ropas de Bel le son extraídas:

El cadáver de Bel retornó del Monte, fue desnudado y se le prepara para el entierro.

Acto 8. Bel baja dentro del Monte y desaparece de la vida:

A un costado del monte cercano al escenario había una tumba en la cual el cadáver de Bel es enterrado.

Acto 9. Mujeres en llanto buscan a Bel en la tumba:

Esta escena ha sido bien explicada por Findlay de la siguiente forma: ´Las creencias sobre Bel incluían la creencia que fue visto después de muerto en su cuerpo etéreo. Muy posiblemente fue visto por primera vez por una mujer, ya que las mujeres son, y siempre lo han sido, más clarividentes que los hombres... Entonces viene la escena final, representando todo para lo que este despliegue ha sido hecho". (Findlay, Psychic Stream, págs. 229-230)

Acto 10. Bel resucita:

Una piedra cubre la tumba de Bel. En esta escena final del drama, la piedra es rodada y Bel sale de la tumba con vestimenta funeraria. Como Findlay ha puntualizado: ´Conforme él emerge de la tumba la audiencia se pone de pie y estalla en un frenesí hasta que todos quedan roncos. El gran drama ha llegado a su clímax. Su dios ha reaparecido para probarles que la muerte ha sido conquistada, y que él ha logrado para todos la vida eterna... Este extraordinario servicio religioso nunca fue olvidado. Fue copiado por los griegos y todavía es escenificado en memoria de Cristo. (Findlay, Psychic Stream, pág. 230)

¿Después de enterarnos de este drama escenificado en los anfiteatros públicos 2 mil años a.c., puede quedarnos duda del fraude cristiano?

La Crucifixión

Todas las culturas han desarrollado algún tipo de doctrina de expiación de los pecados a través del sacrificio ofrecido al dios creador. Esa doctrina se ha desarrollado a través de la siguiente lógica: el hombre de las cavernas entendió que su dios natural era el sol, pues éste era el astro que le daba luz, calor y toda posibilidad de vida. Cuando se producía una tempestad y cualquier otro desastre natural, lo primero que se le vino a la mente fue que éstos hechos eran producto de la ira de dios por algún acto humano que no era correcto a los ojos de su dios, con lo que nace la idea del pecado. Para recuperar la gracia de dios, era necesario expiar el pecado, ello no era posible sino a través del ofrecimiento de algún tipo de sacrificio; inicialmente se lograba el perdón de los pecados a través del ofrecimiento sacrificial de los primeros frutos de la cosecha; cuando este sacrificio no fue suficiente, paulatinamente se fue mejorando la calidad del sacrificio, entonces llegó el turno del sacrificio de las primeras crías del ganado, luego el sacrificio de los hijos primogénitos, más tarde el sacrificio del hijo primogénito del rey y finalmente, como máxima y última expresión de sacrificio, en su bondad y máxima expresión del amor por su creación, es el mismo dios quien ofrece en sacrificio a su propio hijo. No es pues el Dios Cristiano ni el primero ni el único en ofrecer el sacrificio de su unigénito para expiar los pecados de la humanidad, todas las culturas del mundo han desarrollado el mismo arquetipo.

> *Esta idea de redención del pecado a través del sufrimiento y muerte del Divino Salvador Encarnado, es simplemente la cúspide de la idea manejada por el hombre primitivo que los dioses demandaban algún tipo de sacrificio para la expiación de los pecados o para prevenir alguna calamidad.*

> *En eras primitivas, cuando los hombres vivían principalmente de los vegetales, ofrecían a los dioses para propiciarlos y obtener sus bendiciones temporales, sólo granos, agua, sal, frutas y flores. Pero cuando empezaron a comer carne y especias, y a tomar vino, ofrecieron eso mismo; naturalmente suponían que las deidades*

estarían satisfechas de cualquier cosa que fuera útil y agradable para ellos mismos. Imaginaban que algunos dioses se parcializaban a los animales, otros a frutas, flores, etc.

...

Con el curso del tiempo, comenzaron a imaginarse que los dioses demandaban algo más sagrado como ofrenda o para la expiación del pecado. Esto condujo al sacrificio de los seres humanos, principalmente los esclavos o aquellos que eran tomados en guerra, después, sus propios hijos, incluso sus más queridos primogénitos. Luego apareció la idea que cada pecado debería tener su correspondiente monto prescrito de pena, "y que los dioses aceptarían la vida de una persona como expiación de los pecados de otros". Ésta idea prevaleció incluso en Roma y Grecia: pero allí principalmente tomó la forma de heroico auto sacrificio por el bien público.

...

Esa idea de expiación finalmente resultó en la creencia que el "Cristo" encarnado, el "Ungido", el Dios entre nosotros, era el que debía salvar a la humanidad de la maldición impuesta por Dios. El hombre había pecado, y Dios no podía ni había perdonado sin un sacrificio propiciatorio. La maldición de Dios debe ser removida de los pecadores y los no pecadores deben asumir una parte de esta maldición. Se afirmaba que la justicia divina requería SANGRE. [212]

Ahora nos toca examinar como todas las grandes religiones han desarrollado este tema de la redención o expiación del pecado a través de la crucifixión de sus Divinos Salvadores Encarnados. Aquí enumero algunos de los más conocidos cuya lista ha sido propuesto por Kersey Graves:[213]

1. Krishna de la India, 1200 a.c.
2. Buda de la India, 600 a.c.
3. Tammuz de Siria: 1160 a.c.

---

[212] Doane W.T., op. cit., págs. 182-183
[213] Graves Kersey, The World's Sixteen Crucified Saviors, op. cit., pág. 104 y sgts.

4. Wittoba o Vithoba de India, 552 a.c.
5. Iao o Jao de Nepal, 622 a.c.
6. Hesus de los Celtas, 834 a.c.
7. Quetzalcóatl de México, 587 a.c.
8. Quirino de Roma, 506 a.c.
9. Prometeo de Grecia, 547 a.c.
10. Thulis de Egipto, 1700 a.c.
11. Indra del Tíbet, 725 a.c.
12. Alcestos de Eurípides, 600 a.c.
13. Atis de Frigia, 1170 a.c.
14. Crite de Caldea, 1200 a.c.
15. Bali o Bel, 725 a.c.
16. Mitra de Persia, 600 a.c.

En algunos casos, como Krishna, los mencionados dioses salvadores no murieron específicamente clavados sobre un madero especialmente hecho en forma de cruz sino clavados a un árbol de tal forma que morían "colgados del árbol". Ambas formas de muerte, clavado a un árbol o clavado a un madero hecho en forma de cruz, eran conocidas en la antigüedad como muerte por crucifixión.[214]

¿Por qué los Divinos Salvadores Encarnados morían crucificados? La respuesta la propone el mismo Graves:

Siempre se ha presumido que la muerte, y especialmente la muerte a través de la crucifixión, envolvía el estado más alto de sufrimiento que podía ser soportado por los mortales. Entonces, los Dioses deben sufrir en esta forma como un ejemplo de coraje y fortaleza, y para que muestren que están dispuestos a pasar por toda la aflicción y miseria de sus devotos adoradores. En este aspecto, no solamente deben ser iguales sino superiores a sus súbditos. Por lo tanto, ellos no deben solamente morir sino escoger o someterse al más innoble e ignominioso modo de sufrimiento y muerte que pueda existir, y esa es la crucifixión. Esto daba el mejor toque final al drama. [215]

De acuerdo al relato de Lucas, lo que también corrobora Marcos (Mar. 15, 33), producida la crucifixión:

---

[214] Mayor información puede obtenerse en la obra citada de Doane W.T., pág. 184 y sgts.
[215] Ibid, pags. 132-133.

Hecho este preámbulo teórico, veamos algunos aspectos de la crucifixión: *"Hacia el mediodía se ocultó el sol y todo el país quedó en tinieblas hasta las tres de la tarde. En ese momento la cortina del templo se rasgó por la mitad"*. (Lucas 23, 44-45).

Mateo, por su parte, menciona que además: *"La tierra tembló, las rocas se partieron y resucitaron varias personas santas que habían llegado ya al descanso. Estas salieron de las sepulturas después de la resurrección de Jesús, fueron a la ciudad Santa y se aparecieron a mucha gente"*. (Mt. 27, 52-53)

En el supuesto de ser cierto aquello que *"resucitaron varias personas santas"*, lo primero que hay que decir es que esta burda exageración de Mateo habría tirado por los suelos la teoría cristiana que afirma que la resurrección sólo vino después de la protagonizada por Jesús. Bueno, esto no nos resulta sorprendente con una religión plagada de tanta incongruencia y contradicción.

En el Evangelio de Juan no se menciona palabra alguna de estos acontecimientos, que de haber sido ciertos no podían haber sido ignorados por el autor del mencionado Evangelio. Si nos ponemos a pensar lo que significa que el sol se "oculte" durante tres horas, que "las rocas se partan" y que "varias personas resuciten, salgan de sus sepulturas y vayan a Jerusalén", se tratarían de algunos de los acontecimientos más asombrosos, nunca antes vistos y extraordinarios de los que se tenga noticia. Tales hechos, de haber sido ciertos, habrían "hecho noticia" en por lo menos todos los dominios del Imperio Romano. Pues bien, no hay un solo historiador de esa época que haya escuchado y menos los haya reportado, por lo que aplicando la lógica más elemental debemos concluir que se trata de historias que sólo existieron en la muy creativa mente de los autores de los tres evangelistas sinópticos. Nadie, con independencia de criterio, podría afirmar lo contrario.

Al respecto, el historiador Gibbon, nos dice:

¿Pero cómo podemos perdonar la supina falta de atención del mundo pagano y filosófico de aquellas evidencias que estuvieron presentes por la mano del Omnipotente, no por la razón, sino por los sentidos? Durante la era de Cristo, de sus apóstoles y de sus

primeros discípulos, la doctrina que ellos habían predicado fue confirmada por innumerables prodigios. Los cojos caminaron, los ciegos vieron, los enfermos sanaron, los muertos fueron resucitados, los demonios fueron expulsados y las leyes de la naturaleza fueron frecuentemente suspendidas para beneficio de la Iglesia. Pero los sabios de Grecia y Roma bajo el reino de Tiberio, toda la tierra, o por lo menos una celebrada provincia del Imperio Romano, estuvo involucrada en una perpetua oscuridad de tres horas. Incluso este evento, que debería haber producido la curiosidad y la devoción de la humanidad, pasó desapercibido en una era de ciencia e historia. Sucedió durante la vida de Séneca y del más viejo Plinio, quienes debieron haber experimentado los efectos inmediatos, o debieron recibir la noticia más rápida del prodigio. Cada uno de estos filósofos, en un trabajo laborioso, ha dejado constancia de todos los grandes fenómenos de la naturaleza, terremotos, meteoros, cometas y eclipses, que su infatigable curiosidad podía recopilar. Pero el uno y el otro olvidaron mencionar el fenómeno más grandioso del que el ojo humano haya sido testigo desde la creación del globo. [216]

Por su parte, Pepe Rodríguez, opina de la siguiente forma:

Ante este testimonio inspirado de Mateo, sólo saben dos conclusiones: o el relato es una absoluta mentira -con lo que también se convierte en una invención el resto de la historia de la resurrección-, o la humanidad de esa época presentaba el nivel de estulticia más elevado que jamás pueda concebirse. Una convulsión como la descrita no sólo hubiese sido la ´noticia del siglo´ a lo largo y ancho del Imperio Romano sino que, obviamente, tendría que haber llevado a todo el mundo, judíos y romanos incluidos, con el sumo sacerdote y emperador al frente, a peregrinar ante la cruz del suplicio para aceptar al ejecutado como el único y verdadero ´Hijo de Dios´, tal como supuestamente apreciaron, con buen criterio, el centurión y sus soldados; pero en lugar de eso nadie se dio por aludido en una sociedad hambrienta de dioses y

---

[216] Gibbon Edward, History of Christianity, New York, Peter Eckler Publishing Co., 1923, pp. 200.202.

prodigios, ni cundió el pánico sobre la población -máxime en una época en la que buena parte de los judíos esperaban el inminente fin de los tiempos, cosa que también había creído y predicado el propio Jesús- ni tan siquiera logró que los apóstoles sospechasen que allí estaba a punto de suceder algo maravilloso y por eso les pilló fuera del juego la nueva de la resurrección. Es el colmo del absurdo. [217]

Sin embargo, los extraordinarios hechos relatados por algunos de los evangelistas si tienen explicación en el campo mitológico. Veamos, al tiempo de la muerte de Krishna se produjeron muchas calamidades y malos presagios; *"un círculo negro apareció alrededor de la luna, y el sol se oscureció al mediodía; del cielo llovió fuego y cenizas; se vieron flamas oscuras y lívidas; al amanecer y anochecer, miles de figuras se vieron en escaramuzas en el aire; los espíritus se veían en todo sitio".* [218]

Por su parte, cuando estaba cerca la muerte del Buda:

...un millar de horrorosos meteoritos cayeron; prevalecieron las nubes y la oscuridad. Incluso este mundo, con los océanos y montañas que contiene, que no son conscientes, se removió como un ser consciente – como una cariñosa novia que por la fuerza es arrancada de su novio – como los adornos de la parra que son sacudidos bajo la ráfaga de un torbellino de viento. El océano se elevó bajo la vibración de este terremoto; los ríos regresaron a sus orígenes, los picos de elevadas montañas, donde incontables árboles crecieron por eras, se desmoronaron a la tierra; una tenebrosa tempestad se produjo en todo el alrededor; el estruendo de la concusión se convirtió en terrorífico; el mismo sol se envolvió en una tenebrosa oscuridad, y una multitud de espíritus sin cabeza llenaron el aire. [219]

No es el propósito de esta obra relatar todas esas historias, quien así lo desee puede recurrir a la obra citada de W.T. Doane, pero a modo de epílogo

---

[217] Rodríguez Pepe, op. cit., pág. 219.
[218] Doane T.W., op. cit., pág. 207.
[219] Ibid.

no puedo dejar de mencionar que a la muerte del dios azteca Quetzalcóatl también se produjo otro oscurecimiento del sol.

La creatividad de la mente humana es fecunda y no tiene límites.

Joseph Campbell, inicia su magistral obra "El Héroe de las mil Caras", del siguiente modo:

> Sea que escuchemos con divertida indiferencia el sortilegio fantástico de un médico brujo de ojos enrojecidos del Congo, o que leamos con refinado embeleso las pálidas traducciones de las estrofas del místico Lao-Tse, o que tratemos de romper, una y otra vez, la dura cáscara de un argumento de Santo Tomás, o que captemos repentinamente el brillante significado de un extraño cuento de hadas esquimal, encontraremos siempre la misma historia de forma variable y sin embargo maravillosamente constante, junto con una incitante y persistente sugestión que nos queda por experimentar algo más de lo que podrá ser nunca sabido o contado.
>
> En todo el mundo habitado, en todos los tiempos y en todas las circunstancias, han florecido los mitos del hombre; han sido la inspiración viva de todo lo que haya podido surgir en las actividades del cuerpo y de la mente humana. No sería exagerado decir que el mito es la entrada secreta por la cual las inagotables energías del cosmos se vierten en las manifestaciones culturales humanas. Las religiones, las filosofías, las artes, las formas sociales del hombre primitivo e histórico, los primeros descubrimientos científicos y tecnológicos, las propias visiones que atormentan el sueño, emanan del fundamental anillo del mito.
>
> Lo asombroso es la eficacia característica que conmueve e inspira los centros creadores profundos donde reside en el más sencillo cuento infantil, como el sabor del océano está contenido en una gota y todo el misterio de la vida en el huevo de una pulga. Porque los símbolos de la mitología no son fabricados, no pueden encargarse, inventarse o suprimirse permanentemente. Son productos espontáneos de la psique y cada uno lleva dentro de sí mismo, intacta, la fuerza germinal de su fuente. [220]

---

[220] Campbell, Joseph, El Héroe de las mil Caras. Psicoanálisis del Mito. Fondo de Cultura

Lo asombroso es que los mitos son, esencialmente, iguales en todas las culturas. Se puede decir que las muertes de todos los hijos de dios, salvadores del mundo, han producido las leyendas de acontecimientos de lo más terroríficos y extraordinarios, y ha sido la capacidad imaginativa de sus reporteros y apologistas la que ha ideado las respectivas historias, cada una más espectacular que la otra. Todas estas historias han sido parte del mito y no podían dejar de estar presentes en el caso del salvador cristiano, pues gran parte de la credibilidad de los dioses estaba circunscrita a la calidad de acontecimientos extraordinarios que rodearan los principales momentos de su vida en la tierra, como son su nacimiento, los prodigios y milagros que pudiera realizar, su pasión, muerte, resurrección y final ascensión al cielo. Con detalles diferentes, pero en el fondo con asombrosa y a la vez explicable similitud, los hechos son los mismos. Si en el caso de los llamados dioses paganos, todos estamos de acuerdo que se trata de mitología, no encuentro razón alguna por la cual los mismos hechos no tengan el mismo carácter en el caso del Jesús cristiano. Ciertamente estamos frente a un nuevo caso de arquetipo universal, que de acuerdo a Carl Jung es capaz de producir estas extrañas "coincidencias"[221] que, como diríamos en el mundo moderno, vienen en el disco duro del ser humano.

Existen dos hechos adicionales que abonan al carácter de fábula el tema de la crucifixión: la liberación de Barrabás y la crucifixión de los dos ladrones. Respecto del primer tema hay que decir que la llamada costumbre (Mateo 27, 15) del Gobernador Romano de dejar en libertad a un condenado con ocasión de la Pascua, no es cierta, pues no existe base o fuente alguna que así lo demuestre, tanto más que aquello que la historia romana de esa época nos transmite es un Pilatos sanguinario e indolente, incapaz de amnistiar a un condenado como lo sugiere el Evangelio. En cuanto a los dos ladrones que son crucificados al costado de Jesús, es una parte por demás inverosímil y falsa de historia, pues no existía en el Derecho Romano pena de crucifixión para el ladrón.

Los cristianos creen que Jesús murió por los pecados de la humanidad. De esta forma, a través de la crucifixión, Jesús se convirtió en el "chivo expiatorio" del mundo. Timothy Freke & Peter Gandy, nos hacen el siguiente alcance:

Económica, México, 2000.
[221] Jung, Carl C., Psicología y Simbólica del Arquetipo, Editorial Paidos, Buenos Aires, 1977.

En la antigua Grecia, había una tradición de convertir a un individuo en particular en un ´chivo expiatorio´, quien simbólicamente se llevaba los pecados de la gente cuando era expulsado de la ciudad o muerto. A ese individuo se le denominaba ´pharmakos´, que simplemente significa ´hombre mágico´. Su persecución era claramente un evento religioso porque antes de su muerte era alimentado, con dineros públicos, con alimentos especialmente puros, era vestido con prendas sagradas y era envuelto con plantas sagradas. A través de su sacrificio los pecados de la ciudad eran borrados.

Osiris-Dionisos era un sagrado ´pharmakos´, quien, al igual que Jesús, murió para llevarse los pecados del mundo. El destino del ´pharmakos´ era que debía ser insultado, pegado y muerto, y los que caminaban el Vía Crucis hacia Eleusis para compartir la muerte sacrificial de Dionisos, eran igualmente pegados, insultados y aterrorizados por individuos enmascarados. En el Evangelio de Marcos, Jesús predice un destino similar para el Hijo del Hombre: ´Ellos van a burlarse de él y a escupirle y a darle latigazos y a matarlo´.

San Vicente de Paul escribe ´sin el derramamiento de sangre no hay perdón de los pecados. Jesús es representado como el ´Cordero de Dios.´ Los Cristianos hablan de ´volver a nacer´ a través de ser ´bañados en la sangre del cordero´. Esas metáforas hacen eco de los Misterios de Atis. [222]

Como hemos visto a lo largo de esta parte de la investigación, las ideas sobre el Salvador y Redentor ligado al sufrimiento y muerte expiatoria, eran muy comunes entre las religiones del panteón romano, y como lo demuestran C. Delisle Burns y Arthur Drews, también fueron aceptadas y practicadas por el pueblo judío contemporáneo a la época de la leyenda de Jesús. Las características de un Mesías representado dentro de los malhechores, con la calidad de hijo de Dios, Rey de los Judíos, muriendo con gran sufrimiento como víctima expiatoria de los pecados de la comunidad y luego resucitado para luego ascender al cielo para reencontrarse con Dios Padre, eran parte del quehacer cotidiano del pueblo judío.

---

[222] Freke Timothy & Gandy Peter, The Jesus Mysteries, op. cit., pág.53

Estas fueron ideas que mucho antes del Jesús de los Evangelios estaban diseminadas entre el pueblo judío, y por cierto a través de toda el Asia occidental. En ciertas sectas fueron acariciadas como doctrinas secretas y fueron la principal causa por la que precisamente en esta porción del mundo antiguo el Cristianismo se expandió tan temprano y con inusual rapidez. [223]

Un poeta egipcio expresaba: *"¿Lo han sacrificado? ¿Dicen que ha muerto por ellos? ¡Él no está muerto! ¡Él vive para siempre! Él está más vivo que ellos porque él es el místico del sacrificio. ¡Él es su Señor, vivo y joven para siempre!"* [224]

Muchos cristianos dirían que este poema se refiere a Jesús cuando en realidad se refiere a Osiris.

¿Cuándo se produjo la crucifixión de Jesús?

En el tema de la resurrección, como no podía ser de otra forma, los propios evangelios canónicos se contradicen entre sí, dando lugar a la duda y a todo tipo de conjeturas, pues ni siquiera hay coincidencia en cuanto a la fecha en que se produjeron los eventos. Para los evangelios sinópticos, la crucifixión se produjo pasada la pascua, mientras que para Juan ésta tuvo lugar antes de la pascua. Este sólo hecho pone en seria duda la veracidad de la historia, pues resulta inadmisible que no haya coincidencia ni siquiera en este tema tan fundamental.

En efecto, Juan 19, 14, respecto de la crucifixión dice: *"Era el día de la Preparación de la Pascua, hacia el mediodía".* (Juan 19, 14)

Mientras que los Evangelios Sinópticos sitúan la fecha después de la Cena de Pascua. (Mateo 26, 17-18; Marcos 14,12; Lucas 22, 14-15)

Para Gerald Massey, esta aparente contradicción tiene una explicación astroteológica:

---

[223] Burns C. Delisle y Drews Arthur, The Christ Myth, Bibliolife, Charleston, S.C., USA, pág. 87.
[224] Ibid, pág., 54.

El Evangelio de Juan trae una tradición tan diferente respecto de los Sinópticos que invalida la historia humana de ambos. Los Sinópticos dice que Jesús fue crucificado el día 15 del mes Nisán. Juan afirma que fue el 14 del mes. ¡Esta seria grieta llega hasta los propios cimientos! Como historia humana no puede ser explicada. Pero hay una explicación posible, que, de ser aceptada, prueba el Mito. La crucifixión era, y todavía es, determinada por la luna llena de Pascua. Ésta, en el cómputo lunar, sería el día 14 en un mes de 28 días; en el mes solar de 30 días, el cómputo daba el día 15 del mes. Ambas se unen y la grieta se cierra para probar que la Crucifixión era astronómica, tal como fue en Egipto, donde las dos fechas pueden ser identificadas. [225]

También se da una contradicción escandalosa en cuanto a la hora de la crucifixión. Para Marcos ésta se produjo a la nueve de la mañana (Marcos 15:25), mientras que para Juan Jesús recién fue sentenciado al mediodía (Juan 19:14). Nuevamente parece que cada evangelista estaba inventando detalles que sólo provenían de su imaginación.

Otras contradicciones relacionadas con el tema de la crucifixión.

Por lo que dicen Mateo 26:39, Marcos 14:36 y Lucas 22:42, Jesús oró al Padre para evitar la crucifixión, en cambió para Juan 12:27-28 pone en boca de Jesús lo siguiente: *"Ahora mi alma está turbada. ¿Diré acaso: Padre líbrame de esta hora? ¡Si precisamente he llegado a este hora con todo esto! Padre, ¡da gloria a tu nombre!"*

Según Mateo 26:36-46 y Marcos 22:42 Jesús oró tres veces al Padre para evitar la crucifixión. Según Lucas 22:39-46, sólo fue una vez.

Marcos 14:39 afirma que la segunda vez que Jesús se alejó para orar con el fin de evitar la crucifixión, repitió lo que dijo en la primera oración estos es: *"Abba, o sea, Padre para ti todo es posible, aparta de mi esta copa. Pero no se haga lo que yo quiero, sino lo que quieres tú".* (Marcos 14:36). En cambio según Mateo 26:42, *"De nuevo se apartó por segunda*

---

[225] Maxwell Jordan, Tice Paul y Snow Alan, Great Old Time Religión, op. cit. Capítulo escrito por Gerald Massey, bajo el título: Astroteología, pág. 9.

vez a orar: *Padre, si esta copa no puede ser apartada de mi sin que yo la beba, que se haga tu voluntad".*

Si como hemos visto en estos episodios Jesús se apartó para orar, ¿cómo podría alguien saber exactamente el contenido de la oración? ¿Fue el Espíritu Santo quien filtró el dato? Entonces habría que reclamarle por el hecho de haber dado distintas versiones a sus interlocutores.

De acuerdo a la versión de Mateo 27:46, estando en la cruz, antes de morir Jesús grito: *"Eli, Elí, lamá sabactani, que quiere decir: 'Dios mío, Dios mío ¿Por qué me has abandonado?* Ciertamente el lenguaje utilizado es griego. En cambio Marcos 15:34 afirma que la frase fue *"Eloí, Eloí, lamma sabactani"*, que es arameo. Simplemente incongruente.

Según Lucas 23:46 las últimas palabras de Jesús antes de morir en la cruz fueron: *"Padre, en tus manos encomiendo mi espíritu"*. Para Juan 19:30 lo que dijo fue: *"Todo está cumplido"*.

Para Juan 19:39-40 cuando Juan de Arimatea retiró el cuerpo de Jesús, *"también fue Nicodemo, el que había ido de noche a ver a Jesús, llevando unas cien libras de mirra perfumada y áloe. Tomaron el cuerpo de Jesús y lo envolvieron en lienzos con los aromas, según la costumbre de enterrar de los judíos"*. Para Marcos 15:46-47 *"José lo bajó de la cruz y lo envolvió en una sábana que había comprado, lo colocó en un sepulcro excavado en la roca he hizo rodar una piedra grande contra la entrada de la tumba, María Magdalena y María, la madre de José, estaban allí observando donde lo depositaban"*. Después *"Pasado el sábado, María Magdalena, María, la madre de Santiago y Salomé, compraron aromas para embalsamar el cuerpo"*. (Juan 16:1).

Según Mateo 28:1: *"Pasado el sábado, al aclarar el primer día de la semana, fueron María Magdalena y la otra María a visitar el sepulcro"*. Para Marcos 16:2 *"Y muy temprano, el primer día de la semana, llegaron al sepulcro apenas salido el sol"*. En el primer relato el sol aún no había salido; en el segundo el sol ya había salido; ¿a quién le creemos?

Qué decía el texto del cartel colocado sobre la cruz: *"Este es Jesús, el rey de los Judíos"*. (Mateo 27: 37); *"El rey de los judíos"*. (Marcos 15:26); *"Este es el rey de los judíos"*. (Lucas 23:38). *"Jesús el Nazareno, Rey de los Judíos"*. (Juan 19:19). Impresionante.

Descendió hasta los Infiernos...

Esta parte del mito no está en ninguno de los Evangelios Canónicos, pero si en el apócrifo Evangelio de Nicodemo, y en el Credo Católico, que dice:

*...descendió a los infiernos,
al tercer día resucitó de entre los muertos...*

Esta parte de la leyenda se agrega por los "inspirados Padres de la Iglesia" para poder sacar del infierno a todas las santas personas que durante siglos habían sido enviadas allí como consecuencia de la siniestra teoría del pecado original. ¡Increíble! Para el cristianismo, Dios permitió, en su divina misericordia que hubieran muchas personas que, no obstante su santidad, se quemaran en el infierno desde que Adán y Eva fueron expulsados del paraíso hasta que Jesús, varios miles de años después, fuera crucificado y con ello recién se expiaran los pecados de la humanidad. ¡Indigno de ser creíble!

En realidad Jesús bajó a los infiernos porque simplemente esto era parte del Mito. Siguiendo a T.W. Doane, los siguientes dioses también, a su turno, bajaron al infierno:

Crishna o Krishna de India.
Zoroastro de los persas.
Osiris/Horus de Egipto.
Adonis de los griegos.
Baco de los romanos.
Hércules de los griegos.
Mercurio de los romanos.
Baldur de los escandinavos.
Quetzalcóatl de los aztecas.

Por lo tanto, Jesús no hizo otra cosa que seguir los pasos de sus antecesores. Por supuesto, todo dentro del campo de la mitología.

Resurrección.

Aparentemente Jesús había expirado en la tarde del viernes, a las tres de la tarde según los Sinópticos (Mat. 27, 46; Mar. 15, 34; Luc. 23, 44-46). Una vez que a Pilato o Pilatos se le comunicó que Jesús estaba muerto, como ya lo hemos visto, ordenó que se entregara su cuerpo a José de Arimatea, quien lo bajó de la cruz, lo envolvió en una sábana, puso su cuerpo en un sepulcro excavado en la roca y lo aseguraron con una gran roca.

El sábado, de acuerdo a Mateo, los judíos *"fueron al sepulcro y lo aseguraron. Sellaron la piedra que cerraba la entrada y pusieron guardia".* (Mat. 27, 66)

El domingo, según Mateo, María Magdalena y la otra María, fueron a visitar el sepulcro, se produjo un violento temblor, un ángel hizo rodar la piedra de la entrada del sepulcro y les comunicó que Jesús había resucitado; en el camino de regreso se encontraron con Jesús. (Mat. 28, 1-10)

Para Marcos, fueron tres las mujeres que fueron al sepulcro: María Magdalena, María, la madre de Santiago y Salomé. Cuando llegaron ya encontraron que la piedra que cubría el sepulcro había sido retirada; vieron a un ángel sentado sobre el sepulcro que les comunicó que Jesús había resucitado. La primera aparición de Jesús sólo fue con María Magdalena. (Mar, 16, 1-9)

Para Lucas, María de Magdala, Juana y María, la madre de Santiago, acompañadas de otras mujeres, fueron al sepulcro, se encontraron que la piedra había sido movida y en lugar de un ángel se encontraron con dos hombres con ropas fulgurantes que les informaron que Jesús había resucitado. La primera aparición se produjo a dos de los discípulos camino a Emaús. (Luc. 24, 1-13)

Para Juan, la única que fue al sepulcro fue María Magdalena, encontró que la piedra había sido removida, en lugar de uno se encontró con dos ángeles y Jesús se le apareció a María Magdalena en el mismo sepulcro. (Juan 20, 1-17)

Los detalles de los relatos son tan distintos que quitan toda verosimilitud al hecho principal de la resurrección.

Además de estas supuestas apariciones de Jesús, los Cuatro Evangelios Canónicos hacen referencia a varias otras apariciones, no habiendo coincidencia alguna respecto de una versión con respecto a la otra. En los Hechos de los Apóstoles se dice que Jesús se dejó ver por sus apóstoles durante 40 días (Hechos 1, 3), ello contradice lo que manifiesta el mismo Lucas en su Evangelio en el sentido que Jesús sólo fue visto 2 o 3 días después de su resurrección (Lucas 24). Aquí no termina el asunto, pues Pablo, sin ser testigo de los hechos llega al extremo de afirmar que Jesús también se presentó a quinientos (500) hermanos y a él mismo (1 Cor. 15, 6-8); que además *"se apareció a Pedro y luego a los Doce"* (I Corintios 15:5), lo cual haría reaparecer en escena a Judas Iscariote. Todas estas versiones parecen como si se tratara de algún concurso para establecer quién podía ser más espectacular y exagerado en su relato.

Existe un hecho adicional que es necesario mencionar. Todas las apariciones que relatan los Evangelios se produjeron entre sus seguidores más cercanos, ninguna se produjo entre sus opositores judíos, ni los romanos u otra persona o grupo independiente, lo cual es sospechoso. Lo lógico habría sido que Jesús aprovechara la ocasión para aparecerse ante sus opositores y perseguidores, lo que habría tenido un efecto extraordinario. Al quedar el testimonio de la resurrección sólo entre los integrantes de la secta cristiana, pone en seria duda su autenticidad.[226]

En el Evangelio de Juan (20: 24 a 27), se relata el episodio del dubitativo discípulo Tomás, quien aparece afirmando: *"Hasta que no vea la marca de los clavos en sus manos, no meta mis dedos en el agujero de los clavos e introduzca mi mano en la herida de su costado, no creeré"*. Massey, trae a colación el hecho que el dios egipcio

---

[226] Este tema tiene la misma connotación de las llamadas apariciones Marianas. Hasta donde se sabe, supuestamente la Virgen María sólo se ha aparecido a grupos o comunidades católicas, lo que indica que no son verdaderas. Si tales apariciones fueran ciertas tendrían que haberse producido también en comunidades no católicas, salvo que estemos hablando de divinidades sectarias.

Tum, Tomos en griego, tiene un sus gemelos en *Hu* y *Ka,* llamados sus hijos, cuyos significados son sorprendentemente: *Saborear* y *Tocar.*[227]

¿Cuánto tiempo estuvo Jesús muerto? Si seguimos el texto de los evangelios, Jesús debió morir aproximadamente a las 3 de la tarde del viernes, y a más tardar debió haber resucitado a las 6 de la mañana del domingo siguiente. Esto hace que estuvo muerto un máximo de 39 horas, esto es un poco más de la mitad de los tres días y tres noches que, de acuerdo a la profecía, debía permanecer muerto. Por supuesto que no es nada raro encontrarse con algunos cristianos que sostienen que si la muerte se produjo un viernes y duró hasta el domingo siguiente, allí están los tres días. Este tipo de argumento es parte de los disparates que utilizan los borregos ciegos que no han leído o no quieren leer el texto claro de Mateo 12, 38-40:

Entonces algunos maestros de la Ley y fariseos le dijeron; Maestro, queremos verte hacer un milagro. Pero él contestó: Esta raza perversa y adúltera pide una señal, pero solamente se le dará la señal del profeta Jonás. Porque del mismo modo que Jonás estuvo tres días y tres noches en el vientre del gran pez, así también "el Hijo del Hombre estará tres días y tres noches en el seno de la tierra".

Finalmente deseo resaltar una nueva contradicción: ¿Jesús ascendió al paraíso el mismo día de su muerte o después? Según Lucas 23:43 fue el propio Jesús quien aseguró que estaría en el paraíso ese mismo día y se lo dijo a uno de sus compañeros de crucifixión *"En verdad te digo que hoy mismo estarás conmigo en el paraíso";* en cambio en Juan 20:17, es el mismo Jesús que desmiente la primera versión pues aparece (algunos días después de la resurrección) diciendo a María *"...aún no he subido al Padre."* ¿En qué quedamos?, o será que Jesús le dijo al buen ladrón una mentira piadosa, lo cual no sería digno del supuesto hijo de Dios.

La Ascensión.

En realidad nunca se produjo por dos razones muy sencillas:

1. Si hubiera sido cierta se habría tratado del hecho más espectacular

---

[227] Massey, Gerald, The Historical Jesus and the Mythical Christ, op. ci., pag. 103

y extraordinario del que la humanidad haya sido testigo,[228] lo que hace imposible que Mateo y Juan, de ser cierta la ascensión, pudieran haber dejado de mencionarla en sus respectivos Evangelios. Si tenemos en cuenta que los últimos versículos del Evangelio de Marcos son considerados apócrifos por tratarse de una interpolación tardía, pues el texto del evangelio de Marcos originalmente terminaba en el Capítulo 16:18, sólo Lucas[229] hace mención a este grandioso hecho. Esta sola observación hecha por tierra la veracidad de la ascensión.

2. El asunto como está relatado en el Evangelio de Lucas es por demás absurdo, ya que no se puede ascender al cielo en cuerpo y espíritu, pues el cuerpo es terrenal y no puede tener cabida en el cielo, lo que fue enseñado por el propio Jesús. Además aquello que Jesús *"se sentó a la diestra de Dios"*, es un hecho imposible de haber sido presenciado. Este texto también ha sido rechazado por otros estudiosos como Westcott y Hort.[230] Para el Rev. J.R. Dummelow, incluso el Evangelio de Lucas (Luc. 24:50-51), en esta parte, también es una falsificación posterior.[231] Graham es del mismo criterio, señalando que en ambos casos se trata de un post scriptum.[232]

Como ya hemos dicho, también llama la atención la gran diferencia de fechas. Para Lucas la ascensión se produjo tres días después de la resurrección, mientras que para el mismo Lucas en los Hechos de los Apóstoles, 40 días después de la resurrección. En cambio para Marcos, todo se produjo en un solo día (Marcos 16:9-19). En el Evangelio de Mateo no se menciona en absoluto, lo que implica que la llamada ascensión jamás se produjo, pues de haber sido cierto no podría haber sido soslayada por el evangelista que con más detalle se ocupa de la vida de Jesús.

---

[228] Sólo se sabe de otra ascensión, que corresponde a Elías.
[229] Algunos manuscritos no contienen el párrafo de Lucas 24:51 ("y fue llevado al cielo. Ellos se postraron ante él), es por esta razón que la versión RSV de la Biblia no lo consigna y en otros casos, como la versión Latinoamericana, escribe el párrafo entre paréntesis).
[230] Westcott, Brooke Foss, A General View of the History of the English Bible, Londres, Macmillan & Co., 1868.
[231] Dummelow, J.R., Commentary of the Holy Bible, Londres, Macmillan & Co., 1917, pág. 769.
[232] Graham, Lloyd, Deceptions and Myths of the Bible, Citadel, 1991, págs. 359-60.

Estas contradicciones hacen que Ruth Hurmence Green[233], escriba el siguiente comentario:

La impresión que dejan los Evangelios es que, si la ascensión se produjo, ésta ocurrió poco después de la resurrección, cualquier tiempo entre el mismo día a algo como dentro de dos semanas. Durante el tiempo que Jesús está apareciendo y desapareciendo, los discípulos parecen estar ya sea ocultándose y habían regresado a sus actividades cotidianas, comiendo, caminando y pescando juntos (ninguno había tenido una ocupación remunerada durante meses y hacía mucho tiempo que habían abandonado a sus familias). Siete semanas deben pasar hasta que se predica el primer sermón, pero no hay ningún plan sobre el tapete.
Por sus diversas reacciones, es obvio que ni por un minuto creyeron con sinceridad que volverían a ver a Jesús desde el momento en que estuvo reposando en la tumba, pues están 'terrificados' y 'escépticos' cuando él se presenta ante ellos. Prefieren proteger su pellejo antes de estar a la expectativa de su regreso al mundo de los vivos. Hay muy poco que admirar de su comportamiento, y los lectores no pueden dejar de sentir que Jesús habría sido mejor servido por sus seguidoras mujeres. El comportamiento de los discípulos debe haber sido para él una gran decepción considerando que habían estado en su confianza durante varios meses y que ahora deberían estar desarrollando su ministerio. No obstante que los discípulos son caracterizados más tarde como hombres de coraje y que se rumorea que sufrieron el martirologio, ciertamente les toma un tiempo para comenzar a jugar al héroe, y los lectores se encuentran a sí mismos en la situación de sentirse apenados por Dios (Jesús).

...

Cuando todo está dicho y hecho, se da una conclusión inescapable, y es que los discípulos no reaccionan a la resurrección ni luego a la ascensión en la forma que uno esperaría que reaccionen. Están relativamente impresionados. No se lo dicen a nadie, no están tentados a

---

[233] Hurmence Ruth Green, The Born Again Skeptic's Guide to the Bible, Freedom from Religion Foundation, Madison, Wisconsin, USA, 1979, pags. 222-223.

decírselo. Nadie lo comunica a los escribas y Fariseos. Nadie le avisa a la madre de Jesús. Nadie dice: Wow. Nadie celebre. Nadie dice: te lo dije y aparentemente no creen que Jesús se los anticipó con mucha antelación. No reúnen a una multitud para la ascensión. I si ahora están convencidos de lo que Jesús les dijo acerca de su segunda venida es verdad y que sucederá pronto, ¿porque están perdiendo tiempo y no tratan de salvar a los judíos (por lo menos a ellos) del infierno? Especialmente si Jesús les dio el poder de perdonar los pecados. ¿No tendrán algún amigo, familia o gente a la que aman a los que quisieran ver en el cielo?

Para Acharya: "estas discrepancias son explicables no como historia sino dentro del mito, y representan la resurrección lunar en el equinoccio otoñal y la solar en el equinoccio vernal". [234]

Churchward, citado por Acharya, es concluyente al afirmar que:

Jesús asciende en el Monte de los Olivos, pero no en el monte localizado al este de Jerusalén. El Monte de los Olivos con los egipcios era la montaña de Amenta. Se le llama el Monte Bakhu, "el monte del olivo", donde el nuevo amanecer se representa con este árbol en vez del sicomoro. El Monte de Bakhu, el monte del árbol del olivo, era el camino de ascenso para el Salvador resucitado cuando salía de Amenta hacia la tierra de los espíritus en el cielo. [235]

Lo más probable es que el tema de la resurrección y ascensión a los cielos fue aportado por Pablo y/o los primeros Padres de la Iglesia, para darle a la nueva religión el carácter místico de las otras religiones que prevalecían en su época. El nuevo Dios creado por Pablo: Jesucristo, para tener cabida en el mercado religioso de la antigüedad, no podía ser menos que los dioses de la competencia, y no le quedó otro camino que hacerlo morir y resucitar para la expiación de los pecados. Como lo dice acertadamente Dujardin:

La palabra resurrección significa hoy el retorno de la muerte a la vida, pero la resurrección de dioses nunca toma la forma de un simple retorno a la vida a la manera de Lázaro. En las religiones

---

[234] Acharya S., La Conspiración de Cristo, op. cit. 345.
[235] Idem., op. cit. pag. 344.

primitivas la resurrección expresa un nuevo comienzo análogo al de la naturaleza en primavera, y normalmente está relacionado con la renovación de la vegetación y las especies. Pero no sólo es un nuevo comienzo, también es una nueva renovación. En el sacrificio de Eliminación, el dios vuelve a la vida rejuvenecido de nuevo. Así pues, la resurrección es la consumación –o más bien el objeto- del sacrificio; se mata al dios con el fin que pueda volver de nuevo a la vida regenerado... Dionisos y Osiris renacen, y son renovados y también glorificados; muertos para la vida terrestre, reviven para la vida divina... El dios muere y vuelve a la vida sólo en la medida en que a través de él la sociedad humana puede renovarse a sí misma. [236]

Pablo antes de caerse del caballo en el camino a Damasco adoraba a un Dios pagano, por ello conocía perfectamente cuales eran las características que debía tener el nuevo movimiento religioso que estaba creando, las mismas que no necesariamente provenían de Jesús a quien, dígase de paso, nunca conoció y al que tampoco parece referirse en sus cartas.[237]

Efectivamente si estudiamos las religiones paganas encontraremos que el tema de la muerte, resurrección y ascensión de los respectivos salvadores es un hecho característico de todas ellas.

"Krishna, el Salvador Hindú crucificado, resucitó de los muertos y ascendió con su cuerpo al cielo". [238]

Samuel Johnson, citado por T.W. Doane, nos informa que Rama, una de las encarnaciones de Visnú, después de su manifestación en la tierra, *"al final ascendió al cielo"* retomando su esencia divina... *Por las bendiciones del nombre de Brama y a través de previa fe en él, todos los pecados son remitidos, y todos los que pronuncien su nombre al morir, con sincera adoración, serán perdonados".* [239] *"Buda también ascendió con su cuerpo a las regiones celestiales del cielo cuando terminó su obra en la tierra... Por las*

---

[236] Dujardin, Edouard, citado por Acharya S., La Conspiración de Cristo, op. cit., pág. 344.
[237] Doherty Earl y otros modernos estudiosos están convencidos que, salvo un par de agregados o interpolaciones posteriores, las cartas de Pablo se refieren a un Cristo alegórico y no histórico.
[238] Doane T.W., op.cit., pág. 215.
[239] Doane T.W., op. cit., pag. 216.

oraciones hechas en su nombre, sus seguidores esperan recibir la recompensa del paraíso y finalmente convertirse uno con él, de la misma forma que él se convirtió en uno con la Fuente de Vida". [240] *"Osiris, el Salvador Egipcio, después de haber sido muerto, resucitó de entre los muertos, llevando el nombre de El Resucitado".* [241]

El Profesor Mahaffy, de la Universidad de Dublín, citado por T.W. Doane, observa que: *"La Resurrección y reinado sobre un reino eterno, por una deidad encarnada mediadora, nacida de una virgen, era un concepto teológico que prevaleció en la más antigua religión egipcia".* [242]

El mismo T. W. Doane resalta que:
Los antiguos egipcios celebraban anualmente, al comienzo de la primavera, por el tiempo en que los cristianos celebran la Pascua, la resurrección y ascensión de Osiris. Durante estos misterios, los sufrimientos y trágica muerte del Salvador eran celebrados con una especia de drama, en el que se exhibían todos los detalles, acompañados por bulliciosas lamentaciones y todo tipo de sentimentalismo. Durante este tiempo su imagen era cargada en una procesión, cubierta – como se hacía en los templos – con velos negros. El 25 de marzo su resurrección de la muerte era celebrada con gran festividad y regocijo. [243]

Han transcurrido tantos miles de años y seguimos escenificando los mismos dramas y procesiones. Sólo hemos reemplazado los faraones y sacerdotes egipcios por las autoridades y hermandades católicas de nuestros engañados pueblos, quienes en la práctica no hacen otra cosa que repetir tales prácticas paganas.

Si investigamos un poco el tema, nos daremos con la gran sorpresa de encontrar que hasta la costumbre de regalar o intercambiar los coloreados huevos de pascua tiene su remoto origen en la cultura egipcia. El huevo, siempre simbolizó la renovación de la vida.

---

[240] Ibid.
[241] Ibid. Pag. 221.
[242] Ibid,
[243] Ibid.

No vamos a entrar en mayores detalles, pero aparte de los nombrados, existe record de otros salvadores que fueron muertos, resucitaron y ascendieron al cielo, tales como:

Lao-Kiun
Zoroastro
Esculapio
Adonis.
Tammuz
Baco
Hércules
Baldur
Quetzalcóatl

Hay que decir que la muerte, resurrección y ascensión del hijo de Dios es un tema del simbolismo de todos los grandes movimientos religiosos y esotéricos de la humanidad. Como ha sucedido con el resto del mito, la Iglesia, más preocupada por la historicidad de estos acontecimientos ha olvidado aquello que debió ser la parte más importante de la enseñanza: el significado de dicho simbolismo.

Los Gnósticos consideran que todo ser humano viene al mundo trayendo en su interior una *"semilla de divinidad"*, que eventualmente se puede transformar en el *"cristo"*. Como toda semilla, esta *"semilla de divinidad"* requiere de agua para poder germinar (el simbolismo del bautizo). Todas las semillas que existen en la naturaleza, para dar paso a la nueva vida, primero tienen que morir. Expliquémonos: si tomamos el ejemplo de la semilla del durazno, que es la pepa del interior del fruto, cuando la plantamos y le echamos agua la pepa no crece volviéndose más grande; lo que sucede es que la pepa se transforma, *"muere"* como tal para dar paso a una *"nueva vida"*, que es el producto del proceso de germinación, esto es, un nuevo árbol de durazno, que *"asciende"* en ese proceso que algún día producirá sus frutos. Dentro de este simbolismo, la muerte y resurrección no son más que el proceso por el cual la nueva vida es la consecuencia de la muerte, no existiendo sacrificio más grande que la muerte con ocasión de producir *"nueva vida"*, todo ello en un ciclo perenne de muerte-resurrección-ascensión que posibilita el *"regreso a casa"*. Este tema lo explicaremos al final de este capítulo.

Otros temas importantes.

"Yo y el Padre somos la misma cosa". Esta afirmación que contiene el versículo 10, 30 del Evangelio de Juan tiene el indiscutible origen en la religión egipcia, donde Osiris y Horus son uno y dos a la vez. Osiris de acuerdo a esta mitología volvía a nacer periódicamente bajo la forma de Horus.

De dónde proviene el nombre de Jesús.

El aporte de Murdock al respecto es muy interesante:

La palabra ´IE´ encontrada en el santuario de Delfos se refiere al hijo del dios Apolo. Es bastante conocido que a Dionisio se le dio, antes de nuestra era, el epíteto de ´IES´. Con el término latino ´us´, la palabra se convierte el Iesus, o Jesús. Es aparente que el dios (solar) de curación ya se le llamaba Ieios, Iesios o Jesús antes de la era cristiana, es también evidente que prácticamente todos los dioses poderosos del Imperio Romano y más allá fueron principalmente dioses solares o poseían atributos solares. [244]

Yo soy el Alpha y la Omega.

En la India, Khrisna dice: *"Yo soy la letra A, yo el comienzo y el final"*. [245]

EL Paracleto

Como lo comenta Tom Harper, el Buda, cuando se preparaba para partir, promete -del mismo modo que después lo hizo Jesús- enviar al Paracleto, *"incluso el espíritu de verdad que guiará a todos sus seguidores a la verdad"*. [246]

La sangre de Jesús cura

Así es la afirmación de los cristianos. Del mismo modo la sangre de Isis también cura.

---

[244] Acharya S, op. cit. "Suns of God", pág. 69
[245] Harpur Tom, The Pagan Christ, op. cit., pag. 221, cita 4 del Tercer Capítulo.
[246] Harpur Tom, op. cit., pág. 32.

"Los grandes Códices del Libro de Los Muertos escritos durante la XVIII dinastía, prueban que la sangre de Isis se creía que poseía mágicos poderes protectores..."

"Ha sido siempre asociado con el CLVI capítulo del Libro de Los Muertos, el cual es frecuentemente citado, que dice:

"La sangre de Isis, y la fuerza de Isis, y las palabras de poder de Isis serán poderosas para actuar como poderes para proteger ese gran y divino ser; y para guardarlo de aquel que podría hacer en él cualquier cosa abominable". [247]

El Camino, la Verdad, la Vida.

"Es una creencia cristiana que la vida e inmortalidad fueron traídas a la luz, y que la muerte, el último enemigo, fue destruido por un Jesús personal sólo 2 mil años atrás. La misma revelación fue atribuida a Horus, el ungido, por los menos 3 mil antes". [248]

Tuve hambre...

En las escrituras egipcias, la persona fallecida dice: "He dado pan al hambriento y agua al sediento y vestido al desnudo y bote al naufrago". [249]

Conclusión.

La primera conclusión que salta a la vista al revisar los Cuatro Evangelios es comprobar la abrumadora cantidad de contradicciones que existen entre ellos; prácticamente no existe un solo tema en el cual los cuatro estén de acuerdo, lo que echa por tierra que se trate de escritos "inspirados" por Dios o por el Espíritu Santo. Bien dice Pepe Rodríguez:

---

[247] Budge, citado por Murdock, op. cit. Christ in Egypt, pág. 287.
[248] Churchward Albert, Horus: The Way, The Truth, The Life; artículo publicado en la compilación The book Your Church Dooesn´t want you to read, Tim C. Leedom, Truth Seeker, California,, USA, 2003, pág.13.
[249] Harpur Tom, op. cit., pág. 74.

No hace falta ser ateo o malicioso para llegar a la evidente conclusión que estos pasajes no pueden tener la más mínima credibilidad, No hay explicación alguna para la existencia de tantas y tan graves contradicciones en textos supuestamente escritos por testigos directos -y redactados dentro de un periodo de tiempo de unos treinta a cuarenta años entre el primero (Mateo) y el último (Juan)-, e inspirados por Dios..., salvo que la historia sea una pura elaboración mítica, tal como ya señalamos, para completar el diseño de la personalidad divina de Jesús asimilándola a las hazañas legendarias de los dioses solares jóvenes y expiatorios que le habían precedido, entre los que estaba Mitra, su competidor directo en esos días, que no sólo había tenido una natividad igual a la que se adjudicara a Jesús sino que también había resucitado al tercer día. [250]

En las páginas precedentes nos hemos dado el trabajo de analizar uno a uno los hechos principales que contienen los Evangelios. El objetivo ha sido verificar si tales hechos, inclusive dichos, atribuidos a Jesús, son originales del Salvador Cristiano o, por el contrario se trata de "préstamos" tomados de otras religiones, de interpolaciones, textos "manoseados" o simplemente falsificaciones realizadas con el doloso propósito de acomodar la leyenda para darle historicidad a un Jesús que nunca existió. Después del descarte, poco o casi nada ha quedado como propio y original de Jesús y del movimiento creado en su nombre. Al final, ha quedado demostrado que los Evangelios son una simple recopilación de mitos y leyendas copiadas de otras religiones, que trata de contar una historia que no puede ser creída no solamente porque ya era un refrito, sino que es absolutamente contradictoria entre las versiones de cada uno de los evangelistas, cuando no absurdas y, en muchos casos, evidentemente manipuladas y forzadas para amparar tozudamente la más grande estafa de la historia de la humanidad.

La opinión de Walker también es contundente:

En efecto, cada detalle importante del mito cristiano fue evidentemente tomado del fondo común de los cuentos de los dioses solares conocidos a través de Eurasia por muchos siglos antes de la era cristiana: el engendrado dios nacido en el solsticio de una virgen de descendencia real; los regalos de los reyes magos,

---

[250] Rodríguez Pepe, op. cit., pág. 213.

el bautizo, tentación en el desierto, milagros de sanación, multiplicación de los panes y de los peces, conversión del agua en vino, resurrección de los muertos, caminar sobre el agua, prédicas y parábolas, todas plagiadas; la unción en perfume por una sacerdotisa (María de Magdala); la última cena con discípulos, la crucifixión equinoccial entre otros dos, con flagelación, herida en el costado; entierro en un tumba nueva; resurrección y la promesa de un retorno triunfal; el juicio final y dicha eterna para los creyentes. Todas vinieron de las historias de dioses paganos y héroes. Los estudiosos no han encontrado virtualmente ni una sola frase original en los Evangelios que no puede ser remontada a una más antigua raíz pre cristiana. [251]

La afirmación que los Evangelios constituyen una actualizada versión de los mismos mitos y doctrinas de otras religiones, ya era un tema que se discutía en la misma época de formación del credo cristiano. Baste, recordar lo que afirmaba Celso:

"Muchas de la naciones del mundo tenían doctrinas similares a las expuestas por los Cristianos. Esto conduce a algunos pensadores a concluir que existe una fuente original de las varias opiniones que pretenden ser la 'verdadera' doctrina [religiosa]". [252]

"Muchas de las ideas de los Cristianos han sido mejor expresadas – y antes – por los griegos, quienes sin embargo fueron suficientemente modestos para abstenerse de afirmar que sus ideas vinieron de un dios o hijo de Dios". [253]

Cuenta el misionero Giorgi, citado por Pepe Rodríguez, una interesante experiencia en el Tíbet:

Cuando observé que este pueblo ya poseía un dios bajado del cielo, nacido de una virgen de familia real, y muerto para redimir al género humano,

---

[251] Walker Barbara G., op. cit., pág. 131-132.
[252] Hoffmann, R. Joseph (traductor), Celsus On the True Doctrine, Oxford University Press, New York 1987, pág. 55.
[253] Idem, pág. 91.

mi alma se turbó y permanecí muy confuso. Puedo añadir que los tibetanos contestaron los ofrecimientos de los misioneros, diciendo: ¿Para qué nos vas a convertir al cristianismo? Si ya tenemos unas creencias idénticas a las vuestras, y que además son mucho más antiguas.[254]

No cabe duda que en general el relato de los Evangelios es la transcripción del *Mitos universal*, pues existe una fuente común, con algunas variantes no significativas:

- Todos los dioses encarnados salvadores nacieron en circunstancias extraordinarias a través de una virgen.
- Sus nacimientos fueron anunciados por eventos grandiosos.
- Los monarcas que ven en peligro su reino trataron sin éxito de deshacerse de ellos a temprana edad.
- Desaparecen entre los doce y treinta años.
- Recibieron el bautizo y luego comienzan su vida pública.
- Son tentados por el maligno.
- Enseñan a la gente.
- Realizan prodigios, maravillas y milagros.
- Instituyeron la Eucaristía.
- Son injustamente perseguidos y sentenciados a muerte.
- Su muerte se produjo en las circunstancias más atroces, produciendo acontecimientos naturales jamás vistos.
- La muerte de los dioses salvadores permitió la expiación de los pecados de toda la humanidad.
- Visitaron el infierno y resucitaron después de tres días.
- Finalmente ascienden al cielo a reunirse con su Fuente.

La evidencia es concluyente, se trata del mismo arquetipo que ha venido desarrollando la humanidad a través de todas las religiones. Detrás de este Mito hay un mensaje oculto, una enseñanza que quiere ser transmitida a los que tienen capacidad de entenderla. El cristianismo quiso matar el Mito y apropiarse del Cristo, pero eso es y será siempre una tarea imposible, pues como se dice la mentira es un animal de patas cortas, aunque en este caso ya ha sobrevivido más de dos milenios.

---

[254] Rodríguez Pepe, op. cit., pág. 138.

En realidad los Evangelios, y en general la Biblia, no viene a ser otra cosa que la recopilación de mitos, leyendas y alegorías "prestadas" de las religiones llamadas paganas, que contienen un significado oculto que, para ser descifrado, se requiere de claves cuyo conocimiento siempre estuvo reservado a un pequeño grupo. En el caso del Cristianismo, quienes poseían dichas claves eran los Gnósticos, que por su fidelidad a la verdad a la larga fueron expulsados del grupo, y con ello el Cristianismo perdió la llave de interpretación del mito.

El Cristo, el Hijo de Dios que tomó forma humana y vino al mundo para redimir los pecados de la humanidad, es un mito creado por el hombre para representar el ideal de un ser humano perfecto. Comenzó a venir al mundo miles de años antes de Jesús y se constituyó en el prototipo mítico de aquello que el ser humano podría llegar a ser si orientaba sus pasos hacia la perfección de su lado espiritual. Los iniciados o instruidos en estos temas sabían que todo ello formaba parte de un mito y ninguno de ellos pretendió jamás darle historicidad. Al comienzo de nuestra era, los gnósticos sabían la verdad y por ello fueron perseguidos por la Iglesia durante cinco siglos. El Gnosticismo prácticamente desapareció como movimiento religioso-filosófico, pero hasta hoy ha llegado su enseñanza, que corrobora la realidad del fraude del cristianismo.

Como dice David Fideler:

En su valor nominal, hay muchas cosas no razonables de las creencias del Cristianismo primitivo y como se fue desarrollando la iglesia; los individuos que poseían las claves de interpretación, los gnósticos fueron expulsados por las autoridades eclesiásticas. Históricamente hablando, en la medida que el Cristianismo se desarrolló, pudo haber abrigado y santificado la clásica búsqueda del conocimiento y aprendizaje, cosa que persiguieron varios de los primeros padres de la iglesia. Sin embargo, la iglesia terminó convirtiéndose en el cuerpo político que encontró más expeditivo enfatizar creencias incuestionables en dogma en lugar de los principios del libre pensamiento. Uno de los padres de la iglesia proclamó que él creía en las enseñanzas de la iglesia "por la misma razón que eran absurdas".[255]*Irineo, el obispo que escribió en contra de los gnósticos, aseguraba que el pan y el vino literalmente se transformaban en el cuerpo y sangre de Jesús, y que al alimentarse de estas sustancias nuestros propios cuerpos físicos milagrosamente se transformaban a un estado inmortal.*[256]*La creencia de Pablo en una completa vida espiritual después de la muerte contrastaba dramáticamente a las visiones materialistas de posteriores padres de la iglesia que insistían en una literal resurrección física de los muertos.* [257]

Finalmente debe decirse que los Evangelios fueron escritos por seres humanos que conocían el *Mitos*, que no fueron inspirados por ningún espíritu santo u otro poder sobrenatural, pues de haberlo sido necesariamente habrían producido historias idénticas o por lo menos similares. Tales personas, adoptaron un mismo patrón, que comenzaba con la concepción inmaculada de una virgen y terminaba con la muerte, resurrección y ascensión del hijo de dios salvador; agregaron, los milagros, dichos y parábolas de una fuente común, conocida en general por todos los movimientos religiosos, y finalmente "adornaron" sus narraciones con inspiración propia, que es la única explicación respecto de la notable falta de armonía entre los cuatro textos. Los Evangelios y demás libros del Nuevo Testamento no terminaron de ser escritos por sus autores originales; fueron manoseados dolosamente, mutilados, corregidos y tergiversados por la Iglesia a través de su funesta y larga historia para respaldar intereses contrarios a la esencia misma del mensaje del Cristo universal.

¿Cómo es posible que haya podía sobrevivir el engaño por tanto tiempo? Rápidamente, la iglesia se convirtió en un poder terrenal, por mucho tiempo el "imperio" más poderoso de la tierra, que en gran medida dio lugar a la formación de los estados occidentales modernos, proclamados cristianos. En algún momento del camino encontraremos que ya no solamente es un asunto de privilegiar la verdad y honestidad del pensamien-

---

[255] Así se expresaba Tertuliano. Por su parte San Agustín llegó a decir: "Yo no creería en el Evangelio si la autoridad de la Iglesia Católica no me obligara a ello". Ver Angus, Religious Quests of the Graeco-Roman World, pág. 116.
[256] Angus, op. cit. págs. 143-167.
[257] Fideler David, op. cit. págs. 17-18.

to, sino que intervienen otros factores crematísticos y de supremacía o equilibrio de poderes mundanos internacionales, y aquí estamos frente a otro problema más difícil de resolver.Pero, tarde o temprano, el momento llegará.

Así como sabemos que no existe el "crimen perfecto" porque la verdad, tarde o temprano, prevalecerá El desciframiento de la Piedra Rosetta, y con ello la posibilidad de leer y entender los jeroglíficos egipcios, los Manuscritos del Mar Muerto, los Evangelios Gnósticos, entre otros descubrimientos relativamente recientes, nos están permitiendo conocer la historia verdadera del cristianismo.

Lamentablemente, este no es un tema de carácter "popular", pero poco a poco va creciendo el número de estudiosos que valientemente denuncian el engaño. Este libro es un aporte a ese diálogo.

Es hora de explicar el Mito:

Todos los seres humanos venimos al mundo trayendo dentro de nosotros una semilla de divinidad, una parte de Dios que está encarnada en nuestro ser y que no es materia.

Esta semilla no es producto humano. Su origen es "celestial", completamente inmaterial. Viene con la pureza simbolizada en una virgen y se aloja en el "pesebre" de nuestro ser. Su carácter es en extremo humilde pues no hará nada -la semilla- para germinar por si misma.

Si bien todos los seres humanos venimos al mundo con esa semilla de divinidad, no todos nos daremos cuenta de su presencia. La gran mayoría de seres humanos mueren sin tener idea de aquello que tenemos en nuestro interior. Para darnos cuenta de su presencia y desatar su potencial será necesaria una "chispa", un acontecimiento extraordinario que remueva nuestra esencia y nos confronte al espíritu.

Para ello necesitamos el agua del "bautizo", que al individuo -en pleno goce de su consciencia- le permita entender y saborear la existencia de una naturaleza espiritual dentro de nosotros mismos. Así como no existe ninguna semilla que pueda transformarse por "generación espontánea", nuestra semilla interior requiere "agua" para germinar. Del mismo modo que no hay semilla que pueda germinar si antes no muere en su estado anterior, del mismo modo, para dar este salto cualitativo, debemos morir en la materia.

Para que la semilla brote y dé fruto no sólo basta con sembrarla en tierra fértil y echarle agua. Entre ese momento y el momento que el brote sobresalga visiblemente de la tierra transcurre un misterioso tiempo en el cual sucede, en el interior de la tierra, un proceso que no vemos. Esa transformación de la semilla en brote, no es un proceso sencillo; la naturaleza se rompe, hay dolor, sufrimiento, es el parir de la madre tierra, es un proceso oculto en la oscuridad de lo profundo. Como que hay tribulación, incertidumbre pues no se sabe si habrá o no nacimiento y con ello el fruto que asegure la continuación del ciclo vital. Se trata también de un tiempo de ayuno, pues mientras el brote no aparezca visiblemente sobre la tierra no habrá alimento. Si la semilla logra llegar hasta el "día 40" (este tiempo varía dependiendo del tipo de semilla, pero 40 es un número promedio)[258], quiere decir que el brote tiene la suficiente fuerza para que tenga vida propia. El sembrador ha venido y "...*parte de la semilla cayó al borde del camino. Vinieron las aves y se la comieron. Otra parte cayó en terreno pedregoso, donde no había mucha tierra, pero, cuando salió el sol se agostó y se secó porque no tenía raíz. Otra parte cayó entre cardos, pero los cardos crecieron, la ahogaron y no dio fruto. Otra parte cayó en tierra buena y creció, se desarrolló y dio fruto: treinta, sesenta y hasta ciento por uno*". (Marcos 4: 1-8).

A todos nos llega el mensaje, pero no todos entienden, pues:

Por mucho que miran, no ven; por más que oyen, no entienden..." (Marcos 4, 12)

Lo que el sembrador siembra es la Palabra de Dios; los que están a lo largo del camino cuando se siembra, son aquellos que escuchan la Palabra, pero en cuanto la reciben viene Satanás y se lleva la palabra sembrada en ellos.

Otros reciben la palabra como un terreno lleno de piedras. Apenas reciben la palabra, la aceptan con alegría, pero no se arraiga en

---

[258] Si desea comprobar este dato, la siguiente página web puede serle útil: http://www.cotton-experts.com/=file:Literature/11281143059431510ac83d1407124491/pdf.

ellos y no dura más que una temporada; en cuanto sobreviene alguna prueba o persecución por causa de la Palabra, al momento caen.

Otros la reciben como entre espinos; éstos han escuchado la Palabra, pero luego sobrevienen las preocupaciones de ésta vida, las promesas engañosas de la riqueza y las demás pasiones, y juntas ahogan la Palabra que no da fruto.

Para otros se ha sembrado en tierra buena. Estos han escuchado la palabra, le han dado acogida y dan fruto; unos el treinta por uno, otros el sesenta y otros el cien". (Marcos 4, 14-20)

La semilla que cayó al borde del camino se refiere a aquellos que conscientemente optaron por alinearse en el lado de la oscuridad, tienen su corazón lleno de maldad y no quieren ver la luz y la verdad; la semilla que cayó en suelo pedregoso se refiere a aquellos que están en el limbo, no hacen daño pero tampoco están interesados en dar el salto, temen conocer la luz y la verdad porque prefieren aferrarse a lo que tienen, son los borregos que llenan por inercia las iglesias, los tibios a que se refiere Apocalipsis 3:15-16[259]; la semilla que cayó entre cardos se refiere a los que prefieren gozar plenamente la vida material ahora y piensan que el dinero lo puede todo, gozan en el ahora y no están dispuestos a correr riesgos; finalmente están los menos, los que intuyen que hay luz y verdad en el otro lado, que intuyen el engaño y falsedad de las iglesias y están dispuestos en dar el salto, y con sacrificio buscar el desarrollo del espíritu, son los que saben que estamos ahora sólo de visita y tenemos todo el derecho de regresar a casa, al reino de Dios. Este es el tiempo de la tentación y el ayuno, si llegamos al final, sobrevivimos los "40 días", el espíritu habrá triunfado sobre la materia (la semilla ha brotado y ya tiene vida propia) y se habrá iniciado un camino vertical, ascendente, el camino de regreso a casa.

Hasta ahora hemos pasado por el nacimiento en la "tierra" y en el "agua". Viene ahora, el nacimiento en el "aire". La semilla se ha transformado, ha dejado su naturaleza anterior y ha germinado, ve la luz e inicia un largo proceso de crecimiento y eventualmente se convertirá en un árbol

---

[259] "Yo conozco tus obras, que ni eres frío ni caliente. ¡Ojala fueres frío o caliente! Pero por cuanto eres tibio, y no frío ni caliente, te vomitaré de mi boca".

frondoso que dará frutos. Del mismo modo, el ser humano al haber "nacido de nuevo en el espíritu", comienza un proceso de crecimiento que no es automático ni garantizado; requiere de mucho esfuerzo y perseverancia para llegar al final del camino. En este proceso el ser humano está llamado a enseñar, a compartir la verdad y "dar fruto", el cual será la única medida de su grandeza.

Y, al final, así como llega la hora en que la espiga debe ser cortada de la tierra para que con su muerte de paso a nueva vida, nosotros también tendremos que entregar nuestra vida para que regresando a nuestra esencia natural permitamos el renacimiento de nueva vida.

"Así es el reino de Dios, como cuando un hombre hecha semilla en la tierra, y duerme y se levanta, de noche y de día, y la semilla brota y crece sin que él sepa cómo. Porque de suyo lleva fruto la tierra, primero hierba, luego espiga, después grano lleno en la espiga; y cuando el fruto está maduro, en seguida se mete la hoz, porque la siega ha llegado".

Lo que han tratado las religiones, especialmente el Cristianismo, a lo largo de su existencia, es reemplazar esa "toma de consciencia" del Cristo interior con una serie de ritos, dogmas y doctrinas, que en realidad no hacen otra que cosa que desviarnos del camino natural.

Cristo no es un ser, no es una persona determinada, no es alguien que debía venir o que va a venir en el futuro para salvar a la humanidad. Cristo, la parte de divinidad que vive en nosotros, siempre estuvo en nuestro ser, esperando el momento en que le permitamos morir como "semilla" para "resucitar" en el espíritu.

Cuando desatamos nuestro Cristo interior llegamos al "Reino de Dios" en el sentido que alcanzamos la consciencia de divinidad. A partir de ese momento somos copropietarios del universo y, por lo tanto, nos será dado todo aquello que pidamos para el beneficio de la creación, siempre y cuando tengamos la absoluta certeza que nos será concedido y seamos agradecidos. No necesitamos pedir nada a nombre de nadie, es por nosotros mismos, por el Cristo que tenemos en nuestro interior que podemos acceder al infinito del universo. Pruébelo y comprobará que esto es cierto.

Esta sabiduría o "secreto" se conoce desde hace miles de años y está muy bien explicado por Rhonda Byrne[260]. Si crees que eres hijo de Dios, entonces como consecuencia de ello vas a saber que eres copropietario del universo. Si el universo es infinito entonces, puedes acceder, si lo quieres, a todo lo que desees, sin límite, bajo las siguientes condiciones: a) Sepas en forma clara qué es lo que quieres, y que así lo pidas directamente a dios/universo, sin necesidad de intermediarios; b) tengas la seguridad que lo que has pedido te ha sido concedido y te llegará en su momento; y c) seas agradecido a la fuente por lo que te ha dado.

Así como esa sabiduría se conocía hace mucho tiempo, paralelamente también aparecieron los que quisieron aprovecharse de ese conocimiento y aprendieron a vivir de los que no conocían ese "secreto", auto titulándose "mediadores de dios" y crearon todas las religiones organizadas que conoce el mundo, cuyo objetivo nunca ha sido ayudar a la humanidad a alcanzar el reino de dios sino el poder político y económico de ese grupo en la tierra. Sucede que la fórmula funciona, así lo pidas a nombre de otro o lo pidas a nombre de ti mismo, pues ese agregado (te lo pido en nombre de Jesús, Krisnha, Buda o cualquier otro avatar) no altera el secreto, y eso lo saben las cúpulas religiosas. Insisto en que lo compruebes.

La clave de todo este asunto es de lo más sencilla, pon en la práctica ese "secreto" al que acabamos de hacer referencia, cuidando seguir fielmente los tres pasos, sin pedirlo a nombre de nadie (como cuando se lo pides a tu padre biológico, ante el cual no necesitas intermediario o abogado) y recibirás todo lo que pidas.

En la Biblia Cristiana está también escrita la fórmula:

El llegar o estar en el "Reino de Dios" es vivir con plena consciencia, disfrutar nuestra presencia en la creación y vivir en el espíritu. No es necesario que previamente tengamos que morir para disfrutar del reino de dios, el mismo Jesús de los Evangelios ya lo dijo.

De esta forma el Cristo que todos tenemos dentro, al sacrificarse y morir por nosotros, al resucitar con vida renovada nos regala la posibilidad de vida

---

[260] Byrne, Rhonda; The Secret, Atria Books, Beyond Words Publishing, New, York, 2006.

eterna. El resto dependerá de cada uno, pues el árbol tendrá que mostrar sus frutos.

Como sucede con las espigas, luego de dar el fruto, son echadas a la hoguera y con ello regresaran a la tierra de donde alguna vez nacieron. Este es el bello momento de la muerte, o bautizo en el fuego, pues tanto la espiga como el ser humano "devolverán" la materia a la tierra de donde provienen. En este momento, todo lo inmaterial que compone el ser seguirá su propio camino ascendente a "casa".

Para terminar quiero tomar prestada una genial frase del maestro Alvyn Boyd Khun:

Los antiguos mitólogos y sabios poco podrían haberse imaginado que las 'fabulosas narraciones' que su genio ideó para cubrir la sublime verdad, terminarían por plagar las mentes de Occidente con dieciséis siglos de inconcebible estultificación. Ellos no tenían la posibilidad de imaginar que sus construcciones alegóricas, para dramatizar la verdad espiritual, podrían abortar su intento oculto para modelar, por siglos, la vida mental de la mitad del mundo bajo una nube de la más grotesca superstición conocida en la historia. Tampoco podrían haber imaginado que la enorme ceguedad y obtusidad de posteriores épocas citarían los mismos maravillosamente ingeniosos retratos como evidencia de cruda niñería por parte de sus formuladores. ¿Quién podría haber sospechado que un cuerpo de las más instrumentales señales para transmitir y preservar el conocimiento profundo, nunca antes inventado por el hombre, se convertiría en el motivo de siglos de esclavitud mental? [261]

---

[261] Khun Alvyn Boyd, op. cit. pág. 17.

CAPÍTULO 2

LAS PROFECIAS

Uno de los argumentos que utilizan los apologistas del cristianismo para demostrar la historicidad de su personaje central es la afirmación en el sentido que Jesús dio cumplimiento a las profecías que en el Antiguo Testamento anunciaron su venida. En la primera parte de este trabajo, suponiendo que la historia del Evangelio fuera cierta, analizaremos si efectivamente tales llamadas profecías existieron y si efectivamente se cumplieron; en la segunda parte analizaremos si los Evangelios fueron escritos cuidando "cumplir" las profecías; en la tercera parte veremos las profecías que se encuentran en los Evangelios y que nunca fueron cumplidas; finalmente mencionaremos las profecías de Jesús que nunca se cumplieron.

Profecías forzadas.

La virgen tendrá un hijo

Mateo 1:18-23 dice:

Este fue el principio de Jesucristo: María su madre, estaba comprometida con José; pero antes de que vivieran juntos, quedó embarazada por obra del espíritu santo.

Su esposo, José, pensó despedirla, pero como era un hombre bueno, quiso actuar discretamente para no difamarla.

Mientras lo estaba pensando, el Ángel de Señor se le apareció en sueños y le dijo: José, descendiente de David, no tengas miedo de llevarte a María, tu esposa, a tu casa; si bien está esperando por obra del Espíritu Santo, tu eres el que pondrás el nombre al hijo que dará a luz. Y lo llamarás Jesús, porque él salvará a su pueblo de sus pecados.

Todo esto sucedió para que se cumpliera lo que había dicho el Señor por boca del profeta: la virgen concebirá y dará a luz un hijo, y le pondrá por nombre Emmanuel, que significa: Dios-con-nosotros.

En primer lugar, me ratifico en todo lo que ya tengo dicho sobre el criminal manoseo del texto bíblico que realizaron los Padres de la Iglesia y que mencionamos al tocar el tema de la Anunciación y Concepción Inmaculada de María.

Cuando los curas hablan sobre el tema se limitan a leernos el texto del Evangelio de Mateo y, la gran mayoría de cristianos, y en especial los católicos, no se dan el trabajo de leer el versículo aludido de Isaías, 14, 7, que no dice lo que afirma Mateo. En efecto dicho versículo textualmente dice: "El Señor, pues, les dará esta señal: La joven está embarazada y da a luz un varón a quien le pone el nombre de Emmanuel, Dios-con-nosotros".

Pido disculpas al lector, pero quiero ser muy claro con lo que digo, por lo que nuevamente voy a transcribir el versículo 23 de Mateo 1:

"la virgen concebirá y dará a luz un hijo, y le pondrá por nombre Emmanuel, que significa: Dios-con-nosotros".

Ahora hagamos la comparación de ambos textos:

ISAIAS	MATEO
La joven está embarazada da a luz un varón	*La virgen concebirá dará a luz un hijo*

¿Alguien en su sano juicio puede afirmar que ambos textos son iguales o tienen el mismo significado? ¡Definitivamente no! El texto de Isaías se refiere a un hecho que se está produciendo en el momento en que se redacta el pasaje, mientras que el texto del Evangelio de Mateo sugiere que se trata de un hecho que se va a producir en el futuro.

Para poder entender a qué se refiere esta profecía, hay que leer todo el capítulo 7 del Libro de Isaías, y sólo de esta forma nos enteraremos que cuando Ajaz reinaba en Jerusalén (unos 700 años a.c.), los reyes rivales Rasín y Pecaj decidieron apoderarse de ella, esto es Jerusalén. En estas circunstancias, Yavé, a través de Isaías, mandó decir a Ajaz que no se preocupara pues Rasín y Pecaj jamás lograrían su propósito , dándoles la siguiente señal: *"La joven está embarazada y da a luz un varón a quien le pone el nombre de Emmanuel, Dios-con-nosotros".*

Seguido de este versículo, Isaías continúa: *"El niño se alimentará de leche cuajada y miel hasta que sepa rechazar lo malo y elegir lo bueno. Porque antes de que sepa rechazar lo malo y elegir lo bueno, los territorios de los dos reyes que ahora te amenazan, serán destruidos".* (Isaías 7, 15-16)

¿Quién era ese niño? Era el propio hijo de Isaías, lo que puede comprobarse en el capítulo 8 del mismo Libro de Isaías.

Entonces ¿Para quién estaba destinada la profecía o señal? Indudablemente no estaba destinada a nadie más que al Rey Ajaz; y, efectivamente, de acuerdo al texto bíblico, se cumplió 5 o 6 años después de pronunciada, pues la muchacha a que se refiere Isaías parió a su hijo alrededor del año 730 a.c. No estaba, por tanto -la profecía o señal- dirigida a ninguna otra persona o a un hecho que se habría de producir 700 años después, esto es al supuesto nacimiento de Jesús.

De haberse referido esta profecía o señal al nacimiento de Jesús, el verdadero milagro habría consistido en un embarazo de 700 años.

Pepe Rodríguez, en forma concluyente afirma:

Así pues, de ninguna manera, ni bajo ninguna excusa o exégesis, puede tomarse esta imagen sobre algo ya acontecido en el siglo VIII a.c. como la profecía de algo venidero en el siglo 1 d.c. La almah de Isaías ni era virgen ni preconizaba el milagro de la Virgen María, y su hijo Emmanuel fue también absolutamente ajeno a cualquier anuncio de nacimiento prodigioso de Jesús. [262]

---

[262] Rodríguez Pepe, op. cit. pág. 178.

Con lo dicho queda demostrado que esta profecía en realidad es una mañosa tergiversación del texto bíblico digna de gente inescrupulosa o, lo que parece más probable, de los necios fundadores del Cristianismo que apostaron en la ignorancia, analfabetismo o estupidez de sus seguidores.

De acuerdo con C. Delisle Burns y Arthur Drews, el texto fue manipulado a partir de la Septuagésima, donde se cambia la frase "joven mujer" por la palabra "virgen".[263]

Belén

Mateo 2, 1-6 dice:

Jesús había nacido en Belén de Judá durante el reinado de Herodes. Unos Magos que llegaron de Oriente llegaron a Jerusalén preguntando: ¿Dónde está el rey de los judíos recién nacido? Porque hemos visto su estrella en el Oriente y venimos a adorarlo.

Herodes y toda Jerusalén quedaron muy alborotados al oír esto. Reunió de inmediato a todos los sumos sacerdotes y a los que enseñaban la Ley al pueblo, y les hizo precisar donde tenía que nacer el Mesías. Ellos contestaron: en Belén de Judá, pues así lo escribió el profeta: Y tu Belén, tierra de Judá, no eres en absoluto la más pequeña entre los pueblos de Judá, porque de ti saldrá un jefe, el que apacentará a mi pueblo, Israel.

Esta profecía está referida a Miqueas 5, 1, que dice: *"Pero tú, Belén Efrata, aunque eres la más pequeña entre todos los pueblos de Judá, tú me darás a aquel que debe gobernar Israel: su origen se pierde en el pasado, en épocas antiguas"*.

Como ya lo dijimos, en principio, se trata de una historia absurda pues es imposible venir de Oriente siguiendo una estrella ubicada al Este (Oriente). Lo lógico y racional es que si uno viene del Este tenga que seguir una estrella ubicada hacia el Occidente. Frank R. Zindler nos dice que:

---

[263] Burns C. Delisle y Drews Arthur, The Christ Mith, Bibliolife, op. cit., nota al pie. 92.

...esta historia del seguimiento de la estrella es una de las fábulas más absurdas que se han contado. ¿Cómo es que uno puede seguir una estrella? Si uno comienza a seguir una estrella, como la descrita aquí, muy poco tiempo después de su aparición en el horizonte usted tendría que comenzar a caminar hacia el Este. En este caso los magos tendrían que dirigirse hacia Irán. Hacia medianoche, la estrella habría estado ubicada al sur de los tres magos, y entonces tendrían que haber cambiado de rumbo ahora hacia Arabia Saudita. Al avanzar la noche, antes del amanecer, estarían dirigiéndose al Oeste hacia el mediterráneo. Al nuevo anochecer nuestros magos habrían repetido el mismo comportamiento, dando una serie de círculos sobre la superficie de la tierra... [264]

Volvamos ahora a la profecía. ¿Se refiere esta profecía a Jesús o a algún otro personaje? Para saberlo basta leer los siguientes versículos del Libro de Miqueas. En efecto, la respuesta la encontramos en los versículos 5, 1-5 que textualmente dicen:

Pero tú, Belén Efrata, aunque eres la más pequeña entre todos los pueblos de Judá, tú me darás a aquel que debe gobernar a Israel: su origen se pierde en el pasado, en épocas antigua.

Por eso, si Yavé los abandona es sólo por un tiempo, hasta que aquella que debe dar a luz tenga su hijo. Entonces el resto de sus hermanos volverá a Israel.

Él se mantendrá firme y guiará a su rebaño con la autoridad de Yavé, para gloria del nombre de su Dios; vivirán seguros, pues su poder llegará hasta los confines de la tierra. El mismo será su paz.

Cuando Asiria invada nuestra tierra y pise nuestro suelo, le opondremos siete pastores, ocho de nuestros jefes.

Con su espada dominará a Asiria, sus armas someterán la tierra de Nemrod. Así, nos librará de los asirios cuando invadan nuestro territorio y traspasen nuestras fronteras.

---

[264] Anotación de Frank R. Zindler, en el Libro de Thomas Paine, The Age of Reason, op. cit., pág. 20.

¿Alguien, con tres dedos de frente, podría, además de los Padres de la Iglesia, afirmar que la profecía está referida a Jesús? Definitivamente no, pues este relato se refiere, en primer lugar a un caudillo militar; y, en segundo lugar, su actuación tendrá lugar cuando los asirios invadan la tierra de Israel. De ninguna manera puede referirse a un personaje ajeno totalmente al oficio militar y a hechos que habrían de ocurrir 600 o 700 años después.

Se trata pues de otro disparate.

Huida a Egipto

Mateo 2, 13-15, dice:

Después de marchar los magos, el Ángel del Señor se le apareció en sueños a José y le dijo: Levántate, toma al niño y a su madre y huye a Egipto. Quédate allí hasta que yo te avise, porque Herodes buscará al niño para matarlo.

José se levantó; aquella misma noche tomó al niño y a su madre y partió hacia Egipto, permaneciendo allí hasta la muerte de Herodes. Así se cumplió lo que había anunciado el Señor por boca del profeta: Llamé de Egipto a mi Hijo.

La llamada profecía se encuentra en el Libro de Oseas 11, 1 que dice: *"Cuando Israel era niño, yo lo amé, y de Egipto llamé a mi hijo"*.

Para poder comprender a qué se refiere este pasaje es necesario leer el siguiente versículo, que dice: *"Pero mientras los llamaba, más se alejaban de mí. Ofrecieron sacrificios a los baales y quemaron incienso ante los ídolos"*.

No cabe dudas que el texto de Oseas que acabamos de transcribir se refiriera a un hecho consumado y no tiene relación alguna con hechos que habrían de suceder en el futuro, por ello el versículo bajo análisis no puede ser calificado como profecía.

Matanza de los Inocentes

Se encuentra en Mateo 2, 16-18:

Herodes se enojó muchísimo cuando se dio cuenta que los magos lo habían engañado, y fijándose en la fecha que ellos le habían dicho, ordenó matar a todos los niños menores de dos años que había en Belén y sus alrededores.

Así se cumplió lo que había anunciado el profeta Jeremías. En Ramá se oyeron gritos, grandes sollozos y lamentos: es Raquel que llora a sus hijos, éstos ya no están, y no quiere que la consuelen.

La llamada profecía se encuentra en Jeremías 31, 15: *"Esto dice Yavé: En Ramá se han oído unos quejidos y un amargo lamento: es Raquel que llora a sus hijos y no quiere que la consuelen, pues ya no están".*

La llamada matanza de los inocentes jamás sucedió, porque como lo explicamos anteriormente, se trata de una fábula copiada de las historias de Krishna, Buda y Horus. Además, una matanza de esa naturaleza hubiera sido reportada por alguno de los historiadores de la época, que no mencionan palabra alguna al respecto.

Con relación a la llamada profecía, se trata de un texto que, si se utiliza sin considerar los versículos precedentes y posteriores, bien podría aplicarse a cualquier guerra o hecho violento que cause muertes, pues siempre las madres llorarán por sus hijos, cosa que además -por el carácter arrogante y belicoso del pueblo judío- ha sido y seguirá siendo muy frecuente.

El texto bajo análisis ha sido escrito en verbo pasado, por lo que debe inferirse que se trata de un hecho ya sucedido y no, como forzadamente pretende el Cristianismo, que se iba a producir en el futuro.

Ahora bien, veamos el contexto. En el siguiente versículo, veremos que el lamento se refiere a los hijos de Israel que están alejados de su tierra y que por lo tanto se asegura que *"tus hijos volverán del país enemigo. Ten esperanza para el futuro, pues tu descendencia regresará a su tierra".*

(Jeremías, 31, 16-17). Históricamente, esta lamentación corresponde a la época en que Nabucodonosor (630 a 562 a.c.) destruyó el Templo de Salomón y tomó cautivo al pueblo judío deportándolo a Babilonia. Quien tiene ojos y sabe leer no puede, como mañosamente lo hicieron los escritores del Evangelio de Mateo o sus posteriores manipuladores, entender que el versículo 15 bajo estudio es una profecía que anticipa la muerte de niños menores de 2 años, que sucedería 600 años después y que, dígase de paso, nunca sucedió en la realidad.

Lo llamarán Nazoreo

Se ubica en el Evangelio de Mateo 2, 19-23:

Después de la muerte de Herodes, el Ángel del Señor se apareció en sueños a José en Egipto y le dijo: Levántate, toma contigo al niño y a su madre y regresa a la tierra de Israel, porque ya han muerto los que querían matar al niño.

José se levantó, tomo al niño, y volvieron a la tierra de Israel. Pero al enterarse que Arquéalo gobernaba en Judea en lugar de su padre Herodes, tuvo miedo de ir allá. Conforme a un aviso que recibió en sueños, se dirigió a la provincia de Galilea, y se fue a vivir a un pueblo llamado Nazaret. Así había de cumplirse lo que dijeron los profetas: lo llamarán Nazoreo.

Hay que decirlo con toda claridad, no existe en todo el Antiguo Testamento mención alguna a la palabra Nazaret, pues una ciudad con ese nombre sólo fue establecida después que se conocieron los Evangelios, esto es a partir del segundo siglo. Por lo tanto, no existe y nadie ha podido encontrar la tal profecía en el Antiguo Testamento.

Holley y Acharya S.[265], al respecto nos informan:

No existe un lugar como Nazaret en el Antiguo Testamento ni en los trabajos de Josefo, ni en los primeros mapas de la Tierra Santa. El nombre fue aparentemente una invención cristiana posterior. De hecho, la ciudad ahora llamada Nazaret está cerca del

---

[265] Acharya S. La Conspiración de Cristo, op. cit., págs. 310-311.

Monte Carmelo, lo que indica que fueron los carmelitas los que la crearon.

Jesús, por lo tanto, no era de Nazaret, que no existía en la época de su supuesta venida. La finalidad real de ponerle allí era hacerlo un nazareno o nazarita, de forma que fuera igual que el más famoso nazarita, Sansón, un mito solar. El título procede de la palabra egipcia **natzr**, que se refiere a **la planta, el retoño, el natzar... la parra de la verdad,** y nazarita es un epíteto del sol, que da vida a la uva del vino. Nazarita también se traduce como **príncipe**, como en **príncipe de paz**. Los nazaritas/nazarenos eran los ascetas que no se afeitaban la cabeza ni la barba salvo para fines rituales, porque su pelo era un símbolo de santidad y fuerza representando de hecho el pelo o rayos del sol, que es la razón por la cual el héroe solar se debilita cuando la mujer corta su pelo...

Zabulón y Neftalí

Mateo 4, 12-16, dice:

Cuando Jesús oyó que Juan había sido encarcelado, se retiró a Galilea. No se quedó en Nazaret, sino que fue a vivir a Cafarnaúm, a orillas del lago, en la frontera entre Zabulón y Neftalí.

Así se cumplió lo que había dicho el profeta Isaías: Tierra de Zabulón y tierra de Neftalí, en el camino hacia el mar, a la orilla del Jordán, Galilea, tierra de paganos, escuchen:

La gente que vivía en la oscuridad ha visto una luz muy grande; una luz ha brillado para los que viven en lugares de sombras de muerte.

La concordancia, donde se encuentra la aparente profecía, se ubica en el Libro de Isaías 8, 23 y 9, 1 que dice:

Pero allí donde se encontraba la angustia, desaparecerá la noche.

En el pasado casi aniquiló al país de Zabulón y al país de Neftalí, pero en el futuro se llenará de gloria la carretera del mar, más allá del Jordán, en la región de los paganos.

El pueblo de los que caminaban en la noche divisó una luz grande; los que habitaban el oscuro país de la muerte fueron iluminados.

Los dos primeros párrafos transcritos corresponden al Capítulo 8, 23, que se refieren a las tribus de Zabulón y Neftalí., que fueron devastadas con la invasión del rey asirio Teglatfalasar, deportando muchos israelitas. El último párrafo, corresponde al capítulo siguiente, esto es el 9, 1, que anuncia la llegada del Rey Salomón, y que por el mismo hecho de ubicarse en un capítulo distinto no tiene ninguna relación con el final del Capítulo 8 en mención.

Nuevamente vemos como Mateo, con textos forzados encuentra profecías donde simplemente no las hay.

Tomó nuestras debilidades y cargó con nuestras enfermedades

Mateo 8, 16-17, dice: *"En el atardecer le llevaron muchos endemoniados. Él expulsó a los espíritus malos con una sola palabra, y sanó también a todos los enfermos. Así se cumplió lo que había anunciado el profeta Isaías: Él Tomó nuestras debilidades y cargó con nuestras enfermedades"*.

Se afirma que la profecía está en Isaías 53, 4, cuyo texto es como sigue: *"Sin embargo, eran nuestras dolencias las que él llevaba, eran nuestros dolores lo que le pesaban"*.

Si leemos completamente este Capítulo 53 veremos que Isaías se refiere a alguna persona que ya ha fallecido y que aparentemente sufrió inmerecidamente. El texto no se refiere a ningún hecho que iba a suceder en el futuro, por ello tampoco puede interpretarse como una profecía.

Anuncio de la Pasión

El Evangelio de Mateo 12, 14-20, dice:

Al salir, los fariseos planearon la manera de acabar con él. Jesús lo supo y se alejó de allí, pero muchas personas lo siguieron, y el sanó a cuantos estaban enfermos. Pero les pedía insistentemente que no hablaran de él.

Así debían cumplirse las palabras del profeta Isaías:

Viene mi siervo, mi elegido, en quien me he complacido. Pondré mi espíritu sobre él, para que anuncie mis juicios a las naciones. No discutirá, ni gritará, ni se oirá su voz en las plazas. No quebrará la caña resquebrajada ni apagará la mecha que todavía humea, hasta que haga triunfar la justicia. Las naciones pondrán su esperanza en su Nombre.

La supuesta profecía se encuentra en Isaías 42, 1-3: "He aquí a mi siervo a quien yo sostengo, mi elegido, al que escogí con gusto. He puesto mi espíritu sobre él y hará que la justicia llegue a las naciones. No clama, no grita, no se escucha su voz en las plazas, no rompe la caña doblada ni aplasta la mecha que está por apagarse, sino que promueve la justicia en la verdad".

La manipulación salta a la vista pues el texto de Libro de Mateo está escrito en futuro, mientras que el texto del Libro de Isaías está escrito en presente. Ahora entiendo porque era pecado leer la Biblia hasta hace 300 años.

Por otro lado, Mateo está refiriéndose específicamente a que los fariseos planearon la forma de acabar con Jesús; que Jesús al saberlo se alejó del lugar, pero que muchas personas lo siguieron, sanando a los que estaban enfermos. Estos hechos no tienen absolutamente ninguna relación con el texto de la llamada profecía, que describe a algún personaje de la época de Isaías, y que incluso por las características de tal persona evidentemente no se trata del Jesús de los Evangelios. En efecto el Jesús de los Evangelios clama, grita o hace escuchar su voz en las plazas y en todo lugar público de la época, pues tal era su misión de predicar.

La entrada en Jerusalén y la burra

Este pasaje se encuentra en Mateo 21, 1-5, que dice:

Estaban ya cerca de Jerusalén. Cuando llegaron a Betfagé, junto al monte de los Olivos, Jesús envió a dos discípulos con esta misión: vayan al pueblecito que está al frente, y allí encontrarán una burra atada con su burrito al lado. Desátenla y tráiganmela. Si alguien les dice algo, contéstenle: El Señor los necesita, y los devolverá cuanto antes.

Esto sucedió para que se cumpliera lo dicho por el profeta. Digan a la hija de Sion: Mira que tu rey viene a ti con toda sencillez, montado en una burra, un animal de carga.

Sobre este particular, para Marcos y Lucas no se trata de una burra con su burrito sino de un burro. Veamos lo que dice Marcos 11, 2: *"Vayan a ese pueblo que ven enfrente; apenas entren encontrarán un burro amarrado, que ningún hombre ha montado todavía. Desátenlo y tráiganlo aquí".*

El relato es casi idéntico en Lucas 19, 30: *"Vayan al pueblo de enfrente, y al entrar en el encontrarán atado a un burrito, que no ha sido montado por nadie hasta ahora. Desátenlo y tráiganmelo".*

Para Juan, que siempre tiene un relato distinto, Jesús no envió a sus discípulos a traer animal alguno si no que: *"Jesús se encontró un burrito y se montó en él".*

¿Será que Mateo se refería a una historia distinta a la de Marcos y Lucas, y que a su vez Juan estaba refiriéndose a un acontecimiento distinto del de los dos primeros? O uno o varios de ellos están mintiendo. En todo caso, ¿Cómo sabemos quién o quiénes de los cuatro está diciendo la verdad y por lo tanto tiene la palabra "inspirada"? Más parece un pasaje fabricado expresamente para demostrar el cumplimiento de una profecía.

Sigamos adelante. La supuesta profecía está en el Libro de Zacarías 9, 9, que dice:

> Salta llena de gozo,
> Oh hija de Sion,
> lanza gritos de alegría,
> hija de Jerusalén.
> Pues tu rey viene hacia ti;
> él es santo y victorioso, humilde, y va montado sobre un burro,
> sobre el hijo pequeño de una burra.

Este versículo del Libro de Zacarías se refiere al regreso de los judíos a Jerusalén después del exilio de Babilonia y no a algún hecho que habría de producirse 700 años después con la supuesta entrada de Jesús a Jerusalén montado sobre una burra.

Tendenciosamente el Cristianismo nunca ha querido aceptar que lo que llaman el Antiguo Testamento, también conocido como Biblia Hebrea o Tanaj, es un conjunto de libros escritos por los judíos para los judíos y nadie más. Es la historia del pueblo judío y su relación con su Dios Yahvé. Para entender esto basta leer unas cuantas páginas del Antiguo Testamento e inmediatamente nos daremos cuenta que esos libros se refieren exclusivamente a un "pueblo escogido", en el cual el no judío -la gran mayoría de los llamados cristianos- no tiene participación alguna. Es cierto que el Antiguo Testamento, en su mayor parte, constituye una copia de las leyendas, fábulas y alegorías de otras culturas más antiguas que la judía, y que por lo tanto contiene una compilación de la sabiduría de la humanidad de ese entonces, pero nadie puede negar que su concepción, la del Antiguo Testamento, estaba dirigida al pueblo hebreo exclusivamente. Al crearse el cristianismo en el siglo III de nuestra era y obtener el carácter de religión oficial del Imperio Romano (el más poderoso de su época), usurpó a los judíos su libro sagrado, al que se agregaron los libros del Nuevo Testamento, creándose la Biblia.

He hecho este comentario para subrayar que el texto del Antiguo Testamento tiene una relación directa, exclusiva y que sólo concierne al pueblo hebreo o judío, careciendo de todo carácter profético respecto de la llegada del Jesús Cristiano, cuya historicidad es enfáticamente negada por el Judaísmo. El impostor cristiano no sólo ha usurpado el libro sagrado judío sino que lo ha manipulado, como es el caso de las profecías que ahora estudiamos, para tergiversar su sentido y legitimar el poder mundano que ejercen sobre una dócil y dogmatizada feligresía.

Hay que decir finalmente que la alegoría del asno y su pollino, jamás podría ser tomado como parte de la historia de Jesús, pues pertenece a la mitología pagana anterior a la fábula cristiana, ya era conocida en la mitología egipcia miles de años antes de la llegada del Cristianismo. Es un relato que se produce en el cielo, no en la tierra.

Refiriéndose a su significado astrológico, Massey nos dice:

Ningún dios y ningún hombre pueden realmente montar en el asno y el pollino al mismo tiempo. Tal forma de proceder debe ser figurativa; algo que de hecho no podría ser humanamente realizado. Hemos visto como fue cumplido en el mito y representado en el planisferio. El asno y su potro se describen en el libro del Génesis como pertenecientes al Shiloh (rey) que los ata a la parra... La parra en la que fueron trabados el asno y el pollino se representan en los decanatos de Virgo, estando estacionados el asno y el potro en los de Leo; lo dos asnos en el signo de Cáncer. [266]

La Espada de Pedro

Mateo 26, 51-56:

Uno de los que estaban con Jesús sacó la espada e hirió al sirviente del sumo sacerdote, cortándole una oreja. Entonces Jesús le dijo: Vuelve la espada a su sitio, pues quien usa la espada perecerá por la espada. ¿No sabes que podría invocar a mi padre y él, al momento me mandaría más de doce ejércitos de ángeles? Pero así había de suceder, y tienen que cumplirse las Escrituras.

En ese momento dijo Jesús a la gente: A lo mejor buscan un ladrón y por eso salieron a detenerme con espadas y palos. Yo sin embargo me sentaba diariamente entre ustedes en el Templo para enseñar,

---

[266] Massey Gerald, The Historical Jesus and the Mythical Christ, op cit.

y no me detuvieron. Pero todo ha pasado para que así se cumpliera lo escrito en los Profetas. Entonces todos los discípulos abandonaron a Jesús y huyeron.

Los apologistas del Cristianismo no han podido mostrar texto alguno del Antiguo Testamento o de otra "Escritura" que se refiera a esta profecía. Tenemos dos alternativas: 1) Si el cristianismo insiste que se trata de un texto "inspirado", el inspirador se equivocó; 2) Aceptar que en realidad se trata de un texto proveniente de la cosecha privada de Mateo o del que se tomó el nombre de Mateo y lo introdujo en el Evangelio. En ambos casos, la evidencia apunta a subrayar la forma poco seria con la cual se elaboraron los textos sagrados del Cristianismo.

Por lo demás. La historia relatada por Mateo es por demás inverosímil, por varias razones:

1. Los judíos, como pueblo sometido, no podían portar armas en público.
2. De ser cierta la historia, Pedro habría sido detenido inmediatamente.
3. El portar armas resultaba incongruente con la doctrina de Jesús. De ser cierto el episodio, habría que preguntarse qué tipo de personas tenía Jesús entre sus discípulos.
4. Finalmente, Pedro fue un personaje cobarde, resultando difícil aceptar que hubiera utilizado la espada en la forma que se le atribuye.

Judas y las treinta monedas

Mateo 27, 3-10:

Cuando Judas, el traidor, supo que Jesús había sido condenado, se llenó de remordimientos y devolvió las treinta monedas de plata a los jefes de los sacerdotes y a los jefes judíos. Les dijo: He pecado: he entregado a la muerte a un inocente. Ellos le contestaron: ¿Qué nos importa eso a nosotros? Es asunto tuyo. Entonces él arrojando las monedas en el Templo, se marchó y fue a ahorcarse.

Los jefes de los sacerdotes recogieron las monedas, pero dijeron: No se puede echar este dinero en el tesoro del Templo, porque es precio de sangre. Entonces se pusieron de acuerdo para comprar con aquel dinero el Campo del Alfarero y lo destinaron para cementerio de extranjeros. Por eso ese lugar es llamado Campo de Sangre hasta el día de hoy.

Así se cumplió lo que había dicho el profeta Jeremías: tomaron las treinta monedas de plata, que fue el precio en que lo tasaron los hijos de Israel, y las dieron por el Campo del Alfarero, tal como el Señor me lo ordenó.

Para algunos la profecía se anuncia en Jeremías 32, 6-15, que dice:

En ese tiempo dijo Jeremías: Una palabra de Yavé me ha llegado, esto me dice: Hanamel, hijo de tu tío Selúm, va a venir a verte para decirte: Cómprate mi campo, que tengo en Anatot, porque a ti te toca comprarlo por derecho de rescate. En efecto, de acuerdo a las palabras de Yavé, Hanamel, mi primo, vino a verme al patio de la guardia y me dijo: Compra mi campo de Anatot, pues tú tienes el derecho de propiedad y el rescate te interesa; cómpralo.

Comprendí entonces, que era una orden de Yavé, compré ese campo a mi primo Hanamel de Anatot y le pagué diecisiete ciclos de plata. Después hice la escritura de compra y la sellé, busqué unos testigos y pesé la plata en una balanza. En segunda, tomé la escritura de compra, su ejemplar sellado y la copia abierta, según las prescripciones de la Ley, y se la entregué a Baruc, hijo de Nerías, hijo de Masías, en presencia de mi primo Hanamel, de los testigos que habían firmado la escritura de compra, y de todos los judíos que se encontraban en el patio de la guardia.

Delante de ellos di esta orden a Baruc: Toma estos documentos, esta escritura de compra, el ejemplar sellado junto con la copia abierta, y colócalos en un cántaro de greda, a fin de que puedan conservarse mucho tiempo; porque esto es lo que asegura Yavé de los Ejércitos, Dios de Israel: Todavía se comprarán casas, campos y viñas en este país.

De sólo leer el texto que antecede, sabemos que esta historia de la compra del campo de Anatot no tiene absolutamente ninguna relación con Judas, la traición, las treinta monedas, su suicidio o la compra del Campo del Alfarero.

Para otros apologistas del cristianismo, la profecía se encuentra en el Libro de Zacarías 11, 7-14, cuyo texto es el siguiente:

Entonces me hice pastor de las ovejas a las que mataban los comerciantes de ganado. Me conseguí un par de bastones de ganado: a uno le puse el nombre de bondad y al otro de unión. Y desde entonces me hice cargo de las ovejas.

En un mes despedí a los tres pastores. Pero me aburrieron las ovejas, y ellas también se disgustaron conmigo. Entonces exclamé, ya no las cuido más. La que quiera morirse, que se muera; la que quiera perderse, que se pierda; y las que queden, que se desgarren la carne unas a otras. En seguida tomé el bastón llamado bondad, y lo rompí; y fue rota la alianza que fue hecha con los pueblos vecinos.

Cuando los comerciantes de ganado vieron que lo había roto, comprendieron que eso era una señal de Yavé. Yo les dije: Si ustedes quieren páguenme mi salario, si no, quédense con él.

Y me dieron treinta monedas de plata. Pero Yavé me ordenó: Hecha en los cofres del Templo ese precio tan alto en que ellos me han valorizado. Tomé las monedas y las deposité en la alcancía del Templo de Yavé. A continuación rompí mi otro bastón llamado Unión, y quedó rota la fraternidad entre Judá e Israel.

Este pasaje, que se refiere a la remuneración de Zacarías por el pastoreo de unas ovejas y al rompimiento de la alianza entre Judá e Israel, tampoco tiene ninguna relación con la historia de Judas mencionada en el Libro de Mateo, ni contiene profecía alguna.

¿Se trata de otro error del inspirado Mateo? Creo más bien que se trata de otra muestra de la forma irresponsable, poco seria, como se han escrito estos libros llamados sagrados.

Antes de pasar a la siguiente profecía, cabe preguntarnos si Judas es en realidad un personaje histórico o también es parte de la fábula importada, plagiada, de otras religiones, y si ésta, la historia atribuida a Judas, es verosímil.

Judas no es original del Cristianismo. En la mitología egipcia, con el nombre de Set o Tifón, lo encontramos en el mito de Horus; y, con el nombre de Sut, en el mito de Osiris. Massey[267] nos dice que la historia de Judas se dio *"hace al menos seis mil años sobre Osiris y el Judas egipcio, Sut, que era su gemelo nacido de la misma madre, y que le traicionó en la Última Cena, entregándole a los setenta y dos Samis, o conspiradores, que le mataron".*

Por otro lado, como veremos en otra investigación dedicada a la Astroteología que estoy trabajando, Judas es uno de los doce signos del zodiaco, en otras palabras uno de los doce apóstoles, el último antes del solsticio de invierno en el hemisferio norte, esto es Escorpio, el que traiciona por la espalda.

También Judas tiene su antecesor en el Antiguo Testamento con el nombre Judá, que fue el que traicionó a su hermano José, que en esta parte del mito es el equivalente del Jesús del Nuevo Testamento. Judá también es el nombre de un pueblo o región que traiciona al reino de Israel.

Una confirmación que Judas es un personaje imaginario es el relato contradictorio del Libro de Hechos 1, 16-19, que dice:

Hermanos, era necesario que se cumpliera la Escritura, pues el Espíritu Santo había anunciado por boca de David lo que hizo Judas: este hombre, que guió a los que prendieron a Jesús, era uno de nuestro grupo y había sido llamado a compartir nuestro ministerio común.

Sabemos que con el salario de su maldad se compró un campo, se tiró de cabeza, su cuerpo se reventó, y se desparramaron sus entrañas. Este hecho fue conocido por todos los habitantes de Jerusalén, que llamaron a aquel campo, en su lengua, Hakeldama, que significa Campo de Sangre.

¡Por favor! Pongámonos de acuerdo: ¿Quién compró el campo, las autoridades judías o fue el mismo Judas? ¿Judas se ahorcó o se tiró de cabeza, su cuerpo se reventó y se desparramaron sus entrañas? Por más que los apologistas Cristianos se han devanado el cerebro en el pasado y lo seguirán haciendo en el futuro, esta contradicción no tiene solución en la "historici-

---

[267] Citado por Acharya S., en La Conspiración de Cristo, op. cit. pág. 279.

dad" de Jesús. En cambio, el segundo relato, en el campo alegórico, más parece apuntar a la dispersión del pueblo judío como consecuencia del yugo del Imperio Romano.

Echaron suertes y se repartieron la ropa

En las versiones modernas de la Biblia, Mateo 27, 35, dice: *"Allí lo crucificaron y después se repartieron entre ellos la ropa de Jesús, echándola a suertes"*. [268]

En las versiones antiguas, el versículo continúa con el siguiente texto: *"Así sucedió para que se cumpliera lo que fue dicho por el profeta: Se repartieron mi ropa entre ellos, y mi túnica la tiran a la suerte"*.

La supuesta profecía se encuentra en el Salmo 22, 19, que dice: *"Reparten entre sí mis vestiduras y mi túnica la tiran a la suerte"*.

Lea el Salmo 22 y se dará cuenta que fue escrito por alguna persona que clamaba sus desgracias a Dios a título personal. No se refiere a ningún Cristo, ni menos a ningún personaje que viviría en el futuro.

Mensajero que prepara el camino

Marcos 1, 1-3: *"Este es el comienzo de la Buena Nueva de Jesucristo (Hijo de Dios). En el libro del profeta Isaías estaba escrito: "Mira, te voy a enviar a mi mensajero delante de ti para que te prepare el camino. Escuchen ese grito en el desierto: Preparen el camino del Señor, enderecen sus senderos"*.

En este caso, hay que seguir el derrotero y buscar la profecía en el libro de Isaías, pues la alusión es directa.

En el libro de Isaías, no existe el texto del que habla Marcos, lo más cercano en el versículo 40, 3, que dice:

Una voz clama:
Abran el camino a Yavé en el desierto;
en la espera tracen una senda para Dios...

---

[268] Este texto es el que contiene la versión Latinoamericana.

Lo que se suponía que la profecía debía decir es un hecho concreto: Yavé le dice a su pueblo: *"te voy a enviar a mi mensajero delante de ti para que te prepare el camino"*, en otras palabras: te voy a enviar a Juan el Bautista para que prepare el camino de Jesús. Isaías, en cambio, se refiere a algo totalmente distinto, *"Una voz clama: Abran el camino a Yavé en el desierto"*, la cual es una expresión que no se refiere a ningún mensajero que vendrá primero, se refiere al propio Yavé, para el que se debe abrir el camino.

Nuevamente encontramos a otro evangelista que, tergiversando lo que dicen los libros del Antiguo Testamento, desesperadamente pretende encontrar profecías relacionadas a la supuesta venida de Jesús. Simplemente no existen tales, pues en todo caso no pasan de ser manipulaciones de textos para hacer ver profecías donde no las hay.

Crucificado con dos ladrones

Marcos 15, 27-28: *"Crucificaron con el también a dos ladrones, uno a su derecha y otro a su izquierda. Así se cumplió la Escritura que dice: Y fue contado entre los malhechores".*

La supuesta profecía se afirma está en Isaías 53, 12:

Por eso lo contaré entre los grandes
y le daré la herencia reservada a los fuertes,
porque se ha negado a si mismo hasta la muerte
y ha sido contado entre los pecadores,
cuando llevaba sobre sí el pecado de muchos
e intercedía por los pecadores.

Dado que se trata de la misma concordancia, repetimos lo dicho al tratar la profecía a que se refiere el acápite 1.7., que antecede, pues el versículo transcrito se refiere a la misma persona que ya había muerto al escribirse esos versos y que aparentemente se trataba de Jeremías. No necesitamos dar muchas vueltas para comprender que este versículo, y en si todo el capítulo, no se refieren a ningún hecho futuro, ni menos a Jesús. Si aceptáramos la tergiversación y forzada interpretación de la Iglesia, también podríamos decir que la profecía se refirió también a tantos inocentes que han muerto a lo largo de los siglos al lado de culpables, lo que seguirá siendo así hasta el final de los tiempos.

No está demás decir que el texto de Marcos se refiere a un crucificado, que no es lo mismo a ser contado entre pecadores. La conexión es demasiado forzada e inaceptable.

Finalmente, creo que es pertinente resaltar que los otros tres evangelistas también hablan que Jesús fue crucificado junto a dos ladrones o malhechores, lo curioso es que ninguno de los otros, además de Marcos, reclama profecía alguna.

Moisés habló de Jesús

Juan 5, 46: *"Si creyeran a Moisés, me creerían a mí, porque él escribió de mí".*

La supuesta profecía se encuentra en Deuteronomio 18, 15: *"Yavé hará que se levante para ti, de en medio de tus hermanos, un profeta como yo: a él le habrán de escuchar".*

Para entender este versículo hay que preguntarnos ¿Quién es el que lo dice? ¿Es Yavé o Moisés? Para ello hay que leer algunos capítulos más adelante, esto es a partir del Capítulo 6, y nos daremos cuenta que quien habla es Moisés transmitiendo los "preceptos de Dios". Quiere decir entonces que Moisés en la supuesta profecía está anunciando que aparecerá un profeta igual como él, esto es igual como Moisés. No se está anunciando la venida del Mesías, o del Hijo de Dios o del Salvador, ni ningún otro personaje de esa calidad, simplemente se anuncia que Yavé hará que se levante otro profeta como Moisés que, dígase de paso, hubo muchos en el Antiguo Testamento, como lo fueron Isaías, Jeremías, etc.

No le quebrarán ni un solo hueso

Juan 19, 32-36:

Fueron, pues, los soldados y quebraron las piernas de los dos que habían sido crucificados con Jesús. Pero al llegar a Jesús vieron que ya estaba muerto, y no le quebraron las piernas, sino que uno de los soldados le abrió el costado con la lanza, y al instante salió sangre y agua.

El que lo vio da testimonio. Su testimonio es verdadero, y Aquel sabe que dice la verdad. Y da este testimonio para que también ustedes crean. Esto sucedió para que se cumpliera la Escritura que dice: No le quebrarán ni un solo hueso.

La supuesta profecía está en Éxodo 12, 46: *"El cordero se comerá dentro de la casa; no se sacará afuera ni un solo pedazo, ni le quebrarán ningún hueso".*

Este asunto de las profecías llega a los límites de lo risible, el versículo que acabamos de transcribir está referido a la cena de pascua que debía comerse antes de la salida de Egipto, no a otra cosa, ni menos al episodio de un crucificado muchos siglos después. Lo cierto es que los evangelistas y los que posteriormente "corrigieron" los textos hicieron lo imposible para encontrar profecías para probar el caso de Jesús. Hay un dicho en mi tierra que dice que "para comer pescado y mentir, hay que tener cuidado...", que se aplica perfectamente al tema de las profecías que hemos terminado de revisar.

Ahora bien, si profundizamos un poco más en este tema encontraremos que aquello que realmente se quiso es asociar la muerte de Jesús al cordero pascual, para lo cual se manipuló el texto del Antiguo Testamento. Expliquémonos: La Biblia Hebrea, que es la misma encontrada en Qumran[269], en la última parte de versículo 46, dice: **"No le quebrarás ninguno de sus huesos",** (*"not shall you break a bone of it."*) ¿A quién?, pues al cuadrúpedo que vas a comer, con lo que queda claro que este versículo se refiere única y exclusivamente al cordero objeto de la cena, y no tiene ningún significado profético de algo que habría de ocurrir en el futuro. A estas alturas de la investigación no me sorprende que los Padres de la Iglesia hayan mutilado dolosamente este texto para sugerir la profecía bajo estudio; lo han hecho con la más descarada indolencia y si pudieran lo seguirían haciendo.

Pasión y resurrección

"Les dijo: Todo esto estaba escrito: los padecimientos del Mesías y su resurrección de entre los muertos al tercer día". (Lucas 24:46)

No existe y nadie ha podido citar dónde se encuentra esta profecía en el Antiguo Testamento. Lo curioso es que también Pablo (1 Corintios 15:4-5) sos-

---

[269] Abegg Jr.Marting, Flint Peter & Ulrich Eugene, The Dead Sea Scrolls Bible, op. cit., págs. 44-45.

tiene que existe la profecía. Más aún no existe en el Antiguo Testamento referencia, que en forma clara e indubitable, hable sobre la resurrección del Mesías.

Hemos visto un total de dieciséis llamadas profecías, de las cuales ninguna de ellas tiene dicha calidad. Todas son tergiversaciones, manipulaciones forzadas al extremo, falsedades y barbaridades que no resisten el menor análisis crítico.

Insisto en que quienes redactaron los Evangelios apostaron a que los mansos cristianos nunca aprenderían a leer, que jamás leerían la Biblia y que aceptarían sin titubear todo el grueso de falsedades que escribieron. Estoy seguro que esa debe haber sido una de las razones por las cuales los Padres de la Iglesia decidieron que el leer la Biblia constituía pecado, y también debe haber pesado mucho en la decisión de no querer traducirla a un idioma distinto al latín.[270]

Textos de los Evangelios escritos para cumplir profecías.

Desde otro punto de vista, cabe sostener que quienes escribieron los Evangelios lo hicieron de tal forma que coincidiera con dichas profecías para presentar a Jesús como el Mesías esperado, cosa que los propios judíos jamás aceptaron. Dentro de esta construcción deliberada de profecías pueden caber todas las que ya hemos analizado y otras que ahora veremos.

Se trata de hechos o dichos que han sido colocados en los evangelios con el único propósito de hacer ver que Jesús fue el Mesías prometido, y que en él se cumplen los rasgos profetizados en el Antiguo Testamento. Aquí no hay ningún hecho sobrenatural; simplemente los redactores de los Evangelios colocan deliberadamente hechos o dichos a la vida de Jesús, que tratan de probar las profecías.

---

[270] En 1229, el Concilio de Tolosa, el mismo que instituyó la Inquisición, prohibió a los laicos poseer y leer la Biblia, con excepción de los Salmos y pasajes contenidos en los breviarios. En el Concilio de Trento (1542-1563), se permitió la lectura de algunos ejemplares de la Biblia traducidos con autorización de obispos e inquisidores, aunque en 1596 nuevamente se impuso la prohibición total de la lectura y traducción de la Biblia. El Papa Pio VII (1800-1823) decía: "...las asociaciones formadas en la mayor parte de Europa, para traducir en lengua vulgar y expandir la Ley de Dios, me causan horror... Hay que destruir esta peste con todos los medios posibles..." El uso en la liturgia de las lenguas nacionales en lugar del latín no se introdujo sino hasta el Concilio Vaticano II (1962-1965). Estos datos fueron tomados del libro de Jacobo Po, Sergio Tomat y Laura Malucelli, El Libro Prohibido del Cristianismo, op. cit., págs. 136-137.

Profecías no cumplidas del Nuevo Testamento:

Finalmente debemos analizar las profecías que contiene el Nuevo Testamento, esto es las anunciadas por el propio Jesús. Son básicamente dos: la destrucción del templo y la segunda venida de Jesús, con el consiguiente fin del mundo.

Destrucción del Templo

Mateo 24:1-2: dice: *"Jesús Salió del Templo, y mientras caminaba, sus discípulos le hacían notar las imponentes construcciones del Templo. Jesús les dijo: ¿Ven todo eso? En verdad les digo: no quedará ahí piedra sobre piedra. Todo será destruido".*

Esta llamada profecía se repite en Marcos 13:1-2 y Lucas 21:5-6.

Hoy están de acuerdo los eruditos en el tema, que éste versículo lo único que prueba es que los Evangelios fueron escritos después del año 70, en que se produjo la segunda destrucción del templo a consecuencia de la revuelta judía de ese año.

El fin del mundo

Hay varios versículos, a lo largo de los evangelios que dicen:

"Cuando los persigan en una ciudad huyan a la otra. En verdad les digo: 'no terminarán de recorrer todas las ciudades de Israel antes de que venga el hijo del hombre' ". (Mateo 10:23)

"En verdad os digo: 'algunos que están aquí presentes no morirán sin antes haber visto al Hijo del Hombre viniendo como Rey' ". (Mateo 16:28)

"Asimismo, cuando ustedes noten todas estas cosas que les he dicho, sepan que el tiempo ya está cerca, a las puertas. En verdad os digo: 'no pasará esta generación, hasta que sucedan todas estas cosas' ". (Mateo 24:33-34)

"En verdad les digo que 'no pasará esta generación sin que ocurra todo eso' ". (Marcos 13:30)

"Yo les aseguro que 'no pasará esta generación hasta que todo esto suceda'". (Lucas 21:32)

Sin lugar a dudas, la profecía es muy clara: el mundo debió acabar en el primer siglo de nuestra era; ese fue el mensaje claro e inequívoco. Han transcurrido ya dos mil años y la profecía no se ha cumplido, lo cual deja muy mal parado a su autor.

Conjuntamente con este tema, están las profecías de hambruna, guerras y desastres previos al día final. Estas profecías son como profetizar que siempre saldrá el sol. Toda la historia de la humanidad ha estado y estará llena de conflictos y calamidades, por ello esta profecía no tiene nada de novedoso o fuera de lo común. Lo que si es cierto es que mientras existan las religiones organizadas existirán en mayor grado los conflictos y las guerras.

Especialmente en USA existe un grupo de fundamentalistas judíos, que como tales son los más peligrosos en toda religión organizada, que siguen creyendo que el mundo fue hecho en 6 días y que el rapto del final de los días también se habrá de producir después de Armagedón. Como consecuencia de ello, y con el objeto de estar entre los 144,000 elegidos, son los más interesados y están tratando de buscar un conflicto bélico en el Medio Oriente que tenga las características de hecatombe mundial. Los fundamentalistas son los más peligrosos y hay que tener cuidado con ellos.

Personalmente estoy seguro que el fin del mundo está muy lejos de suceder, pues los seres humanos estamos en pleno camino de regreso a casa y aún falta mucho para que completemos esa jornada.

La segunda venida

"Después de esa angustia llegarán otros días: entonces el sol dejará de iluminar, la luna perderá su brillo, las estrellas caerán del cielo y el universo entero se conmoverá. Y verán venir al hijo del hombre en medio de las nubes, con gran poder y gloria". (Marcos 13:24-26)

"En verdad os digo: no terminarán de recorrer todas las ciudades de Israel antes de que venga el hijo del hombre". (Mateo 10:23)

"En verdad os digo: alguno de ustedes aquí presentes no morirán sin antes haber visto al hijo del hombre viniendo como rey". (Mateo 16:28).

Es muy claro que la profecía afirma que antes de terminar la generación contemporánea a Jesús, o en todo caso, antes de finalizar el primer signo de nuestra era Jesús había anunciado su segunda venida. También está claro, que Jesús falló clamorosamente al anunciarla, pues han transcurrido más de 2 mil años y aún no se produce el acontecimiento.

Antiguo Testamento

¡El espíritu del Señor Yavé está sobre mí! ¡Si, Yavé me ha ungido! Me ha enviado con un buen mensaje para los humildes, para sanar los corazones heridos, para anunciar a los desterrados su liberación, y a los presos su vuelta a la luz. Para publicar el año de gracia de Yavé, y el día del desquite de nuestro Dios, para consolar a los que lloran.
(Isaías 61:1-2)

Derramaré agua sobre el suelo sediento y los riachuelos correrán en la tierra seca.
(Isaías 44:3)

Nuevo Testamento

Llegó a Nazaret, donde se había criado, y el sábado fue a la sinagoga, como era su costumbre. Se puso de pie para hacer la lectura, y le pasaron el libro del profeta Isaías y encontró el pasaje donde estaba escrito: El Espíritu del Señor está sobre mí. Él me ha ungido para llevar buenas noticias a los pobres, para anunciar la libertad a los cautivos y a los ciegos que pronto van a ver, para poner en libertad a los oprimidos y proclamar el año de gracia del Señor. (Lucas 4:16-19)

Pues el que cree en mí tendrá de beber. Lo dice la Escritura: De su seno brotarán ríos de agua viva. (Juan 7:38)

A ver ustedes que andan con sed, ¡Vengan a las aguas! (Isaías 55:1)

He aquí a mi siervo a quien yo sostengo, mi elegido, al que escogí con gusto, He puesto mi Espíritu sobre él, y hará que la justicia llegue a las naciones.

No clama, no grita, no se escucha su voz en las plazas. No rompe la caña doblada ni aplasta mecha que está por apagarse, sino que promueve la justicia en la verdad. No se dejará quebrar ni aplastar, hasta que establezca el derecho en la tierra. Las tierras de ultramar esperan su ley. (Isaías 42: 1-4)

... y él sanó a cuantos estaban enfermos. Pero les pedía insistentemente que no hablaran de él.

Así debían cumplirse las palabras del profeta Isaías:
Viene mi siervo, mi elegido, el Amado, en quien me he complacido. Pondré mi espíritu sobre él, para que anuncie mis juicios a las naciones. No discutirá, ni gritará, ni se oirá su voz en las plazas. No quebrará la caña resquebrajada, ni apagará la mecha que todavía humea, hasta que haga triunfar la justicia. Las naciones pondrán su esperanza en su Nombre. (Mateo 12:15-21)

En parábolas voy a abrir mi boca, evocaré los enigmas del pasado.

Las cosas que escuchamos y sabemos, que nos fueron contando nuestros padres, no pueden ignorarlas nuestros hijos. (Salmo 78:1-4)

Todo esto lo contó Jesús al pueblo en parábolas. No les decía nada sin usar parábolas de manera que se cumplía lo dicho por el Profeta: Hablaré en parábolas, daré a conocer cosas que estaban ocultas desde la creación del mundo. (Mateo 13:34-35)

Desde ese día no habrá más mercaderes en la casa de Yavé. (Zacarías 14:21)
¿Será un refugio de ladrones esta casa mía sobre la cual descansa mi Nombre? (Jeremías 7:11)

Jesús entró en el Templo y echó afuera a todos los que vendían y compraban en el Templo. Derribó las mesas de los que cambiaban monedas y los puestos de los vendedores de palomas. Está escrito: Mi casa será llamada Casa de Oración. Pero ustedes la han convertido en una cueva de ladrones. (Mateo 21:12-13)

Dios mío, Dios mío, ¿por qué me abandonaste? (Salmos 22:1)

Dios mío, Dios mío, ¿Por qué me has abandonado? (Mateo 27:46)

En tus manos encomiendo mi espíritu. (Salmo 31:6)

Padre, en tus manos encomiendo mi espíritu. (Lucas 23:46)

CAPÍTULO 3

JESUS FUERA DE LA BIBLIA

Historiadores.

No es muy difícil confirmar la falta de historicidad del Jesús del Cristianismo. La época en que se supone que el Salvador Cristiano estuvo en este mundo, en el territorio del Imperio Romano y en particular en la Provincia de Palestina (hoy Israel), fue uno de los periodos más documentados. Ninguno de los siguientes historiadores, escritores y filósofos[271] mencionó en sus obras palabra alguna del prodigioso Jesús:

Aulas Perseo (60 d.c.)
Dion Crisóstomo (40-112 d.c.)
Fedro, Cayo Julio (15 a.c. al 50 d.c.)
Filón de Alejandría (20 a.c. al 50 d.c.)
Flegón (siglo II d.c.)
Justo de Tiberias (80 d.c.)
Lucano, Marco Anneo (39 al 63 d.c.)
Lucius Junios Moderatus, de sobrenombre Columella (primer siglo d.c.)
Lucio Anneo Floro (primer y segundo siglo d.c.)
Petronio (66 d.c.)
Plinio el Viejo (23 al 69 d.c.)
Plutarco (46 al 119 d.c.)
Pomponio Mela (40 d.c.)
Quinto Curcio Rufo (primer siglo d.c.)
Quintiliano (35 al 100 d.c.)
Séneca (4 a.c. al 65 d.c.)
Silio Itálico (25 al 101 d.c.)
Teón de Esmirna (70 al 135 d.c.)
Tito Livio (59 a.c. al 17 d.c.)
Valerio Flaco (primer siglo d.c.)
Valerio Máximo (20 d.c.)

---

[271] Hemos tomado la relación proporcionada por D.M. Murdock en su obra ya citada Who was Jesús, fingerprints of the Christ, pág. 85.

Ciertamente las "historias" contadas en los Evangelios, como el nacimiento del Mesías esperado de Israel, la matanza de los inocentes, los prodigios y milagros de Jesús, su crucifixión, resurrección y posterior ascensión en cuerpo y espíritu a los cielos, el oscurecimiento del sol durante tres horas, el terremoto que partió las rocas y la resurrección de varios santos que salieron a pasear por las calles de Jerusalén, no son "historias de todos los días", y debieron merecer algún tipo de comentario, se estuviera o no a favor del movimiento cristiano. Tales hechos – de haber sido ciertos – debieron merecer algún reportaje; "extrañamente" ninguno de los historiadores y filósofos antes enumerados dijo una sola palabra al respecto, no obstante que entre todos escribieron varios miles de páginas, muchos de ellos pasearon los mismos lugares y en el mismo tiempo que supuestamente lo hizo Jesús. Para citar sólo un ejemplo de lo curioso que resulta el tema, Séneca y Plinio el Viejo, hicieron una laboriosa recopilación de los datos relacionados con todos los fenómenos naturales, llámense terremotos, meteoritos, cometas y eclipses que se produjeron durante sus respectivas vidas, pero del feroz terremoto y oscurecimiento que supuestamente se produjo el día de la crucifixión de Jesús, ni lo vieron ni jamás llegó a sus oídos.

Vamos a referirnos ahora puntualmente al caso de los más importantes personajes en la lista mencionada al comienzo de este capítulo, como son: Justo de Tiberias, Plutarco, Séneca y Filón.

En el caso de Justo de Tiberias, de quien conocemos a través de Focio, que escribió la historia de los judíos desde Moisés hasta el año 50 d.c., no dice palabra alguna sobre Jesús.[272] Como muchas otras obras comprometedoras contra el cristianismo, la obra de Justo de Tiberias se ha perdido.

Corroborando lo dicho, Gruber y Kresten, sobre el caso de la obra de Justo de Tiberias, nos dice: "... *nativo de Galilea, escribió una historia que cubría el periodo de vida de Jesús. Su trabajo se ha perdido, pero el estu-*

---

[272] Focio, en su Myriobiblion (código 33) escribe: "He leído la Cronología de Justo de Tiberíades que empieza con Moisés y termina con la muerte de Herodes Agripa. Es de lenguaje conciso y pasa a la ligera sobre asuntos que habría tenido que tratar a fondo y así, debido a sus prejuicios judíos pues era judío de nacimiento, no hace la mínima mención de la aparición de Cristo, ni de las cosas que le ocurrieron, ni de las obras maravillosas que hizo. Era hijo de un judío de nombre Pistus y un hombre, según lo describe Josefo, de carácter disoluto".

dioso cristiano Focio lo leyó en el siglo IX y expresó asombro (Biblioteca, 33) que no contenía 'ni una mención de la aparición del Cristo' ". [273]

Mestrio Plutarco (46 o 50 al 120 d.c.) fue uno de los más reconocidos historiadores, biógrafos y ensayistas griegos. Estudió filosofía, retórica y matemáticas en la Academia de Atenas sobre el año 67. Más moralista que filósofo e historiador, fue uno de los últimos grandes representantes del helenismo durante la segunda sofística, cuando ya tocaba a su fin, y uno de los grandes de la literatura helénica de todos los tiempos. Como historiador se le conocía como eminente y concienzudo, sin embargo no dedica una sola palabra a Jesús.

Lucio Anneo Séneca, llamado *Séneca el Joven* (4 a.c. A 65 d.c.), Fue un filósofo, político, orador y escritor romano conocido por sus obras de carácter moralista. Contemporáneo a la época en que debió vivir Jesús, destacó tanto como pensador e intelectual, así como político. Consumado orador, fue tanto una figura predominante de la política romana durante la era imperial, como uno de los senadores más admirados, influyentes y respetados, y fue foco de múltiples enemistades y benefactores, a causa de este extraordinario prestigio. En su vasta obra, tampoco dice una palabra sobre Jesús.

El caso más clamoroso es el de Filón de Alejandría (15-10 a.c., al 45-50 d.c.), también llamado *Filón el Judío*, es uno de los filósofos más renombrados del judaísmo helénico. Vivió durante toda la época de Jesús y le sobrevivió algunos años más. Fue un autor prolífico, especialmente en el campo filosófico-religioso, con obras como: *Sobre la creación del mundo. (De opificio mundi), Interpretación alegórica de las sagradas leyes contenidas en el Génesis II y III: libro 1, libro 2, libro 3., Sobre los querubines, la espada flamígera y Caín, primer hombre nacido de hombre. (Cherubim), Sobre el nacimiento de Abel y los sacrificios ofrecidos por él y su hermano Caín (De sacrificiis Abelis et Caini)*, entre otras.

Emilio Bossi, refiriéndose a Filón, con gran elocuencia nos dice:

Como escritor doctísimo, se ocupó especialmente en estudios de filosofía y religión, y no habría ciertamente olvidado a Jesús, su compa-

---

[273] Elmar R. Gruber & Holger Kresten, op. cit. pág. 4.

triota de origen, si Jesús hubiera en realidad aparecido sobre la faz de la tierra, y llevado a cabo una tan gran revolución del espíritu humano.

Una circunstancia de gran relieve hace todavía más elocuente el silencio de Filón en torno de Jesucristo: la que todas las enseñanzas de Filón pueden pasar por cristianas, de tal suerte que Havet no ha titubeado en llamar a Filón un verdadero padre de la Iglesia.

Filón, por otra parte, se preocupó con especialidad de acoplar el judaísmo con el helenismo, tomando del Antiguo Testamento las partes más elevadas después de distinguir el sentido alegórico del literal, e interpretando en el árbol de la religión hebraica el misticismo de los neoplatónicos alejandrinos. De esta manera llegó a formar una doctrina platónica del Verbo o Logos que tiene mucha afinidad con la del IV Evangelio y en la cual el Logos es precisamente Cristo.

Ahora bien, ¿No es una gran revelación esta circunstancia?

Filón que vive en tiempo de Cristo, que es ya célebre antes que éste nazca, y que muere varios años después de Cristo; Filón, que realiza en el Judaísmo la misma, idéntica transformación, helenización o platonización que los Evangelios, especialmente del IV; Filón, que habla del logos o del Verbo lo mismo que el cuarto Evangelio, ¿Cómo no nombra una sola vez a Jesucristo en ninguna de sus numerosas obras?

¿No prueba este hecho elocuentísimo que Jesucristo no fue persona histórica y real, sino pura invención o creación mitológica y metafísica, a lo cual contribuyó más que otro cualquiera el mismo Filón, que escribe como un cristiano sin saber nada de tal nombre, que habla del Verbo sin conocer a Cristo, como se demostrará en su lugar?

Si Filón ha podido hablar del Verbo y escribir como un cristiano antes de Cristo, sin saber nada y nada decir de él ¿No indica esto que el cristianismo se elaboró sin Jesús y por obra precisamente o principalmente de Filón mismo, que no dice una sola palabra de la persona humana, de la existencia material e histórica de Jesucristo. [274]

---

[274] Bossi Emilio (Milesbo), Jesucristo nunca ha existido, Tercera Edición, F. Granada y C,

Gruber y Kersten, sobre Filón, son contundentes en afirmar: "*Sobreviven alrededor de 50 trabajos, que contienen muy interesante material acerca de la historia, filosofía y religión, pero en ninguna parte de estos escritos él menciona a Jesús, no obstante que hizo un abundante reporte de Pilatos*". [275]

Lo que se corrobora con la opinión de Barbara G. Walker:

Filón de Alejandría, nació antes de la era cristiana y vivió hasta mucho después del tiempo de Jesús. Filón conocía bien Jerusalén y habría sabido de la masacre de niños de Herodes, además de los milagros de Jesús, sus muy atendidas prédicas, su entrada triunfal y crucifixión, con su terremoto, reanimación de cadáveres y muchas otras maravillas. Él habría escuchado sobre la resurrección ante muchos testigos. Como Dan Barker lo remarca, ́estos maravillosos eventos que, si realmente hubieran ocurrido, habrían llenado el mundo de asombro, fueron desconocidos para él. [276]

Finalmente, resulta sorprendente que no existan referencias a Jesús en los textos judíos, en especial en el Talmud. Por mucho tiempo los apologistas cristianos han tratado de identificar al Jesús de los Evangelios con "Jesús ben Pandira" a que se refiere dicho texto, pero dicho personaje nació unos cien años antes de nuestra era y su historia no tiene relación alguna con el Jesús cristiano.

Respecto de este tema, es ilustrativa la opinión del maestro Massey:

Generalmente se ha admitido que la existencia de un Jehoshua, hijo de Pandira..., reconocido por el Talmud, prueba la existencia personal de Jesucristo como un personaje histórico en los Evangelios. Pero un exámen más estrecho de los datos muestra que la teoría es totalmente insostenible... Jehoshua ben Pandira debe haber nacido en el año 102 a.c... Todos los escritores judíos niegan la identidad

---

Barcelona, 1907, pág. 18-19.
[275] Gruber Elmar R. & Kresten Holger, op. cit. pág. 4.
[276] Walker Barbara G., Man Made God, op. cit., pág. 146.

del Jehoshua talmúdico con el Jesús de los Evangelios... Los judíos no saben nada de Jesús como el Cristo de los Evangelios... [277]

Por su parte Wells, es categórico:

La muy compleja revisión de Klausner del material relevante en [el Talmud] le llevó a la conclusión que las referencias a Jesús en la literatura rabínica, no se producen antes del comienzo del siglo II... Si hubiera habido un Jesús histórico que hubiera tenido el curso de la vida que se le atribuye en los Evangelios, la ausencia de referencias anteriores se hace muy difícil de explicar. Cuando los rabinos empiezan a mencionarle, son tan vagos en sus cronologías que difieren tanto como doscientos años en las fechas que le asignan... Está claro que nunca pensaron probar si había existido, sino que supusieron que era cierto que ese nombre correspondía a una persona... Pero veamos qué tienen que decir de la historia de Jesús los estudiosos judíos modernos, como Sandmel y Goldstein. Sandmel admite que el conocimiento que tenemos de él ´procede solo del Nuevo Testamento´, ´puesto que era desconocido en la literatura judía y pagana que se conserva de su época´; y que los fragmentos sobre él en la antigua literatura talmúdica reflejan el material del Nuevo Testamento y no dan información que sea independiente de la tradición cristiana. Que el Talmud es inútil como fuente de información fiable sobre Jesús es algo admitido por la mayoría de los investigadores cristianos. [278]

A continuación vamos a examinar las fuentes históricas que muestran los apologistas del Cristianismo a favor de su tesis.

Flavio Josefo.

Historiador judío nacido en 37/38 d.C. y muerto a principios del s. II. Era hijo de un sacerdote llamado Matías, de la orden de Joiarib (1 Cr. 24.7), y según él mismo, era pariente de los asmoneos, que pertenecían a la misma orden. Después de un breve período de asociación con los esenios, y

---

[277] Acharya S., La Conspiración de Cristo, op. cit., pág. 103.
[278] Ibid, págs. 103-104.

con un asceta llamado Bano que vivía en el desierto, se unió al partido de los fariseos a la edad de 19 años. En el 66 d.c. se opuso tenazmente a la rebelión judía contra Roma, y aunque participó en la insurgencia con una comandancia en Galilea, finalmente se rindió ante el comandante romano Vespasiano, a quien predijo que sería elevado a la púrpura imperial. La predicción se cumplió en 69 d.c. Al año siguiente Josefo fue agregado al cuartel general romano durante el sitio de Jerusalén, en el que actuó como intérprete de Tito (hijo de Vespasiano y su sucesor en el comando palestino) cuando quiso ofrecer condiciones a los defensores de la ciudad. Después de la caída de Jerusalén, Josefo fue a Roma, donde se estableció como cliente y pensionado del emperador, cuyo nombre de familia, Flavio, adoptó.

Como sería de esperar, el comportamiento de Josefo durante la guerra le ganó el estigma indeleble de traidor ante los ojos de la nación judía. Aun así, empleó los años de su agradable estancia en Roma a la actividad literaria. Su obra de mayor longitud es *Antigüedades de los Judíos*, en veinte tomos, que relatan la historia de su pueblo desde las épocas más primitivas (en realidad comienza su narración con la creación del mundo) hasta sus propios días. Completó esta obra en el año 93 d.c.

En el Libro XVIII, Capítulo III, 3 de las *Antigüedades de los Judíos* se encuentra el controvertido párrafo conocido como el *Testimonium Flaviarum*, que a la letra dice:

Por aquel tiempo existió un hombre sabio, llamado Jesús, si es lícito llamarlo hombre, porque realizó grandes milagros y fue maestro de aquellos hombres que aceptan con placer la verdad. Atrajo a muchos judíos y muchos gentiles. Era el Cristo. Delatado por los principales de los judíos, Pilatos lo condenó a la crucifixión. Aquellos que antes lo habían amado no dejaron de hacerlo, porque se les apareció al tercer día resucitado; los profetas habían anunciado éste y mil otros hechos maravillosos acerca de él. Desde entonces hasta la actualidad existe la agrupación de los cristianos. [279]

Evidentemente se trata de una interpolación, por lo siguiente:

---

[279] Flavio Josefo, Antigüedades de los Judíos, http://www.scribd.com/doc/5622297/Antiguedades-de-los-Judios-Flavio-Josefo

1. Josefo era un judío que nunca abdicó de su fe. Por lo tanto él no podría haber afirmado que Jesús era el Cristo, o sea, el Mesías esperado por el pueblo judío. Josefo pensaba que la profecía divina había sido malinterpretada por los judíos y que el *gobernador del mundo* ya había llegado en la persona del emperador romano Vespasiano, quien fue proclamado como tal en Judea[280]. Por tanto, es imposible que Josefo repentinamente cambiara de opinión para presentar a Jesús como el Cristo. El párrafo, como está redactado, sólo pudo haberlo hecho un cristiano.

2. Este párrafo interrumpe la secuencia lógica que prosigue en el párrafo siguiente. Para poder apreciar este hecho, vamos a transcribirlo nuevamente incluyendo también el párrafo posterior:

También dispuso Pilatos llevar agua a Jerusalén, a expensas del tesoro sagrado, desde una distancia de doscientos estadios. Pero los judíos quedaron descontentos por las medidas tomadas; se reunieron muchos miles de hombres que pidieron a gritos que se desistiera de lo ordenado; algunos, como suelen hacerlo las multitudes, profirieron palabras ofensivas. Pilatos envió un gran número de soldados vestidos con ropa judía, pero que bajo los vestidos ocultaban las armas, a fin que rodearan a los judíos; luego ordenó a éstos que se retiraran. Como los judíos dieron muestras de querer injuriarlo, hizo la señal convenida a los soldados; éstos castigaron mucho más violentamente de lo que se les había ordenado tanto a los que estaban tranquilos, como a los sediciosos. Pero los judíos no mostraron señal ninguna de debilidad, de tal modo que sorprendidos de improviso por gente que los atacaba a sabiendas, murieron en gran número en el lugar, o se retiraron cubiertos de heridas. Así fue reprimida la sedición.

Por aquel tiempo existió un hombre sabio, llamado Jesús, si es lícito llamarlo hombre, porque realizó grandes milagros y fue maestro de aquellos hombres que aceptan con placer la verdad. Atrajo a muchos judíos y muchos gentiles. Era el Cristo. Delatado por los principales de los judíos, Pilatos lo condenó a la crucifixión. Aque-

---

[280] Freke Timothy & Gandy Peter, The Jesus Mysteries, op. cit., pág. 137.

llos que antes lo habían amado no dejaron de hacerlo, porque se les apareció al tercer día resucitado; los profetas habían anunciado éste y mil otros hechos maravillosos acerca de él. Desde entonces hasta la actualidad existe la agrupación de los cristianos.

Por la misma época los judíos sufrieron otra tribulación. Acontecieron en Roma algunos hechos en el templo de Isis, que se consideraron escandalosos. Recordaré primeramente el crimen que se cometió en dicho templo, y luego referiré lo acontecido a los judíos. Había en Roma una cierta Paulina, de ilustre nacimiento y de gran prestigio por su afán en la práctica de la virtud además abundaba en riquezas, era de una gran belleza y estaba en aquella edad en que las mujeres son más coquetas; pero ella llevaba una vida virtuosa. Estaba casada con Saturnino, que rivalizaba con ella por sus buenas cualidades. Se enamoró de ella Decio Mundo, caballero de la más alta dignidad. En vano trató de seducirla mediante numerosos regalos, pues ella rechazó todos los que le ofrecía. Su amor aumentó cada vez más, hasta que llegó a ofrecerle doscientas mil dracmas áticas por una sola noche.

En vista que ni aun con esta suma pudo doblegar su ánimo, no pudiendo soportar más su pasión, determinó dejarse morir de hambre para poner fin a sus sufrimientos. Decidido a morir así, se preparó para hacerlo. Pero había una liberta de su padre, de nombre Ide, experta en toda clase de crímenes. Se lamentó que el joven persistiera en morir, pues era evidente que realizaría su propósito. Se acercó a él y lo animó, asegurándole que gozaría de los abrazos de Paulina. Él accedió a su propuesta, y ella le aseguró que le bastaban cincuenta mil dracmas para la conquista de aquella mujer. Después que infundió esperanzas en el joven y recibido el dinero solicitado, adoptó medios diferentes de los utilizados hasta entonces; pues veía que Paulina no podía ser seducida mediante dinero. Informada que era muy dada al culto de Isis decidió realizar lo siguiente.

Habiendo reunido a algunos de sus sacerdotes a quienes obligó con juramentos, y sobre todo luego de ofrecerles dinero, por el momento veinticinco mil, y otro tanto cuando el asunto se hubiera llevado a cabo, les expuso el amor del joven y los incitó a que de todos modos procuraran apoderarse de la joven. Ellos, inducidos por el oro, prometieron hacerlo. El mayor de ellos se acercó a Paulina y pidió hablar con ella a solas. Habiéndosele concedido, dijo que venía en nombre de Anubis, pues el dios, a causa del amor que sentía por ella, la invitaba a que fuera a él. Estas noticias le resultaron agradables y deseables y se jactó ante sus familiares del honor que Anubis le otorgaba; anunció también a su marido que había sido invitada a comer y a acostarse con Anubis. Él recibió estas noticias alegremente, pues conocía muy bien la honestidad de su mujer.

Paulina se dirigió al templo, y después de haber cenado, siendo hora de acostarse, habiendo el sacerdote cerrado las puertas, dentro del templo se apagaron las luces. Mundo, que se había escondido, se unió con ella, y ella se entregó durante toda la noche, creyendo que se trataba del dios.

Él se fue antes que se levantaran los sacerdotes que conocían la intriga. Paulina por la mañana se presentó ante su esposo a quien narró la aparición de Anubis, relatándola también orgullosamente a sus familiares. De éstos, unos no la creyeron, considerando la naturaleza del asunto; otros se admiraron de ello, pues no podían, sin ser injustos, dudar de su palabra, sí tenían en cuenta su honestidad y nobleza.

Al tercer día después del hecho, Mundo se presentó a Paulina y le dijo:

—Paulina, me has ahorrado doscientas mil dracmas, que pudiste agregar a tu fortuna; y sin embargo, me concediste lo que te pedí. Poco importa que te hayas esforzado en injuriar a Mundo; pues hiciste lo que yo deseaba bajo el nombre de Anubis.

Dichas estas palabras, se fue. Ella, informada de la afrenta inferida, se rasgó los vestidos y relató a su esposo la magnitud de la ofensa, pidiéndole que la vengara. Este presentó el asunto ante César. Tiberio, habiendo hecho averiguar lo acontecido entre los sacerdotes, los condenó a ser crucificados e hizo morir también a Ide, culpable de todo lo que había pasado a aquella mujer. Además destruyó el templo e hizo arrojar al agua del Tíber la imagen de Isis. A Mundo lo castigó con el destierro, considerando que no tenía por qué castigarlo más, pues había delinquido por la vehemencia de su amor. Estos fueron los actos vergonzosos con los que sacerdotes de Isis infamaron su templo. Ahora voy a referir lo que aconteció a los judíos que vivían en Roma, como dije antes.* [281]

Como se puede apreciar el párrafo en el que aparece la referencia a Jesús, está fuera de contexto, no tiene relación alguna con el anterior ni menos con el que le sigue. Si eliminamos el cuestionado párrafo, el texto recupera la coherencia del relato. Es más, ésta parte de la obra de Josefo está dedicada a las calamidades del pueblo judío, de tal forma que una referencia a Jesús no tenía sentido haberla insertado aquí.

Como lo subraya A, Peyrat[282]: *"El pasaje intercalado entre dos acontecimientos, no puede atribuirse en modo alguno a Josefo, porque rompe bruscamente el hilo de la narración, pues que el autor se revela en toda su obra maestra en el arte de colocar cada cosa en su lugar".*

Sobre este aspecto es también importante señalar que la prueba más contundente de la interpolación está en la propia redacción del párrafo siguiente al *Testimonium Flaviarum*, que comienza diciendo "En esa misma época los judíos sufrieron otra tribulación" (en algunas traducciones se dice: "En esa misma época los judíos sufrieron otro accidente deplorable"), de donde se desprende que la otra tribulación o accidente solo puede referirse al primero, esto, a la sedición popular. La *testimonium flaviarum* no tiene cabida alguna en el relato de Josefo.

3. Como hemos dicho, esta obra de Josefo fue escrita en el año 93 d.c., sin embargo el primero que la menciona es Eusebio (260 – 339 d.c.). Recuérdese que el segundo y tercer siglo constituyen una

---
[281] Flavio Josefo, op. cit., Ibid.
[282] Citado por Emilio Bossi, Jesús Nunca ha Existido, op. cit., pág. 23.

época especialmente importante, en la cual los llamados Padres de la Iglesia buscaban desesperadamente encontrar argumentos para defender la historicidad de Jesús. Hubieron dentro de ellos expertos en la obra de Josefo, como Orígenes (185 a 253 d.c.), quien estudió y citó dicha obra y no hace mención alguna a este párrafo. Tampoco Tertuliano y San Cipriano, en sus numerosas y ardientes polémicas con los paganos lo mencionan. Todo apunta pues a sospechar que fue Eusebio el tramposo que interpoló el texto, y ésta no sería ni la primera ni la última vez que esto habría de suceder, pues el Obispo Eusebio tiene la fama de haber sido responsable de muchas otras interpolaciones, "revisiones" y falsificaciones flagrantes, que bajo el epíteto de "mentiras piadosas" han plagado la historia de la Santa Iglesia Católica.[283]

4. Resulta inaudito que Josefo dedicara, de toda su obra, un solo párrafo al *"Cristo"*, esto es al Mesías tan largamente esperado por los judíos y, a su vez, hablara tan extensamente de personajes como Pilatos y los otros 20 cristos. Tampoco hubo una sola palabra de sus milagros, sus apóstoles y los supuestos hechos extraordinarios que sucedieron durante su vida y muerte.

5. Los eruditos en el tema también han subrayado que en el texto del *Testimonium Flaviarum,* Josefo aparece utilizando palabras que no son propias de su lenguaje sino del estilo de Eusebio.[284]

6. Josefo escribió su obra *"La Guerra de los Judíos"* en el año 75, esto es 20 años antes de *"Antigüedades Judías",* no mencionando en la primera una sola palabra referida a Jesús. Además, antes de nombrar a Jesús, Josefo escribió 30 volúmenes en los que habla extensamente sobre el pueblo judío, sin referirse para nada a Jesús.

En la obra de las *Antigüedades de los Judíos* de Josefo existe una segunda referencia a Jesús, que está contenida en el Libro XX, capítulo IX, 1, que dice: *"Siendo Anán de este carácter, aprovechándose de la oportunidad, pues Festo había fallecido y Albino todavía estaba en camino, reunió*

---

[283] Walker G. Barbara, Man Made God, op. cit., pág. 146.
[284] Murdock D. M., Who was Jesús, op.cit., pág 88.

el sanedrín. Llamó a juicio al hermano de Jesús que se llamó Cristo; su nombre era Jacobo, y con él hizo comparecer a varios otros. Los acusó de ser infractores a la ley y los condenó a ser apedreados".

Por lo menos la frase "Llamó a juicio al hermano de Jesús que se llamó Cristo", es una interpolación. Es este sentido repito los comentarios antes escritos.

Cornelio Tácito.

Tácito fue un conocido historiador romano que vivió entre el año 55 al 120 d.c. Su obra más reconocida es los *Anales (Annales)*, escrita entre los años 115-117.

El Libro XV, Capítulo 44, se refiere al incendio de Roma, que fuera provocado por el emperador Nerón, el mismo que a continuación transcribimos:

> ...ni por todos los medios humanos, ni por donativos del príncipe, ni por las expiaciones a los dioses disminuía la creencia infamante que el incendio había sido provocado. Por ello, para eliminar tal rumor, Nerón buscó unos culpables y castigó con las penas más refinadas a unos a quienes el vulgo odiaba por sus maldades y llamaba cristianos. El que les daba este nombre, Cristo, había sido condenado a muerte durante el imperio de Tiberio por el procurador Poncio Pilato. Esta funesta superstición, reprimida por el momento, volvía a extenderse no solo por Judea, lugar de origen del mal, sino también por la Ciudad (Roma), a donde confluyen desde todas partes y donde proliferan toda clase de atrocidades y vergüenzas. [285]

Sin duda se trata de otra interpolación, por lo siguiente:

1. *Anales* de Tácito, es una muy extensa obra, que comprende 16 voluminosos libros, que contiene, con lujo de detalles, la historia del Imperio Romano a partir del año 14 d.c. Resulta por demás increíble, que Tácito sólo le hubiera dedicado un párrafo a Jesús.

---

[285] Cornelio Tácito: "Anales". Traducción, prólogo y notas de Crescente López de Juan. Libro de Bolsillo. Alianza Editorial, S. A. Madrid, 1993.

2. El párrafo bajo estudio se encuentra ubicado en el Libro XV, que se refiere a la época de Nerón. Sin embargo en los Libros I al VI, que contienen la historia romana entre el año 14 d.c. hasta el año 37 d.c., que es la supuesta época de Jesús, ni una sola palabra.
3. *Sólo* se menciona de su existencia en el siglo XV. En esa época sólo existía una copia de dicha obra, la misma que se encontraba en poder de la iglesia. Es fácil deducir que aquí también se produjo otra de las llamadas "interpolaciones piadosas".
4. Los Padres de la Iglesia, tales como Orígenes, Tertuliano, San Crisóstomo, no mencionan la existencia de este párrafo, que de haber sido verdadero, ciertamente habría sido mencionado en defensa de la tesis de la historicidad de Jesús. Específicamente Tertuliano estaba familiarizado con los escritos de Tácito, citándolos en muchas ocasiones, pero guarda absoluto silencio sobre el párrafo bajo análisis, lo que muestra que se trata de otra interpolación dolosa.
5. En el caso de Clemente de Alejandría, es uno de los escritores cristianos más conspicuos de la literatura pagana; según Quasten[286], en sus obras se encuentran unas 360 citas de los clásicos. Sin embargo ni una palabra sobre este párrafo de Tácito.
6. Quien hizo la interpolación, otorga a Pilatos el cargo de "Procurador", cuando en realidad era "Prefecto". Este error jamás habría provenido de Tácito.

Suetonio

Cayo Suetonio Tranquilo (70 al 140 d.c.). Alrededor del año 120 escribió su obra *De vita Caesarum*, que relata la vida de los doce césares o gobernadores de Roma desde Julio César a Domiciano.

Cuando escribía sobre el emperador Claudio, dice:

"Expulsó a los judíos de Roma, los cuales instigados por Chrestus [287] *no cesaban en su agitación".*

---

[286] Quasten Johannes, 1900-1987, teólogo católico y estudioso de la patrística.
[287] En otras traducciones "Cresto".

No puede considerarse como una prueba de la historicidad de Jesús, pues el nombre de "Chrestus" o "Cresto", pueden muy bien tratarse de un nombre propio de un personaje llamado así.

De la historia de Jesús se sabe que nunca llegó a Roma y el Emperador Claudio, gobernó del 41 al 54, d.c., que es una época posterior a la fecha de la supuesta muerte de Jesús. Por lo tanto, la cita no puede haberse referido al fundador del cristianismo.

En todo caso, si Suetonio hubiera sabido de la existencia de Jesús, lo habría mencionado en la parte dedicada a Tiberio, quien gobernó desde el año 14 al 37 d.c., esto es durante su supuesta vida pública.

Plinio el joven.

Abogado, escritor y científico romano, vivió del año 61 al 112 d.c.

Plinio el joven, entre los años 100 y 112, escribió al emperador Trajano la siguiente carta:

1. Señor, es regla mía someter a tu arbitrio todas las cuestiones en las que tengo alguna duda. ¿Quién mejor para encauzar mi inseguridad o para instruir mi ignorancia? Nunca he llevado a cabo investigaciones sobre los cristianos: no sé, por tanto, qué hechos ni en qué medida deban ser castigados o perseguidos.

2. Y harto confuso me he preguntado si no se debería hacer diferencias a causa de su edad, o si la tierna edad ha de ser tratada del mismo modo que la adulta; si se debe perdonar a quien se arrepiente, o bien si a quien haya sido cristiano le vale de algo el abjurar; si se ha de castigar por el mero nombre (de cristiano), aun cuando no hayan hecho actos delictivos, o los delitos van unidos a dicho nombre. Entre tanto, así es como he actuado con quienes me han sido denunciados como cristianos.

3. Les preguntaba a ellos mismos si eran cristianos. A los que respondían afirmativamente, les repetía dos o tres veces la pregunta, amenazando con suplicio; a quienes perseveraban, les hacía matar. Nunca he duda-

do, de hecho, fuera lo que fuese lo que confesaban, que tal contumacia y obstinación inflexible merece castigo al menos.

4. A otros, convictos de la misma locura, he hecho trámites para enviarlos a Roma, puesto que eran ciudadanos romanos. Y muy pronto, como siempre sucede en estos casos, propagándose el crimen al igual que la indagación, se presentaron numerosos casos distintos.

5. Me fue enviada una denuncia anónima que contenía el nombre de muchas personas. Quienes negaban haber sido cristianos, si invocaban a los dioses conforme a la fórmula que les impulsa, y si hacían sacrificios con incienso y vino a tu imagen, que a tal efecto hice instalar, y maldecían además de Cristo -cosas todas ellas que, según me dicen, es imposible conseguir de quienes son verdaderamente cristianos- consideré que debían ser puestos en libertad.

6. Otros, cuyo nombre me había sido denunciado, dijeron ser cristianos pero poco después lo negaron; lo habían sido, pero después habían dejado de serlo, algunos al pasar tres años, otros más, otros incluso tras veinte años. También todos estos han adorado tu imagen y las estatuas de nuestros dioses y han maldecido a Cristo.

7. Por otro lado, ellos afirmaban que toda su culpa o error había consistido en la costumbre de reunirse un día fijo antes de salir al sol y cantar a coros sucesivos un himno a Cristo como a un dios, y en comprometerse bajo juramento no ya a perpetuar cualquier delito, sino a no cometer hurtos, fechorías o adulterios, a no faltar a nada prometido, ni a negarse, a hacer un préstamo del depósito. Terminados esos ritos, tienen por costumbre separarse y volverse a reunir para tomar alimento, por lo demás común e inocente. E incluso de estas prácticas habían desistido a causa de mi decreto por el que prohibí las asociaciones, siguiendo tus órdenes.

8. He considerado necesario arrancar la verdad, incluso con torturas, a dos esclavas que se llamaban servidoras. Pero no conseguí descubrir más que una superstición irracional y desmesurada. Por eso, tras suspender las indagaciones, acudo a ti en busca de consejo.

9. *El asunto me ha parecido digno de consultar, sobre todo por el número de denunciados: Son, muchos, de hecho de toda edad, de toda clase social, de ambos sexos, los que están o estarán en peligro. Y no es sólo en las ciudades, también en las aldeas y en los campos donde se ha difundido el contagio de esta superstición. Por eso me parece necesario contenerla y hacerla acallar.*

10. *Me consta, de hecho, que los templos, que habían quedado casi desiertos, comienzan de nuevo a ser frecuentados, y que las ceremonias rituales que hace tiempo habían sido interrumpidas, se retoman, y que se vende en todas partes la carne de las víctimas que hasta la fecha tenían escasos compradores. De donde puede deducir qué gran cantidad de hombres podría enmendarse si se aceptase su arrepentimiento.*[288]

Este documento no prueba la existencia de Jesús:

1. No se refiere a un hombre llamado Jesús; menciona a un Cristo, que para el caso no es un nombre propio sino un sustantivo. Christo o Cristo quiere decir *"el ungido"*. La humanidad ha conocido muchos personajes a los que se les dio el título de Cristo.

2. Plinio no afirma ni sugiere que haya existido alguna vez una persona llamada Jesús. Simplemente escribe lo que ha escuchado decir a un grupo religioso que dice llamarse cristiano, lo cual no prueba si su fundador existió o no. En otro caso, si digo que soy Budista, mi declaración no implica que también esté afirmando que Buda haya sido una persona que realmente existió.

3. Lo único que prueba este documento es la existencia en Roma, a comienzos del segundo siglo, de un grupo de personas que se llama a sí mismas cristianos, lo cual es históricamente cierto.

---

[288] Traducción: http://www.ateoyagnostico.com/2012/06/12/testimonios-de-una-no-existencia-plinio-tacito-y-suetonio/.

La carta de Mara Bar-Serapion.

En su desesperado intento de probar la historicidad de Jesús, los apologistas del Cristianismo han ofrecido como prueba un manuscrito siriaco del Siglo VII, que actualmente se encuentra en el Museo Británico de Londres, que fue escrito por un tal Mar Bar-Sarapion alrededor del año 73 d.c.

El documento dice:

¿Qué ventaja obtuvieron los atenienses cuando mataron a Sócrates? Carestía y destrucción les cayeron encima como un juicio por su crimen. ¿Qué ventaja obtuvieron los hombres de Samo cuando quemaron vivo a Pitágoras? En un instante su tierra fue cubierta por la arena. ¿Qué ventaja obtuvieron los judíos cuando condenaron a muerte a su rey sabio? Después de aquel hecho su reino fue abolido. Justamente Dios vengó aquellos tres hombres sabios: los atenienses murieron de hambre; los habitantes de Samo fueron arrollados por el mar; los judíos, destruidos y expulsados de su país, viven en la dispersión total. Pero Sócrates no murió definitivamente: continuó viviendo en la enseñanza de Platón. Pitágoras no murió: continuó viviendo en la estatua de Hera. Ni tampoco el rey sabio murió verdaderamente: continuó viviendo en la enseñanza que había dado.

Algunos estudiosos han interpretado que la referencia de la carta al *"rey sabio"* hace alusión a Jesús y que la *"abolición del reino"* hace referencia a la destrucción del Templo de Jerusalén en el año 70. Estas son conjeturas que pueden o no ser ciertas. Por lo tanto, no puede considerarse este documento como una prueba fehaciente de la historicidad de Jesús.

Con esto terminan las "pruebas" que exhiben los apologistas de la historicidad de Jesús como fundador del Cristianismo. Del análisis desapasionado de tales pruebas, debemos concluir que no aportan nada en favor de esa tesis.

CAPÍTULO 4

OTROS ASPECTOS QUE PRUEBAN LA NO HISTORICIDAD DE JESUS

Cuando la historia se refiere a personas que por su importancia han dejado huella ya sea en el campo político, económico, militar, social o religioso, tenemos de ellos información que nos lleva a la certeza que dichas personas efectivamente existieron. Nadie pone en duda su existencia histórica porque existen pruebas indubitables que efectivamente existieron e hicieron lo que sabemos de ellos.

En el caso de Alejandro Magno, tenemos certeza que nació en Pella el año 356 a.c., que murió en Babilonia el año 323 a.c., que fue rey de Macedonia desde el año 336 a.c. hasta su muerte; que fue hijo de Filipo II de Macedonia, que fue educado, entre otros, por Aristóteles; que gracias a su formación militar e intelectual logró consolidar el Imperio más grande que la humanidad haya conocido. Sabemos también que murió envenenado en una cena en el palacio de Nabucodonosor II. Sabemos de su aspecto físico a través de las esculturas que han quedado de él en los museos de Roma y Louvre; incluso conocemos su sarcófago que se encuentra en uno de los museos de Estambul. A nadie, en su sano juicio, se le ocurriría dudar de la existencia real de este hombre, pues su huella existe.

Cuando hablamos del hombre que se supone ha sido el más importante de la humanidad, que entre otras cosas, nació de una virgen, predicó, realizó los milagros más grandiosos que la humanidad haya conocido, que resucitó y que fundó una de las religiones más influyentes de la historia, independientemente si simpatizamos o no con sus ideas o con la organización supuestamente erigida en su nombre, debemos suponer que existen huellas, pruebas o por lo menos indicios que avalen o confirmen su existencia. En el caso de Jesús, contra toda lógica, no existe nada.

En su momento Emilio Bossi, con contundencia y seguridad afirmó:

No sólo la historia permanece muda respecto de la persona de Jesucristo; no sólo se ha demostrado que los autores históricos que hablan de él fueron en este punto falsificados; no sólo existen pruebas históricas contra la existencia de Jesucristo, sino que además la historia no lo ha conocido jamás, ni ha podido conservarnos su fisonomía humana, Jesucristo no es una persona histórica; es Dios, tan solo Dios, más o menos antropomorfizado. [289]

Veamos algunos de los elementos que faltan dramáticamente para poder afirmar que Jesús realmente existió.

Fecha de nacimiento:

Este tema ya lo hemos analizado extensamente en el Capítulo dedicado al estudio de los Evangelios, en el que hemos demostrado que no existe dato confiable de ningún tipo que nos lleve a la certidumbre de ese dato.

Ni la propia Iglesia Católica tuvo jamás la certidumbre de esa fecha, pues tardó hasta el año 325 d.c.[290] para declarar, sin prueba alguna, que fue un 25 de diciembre, pero no hubo acuerdo sobre el año, con lo que terminó aceptando que Jesús no era más que otra personificación de los dioses solares.

Como aún faltaba determinar el año del nacimiento, el Papa Hormisdas, en el año 525, encargó el asunto al sabio ruso Dionisio el Exiguo o el Pequeño. Dionisio llegó a la conclusión que fue el año 753 de la fundación de Roma y, de esta forma, se instituyó este año como el primero de la era cristiana, el *Anno Dominis*.

No obstante los esfuerzos de Dionisio, sus cálculos no pudieron establecer con exactitud la fecha de nacimiento de Jesús.

¿Por qué? Para dar respuesta a esta pregunta reproducimos lo que ya dijimos anteriormente:

1. Por la historia sabemos que Augusto ordenó censar a los ciudadanos de su imperio, pero ese censo se produjo en el año 3 a.c., es decir 3 años antes de la fecha en que se supone nació Jesucristo.

---

[289] Bossi Emilio, op. cit., pág. 37.
[290] Concilio de Nicea del 325 d.c.

2. Lucas, menciona que el censo se produjo cuando Quirino era Gobernador de Siria, pero también por los anales de la historia sabemos que Quirino sólo ocupó dicho cargo a partir del año 6 d.c.

3. Resulta que para el año propuesto como año 1, esto es el 753, ya Herodes llevaba 4 años de muerto. ¿Cómo pudo entonces Herodes ordenar desde su tumba la matanza del Mesías? Entonces, para concuasar la fecha de nacimiento de Jesús con este hecho, dicho nacimiento debió producirse el año 5 a.c.

Como de costumbre, la Iglesia trató de disimular el error, pero quedó establecido el nuevo calendario, que poco a poco fue aceptado universalmente, no obstante que aún subsisten otros calendarios.

En el siglo XVI, Johann Kepler llegó al convencimiento que la estrella de Belén en realidad fue una triple conjunción de Marte, Júpiter y Saturno en el signo de Piscis, con lo cual el nacimiento de Jesús debió producirse el 14 de setiembre del año 7 a.c., aumentando así la incertidumbre.

No existe documento alguno, además de los poco fiables Evangelios, que nos de alguna idea de esa fecha.

No necesitamos ser muy versados en la materia para darnos cuenta que Jesús no tiene fecha cierta de nacimiento porque nunca nació. Si hubiera nacido, y teniendo en cuenta que los Evangelios dicen que la madre de Jesús sobrevivió a la supuesta muerte de su hijo y que vivió mucho tiempo más en compañía del discípulo Juan, ella (su madre) de haber sido requerida, habría proporcionado este dato fundamental de todo ser humano. A alguno de los tantos primeros seguidores del nuevo culto se le habría ocurrido, pero no, nadie lo hizo. ¡Nada más sencillo y natural, el recurrir a la principal testigo del parto y con ello evitar estas disquisiciones que ya tienen dos mil años!

Lo único cierto es que jamás podrá establecerse la fecha exacta de nacimiento de quien nunca nació.

Apariencia física.

De la apariencia física del personaje más célebre de la humanidad, en el Nuevo Testamento no se ha escrito ni una sola línea. Ni los Evangelios, ni los Hechos de los Apóstoles u otro documento dice nada. De tal forma que nadie sabe si fue alto o bajo, gordo o flaco, imberbe o barbudo, de raza blanca, negra, amarilla o de otro color.

¿Por qué? Lo más lógico es afirmar que esto sucede porque nadie lo ha visto jamás. Resulta incomprensible o inaceptable que respecto de un hombre del que se supone fue autor de tantos milagros, dichos extraordinarios, que arrastraba multitudes y que capturaba instantáneamente el corazón de los pueblos que recorría, a nadie se le ocurrió describirlo físicamente. ¡Inaceptable!

En descargo, afirmar que el hecho de dejar constancia de la apariencia física de una persona no era costumbre de los pueblos de la antigüedad o que aquello no era importante, o que en aquella época no se contaban con los medios para hacerlo, es completamente falso y contradictorio, pues tenemos esculturas, pinturas y descripciones escritas de muchísimas personas que no necesariamente tuvieron la transcendencia que se le da al fundador del cristianismo.

La apariencia que tenemos hoy de Jesús, la del hombre blanco, barbudo y de larga cabellera no siempre fue la que describió al avatar del Cristianismo. Ha ido cambiando con los tiempos y las necesidades de la Iglesia. Veamos una poco la historia.

Los Padres de la Iglesia se apoyaron en la profecía del Mesías que trae Isaías:

"Creció delante de Él cómo renuevo tierno, como raíz de tierra seca; no tiene aspecto hermoso ni majestad para que le miremos, ni apariencia para que le deseemos. *Fue despreciado y desechado de los hombres, varón de dolores y experimentado en aflicción; y como uno de quien los hombres esconden el rostro, fue despreciado, y no le estimamos*". [291]

---

[291] Isaías 53:2-3.

Para ellos, los Padres de la Iglesia, Jesús tenía un aspecto deplorable, sin ninguna belleza.

Según Justino Mártir, Jesús era deforme [aeidous]. Según Clemente de Alejandría era feo de rostro [ópsin aisjrón]. Según Tertuliano carecía de hermosura y su cuerpo no tenía ningún atractivo ni perfección ("nec humanae honestatis corpus fuit").

San Efrén de Siria le atribuye una estatura de tres codos (1,35 m). Orígenes parece ratificar la afirmación de Celso que Jesús era pequeño, feo y desgarbado. También nos transmite la extraña afirmación, que parece compartían muchos cristianos de su tiempo, que Jesús parecía feo a los impíos y hermoso a los justos. Hay quienes llegaron a decir que Jesús estuvo leproso, e incluso que fue cojo (esa es la tradición que se refleja en algunas cruces rusas). [292]

Recién en los siglos IV y V, cambia la actitud de la Iglesia. Esta vez se apoya en el Salmo 45:2-3, que dice: "Tú eres el más hermoso de los hijos de los hombres; la gracia se derrama en tus labios; por tanto, Dios te ha bendecido para siempre. *Ciñe tu espada sobre el muslo, oh valiente, en tu esplendor y tu majestad".*

Entonces, se comienza a describir a Jesús como un hombre hermoso, de raza blanca, larga cabellera y abundante barba, siendo esta la descripción que ha llegado a nuestros días.

Cabe anotar que las pinturas más antiguas que se conservan son las de los siglos II y III, que se encuentran en las catacumbas. Allí se describe a Jesús casi siempre bajo los símbolos del pez y del cordero, como un adolescente con cabello corto, sin barba y llevando un cordero sobre los hombros. La representación del Jesús crucificado, vendrá mucho más tarde, a consecuencia del Sínodo de Constantinopla del año 680, cuando la Iglesia necesitó una figura que inspirara compasión y subliminalmente llamara a la venganza contra los responsables de su muerte.

---

[292] www.contestandotupregunta.org

Se ha dicho que la apariencia definitiva de Jesús es la que contiene la llamada Sábana de Turín, la famosa Sindone, que ha dado lugar a la ciencia de la sindonología. En su mayoría, los cristianos piensan que se trata de un manto auténtico que efectivamente contiene la figura de Jesús. Muchos no saben que fue la misma Iglesia Católica la que un 13 de octubre de 1988, luego de haber patrocinado un avanzado examen de laboratorio, anunció al mundo que la Sindone no era contemporánea a la época de Jesús.[293]

Al final del camino, la discusión sobre la apariencia de Jesús seguirá porque en realidad nadie nunca vio a Jesús.

Jesús no dejó nada escrito.

El Jesús de los Evangelios sólo escribió una vez, en el incidente de la mujer adúltera, cuando se inclinó y escribió sobre la tierra (Juan 8, 1-11). Nadie sabe qué fue lo que escribió.

En el mundo real, Jesús jamás escribió nada. Ni una sola palabra. Lo sorprendente es que en la historia del mundo, desde que se inventó la escritura, todo pensador, filósofo, revolucionario – y Jesús debería encajar en alguna de estas categorías – dejó escrita su forma de pensar.

Como de costumbre, los apologistas del cristianismo, han encontrado o fabricado documentos que atribuyen como autor a Jesús y pretenden con ellos demostrar su historicidad. El más conocido es una carta que la leyenda atribuye a Jesús en respuesta a otra carta que le dirigió el Rey Abgaro.

Quien descubre la famosa carta es el poco fiable Eusebio de Cesárea. Las cartas están copiadas en su *Historia Eclesiástica*:

Carta de Abgaro:

Abgaro, Rey de Edesa, saluda a Jesús, el buen Salvador que ha aparecido en Jerusalén.

---

[293] Véase el Anexo 2 "La Sabana de Turín; implicancias de su autenticidad", que contiene una investigación que realicé sobre el tema en el año 2007.

Han llegado a mis oídos noticias referentes a ti y a las curaciones que, por lo visto, realizas sin necesidad de medicinas ni hierbas. Pues, según dicen, devuelves la vista a los ciegos y la facultad de andar a los cojos; limpias a los leprosos y expulsas espíritus inmundos y demonios; devuelves la salud a los que se encuentran aquejados de largas enfermedades y resucitas a los muertos.

Al oír, pues, todo esto acerca de ti, he dado en pensar una de estas dos cosas: o que tú eres Dios en persona, pues has bajado del cielo y obras esas cosas, o bien que eres el Hijo de Dios y [por eso] realizas esos portentos. Esa es la causa que me ha impulsado a escribirte, rogándote al propio tiempo te tomes la molestia de venir hasta mí y curar la dolencia que me aqueja.

He oído decir, además, que los judíos murmuran contra ti que pretenden hacerte mal. Sábete pues, que mi ciudad es muy pequeña, pero noble, y nos basta para los dos.

Respuesta de Jesús:

Abgaro; Dichoso por ti por creer en mi sin haberme visto. Pues escrito está acerca de mí que los que me hubieren visto, no creerán en mí, para que los que no me hayan visto crean y tengan vida.

Por lo que se refiere al objeto de tu carta, en la que me rogabas venir hacia ti, [he de decirte que] es de todo punto necesario que yo cumpla íntegramente mi misión y que, cuando la hubiere cumplido, suba de nuevo al lado de Aquel que me envió.

Más, cuando estuviere allí, te enviaré uno de mis discípulos para que cure tu dolencia y te de vida a ti y a los tuyos.

La leyenda también dice que quien sirvió de correo fue un tal Ananías (Hannán), el que también era pintor, por lo que también aprovechó de la ocasión para hacer un retrato de Jesús.

La primera seria objeción contra estos documentos es, como ya lo hemos dicho, que el descubridor de las mismas fuera Eusebio, conocido "fabricante" de "mentiras piadosas".

Eusebio afirma, que él vio las cartas originales en los archivos públicos de Edesa, en su idioma original siriaco. Lo que llama la atención es que nadie más vio dichos originales. Según la *Historia Eclesiástica*, escrita en el 339 d.c., las cartas fueron "descubiertas" en el siglo IV d.c., en otras palabras, transcurrieron 300 años sin que nadie más que Eusebio se percatara de la existencia de dichos documentos. En verdad increíble, historia digna del Espíritu Santo.

La leyenda de las cartas, fue creciendo y con el tiempo aparecieron nuevas copias enmendadas o "enriquecidas" por la imaginación de otros tantos piadosos cristianos. El manoseo de dichas cartas fue tan grande que finalmente dieron lugar a la aparición de la ampulosa versión que contiene la *Epistula Abgari*.

Con el tiempo nació la llamada *Doctrina de Addai*, que difiere sustancialmente de la versión de Eusebio, pues afirma que Jesús no escribió la carta, sino que dio a Ananías su contestación oral, quien se encargó de transmitirla, dejándose a la leyenda la explicación de quien finalmente escribió el mensaje.

Ha surgido una curiosa evolución legendaria de ésta imaginaria ocurrencia. Se ha discutido seriamente la naturaleza de la enfermedad de Abgar, al crédito de la imaginación de varios escritores, sosteniendo que era gota, otros que era lepra, los primeros diciendo que había durado siete años, los últimos descubriendo que el enfermo había contraído su enfermedad durante una visita a Persia. Otros historiadores, nuevamente, sostienen que la carta fue escrita en pergamino, aunque algunos favorecen al papiro. El pasaje crucial en la carta de Jesús, sin embargo, es el que promete a la ciudad de Edesa la victoria sobre todo enemigo. Le dio al pueblecito una popularidad que desapareció el día en que cayó en manos de conquistadores. Fue una inesperada conmoción para aquellos que creían en la leyenda; estaban más dispuestos a atribuir la caída de la ciudad a la ira de Dios en contra sus habitantes, que a admitir el fracaso de una protección en la que en ese tiempo se confiaba no menos que en el pasado.

Desde entonces, el hecho al que aludía la correspondencia ha, por mucho tiempo, dejado de tener valor histórico alguno. En dos lugares, el texto está tomado del Evangelio, lo cual de por sí es suficiente para refutar la autenticidad de la carta. Por otra parte, las citas son hechas no de los Evangelios auténticos, sino de la famosa concordancia de Taciano, compilada en el siglo II, y conocida como el "Diatesarón", fijando así la fecha de la leyenda en aproximadamente la mitad del siglo III.[294]

Aurelio de Santos Otero, coincide en señalar:

Dejando a salvo su antigüedad, que, como indicábamos, se remonta a la mitad del siglo III, hemos de decir que no existe argumento positivo alguno que acredite su autenticidad.

Baste observar que las frases de Abgaro relativas a los milagros de Jesús no son más que un arreglo de Mt. 11,5; Lc. 7,21 y Mt. 11,5, citadas seguramente según la narrativa evangélica o Diatessaron de Taciano, que era el texto corriente por aquel entonces en Siria. [295]

No existe resto arqueológico alguno sobre Jesús.

Todos los seres humanos dejamos alguna huella de nuestro paso por el mundo. Algunos, como los faraones de Egipto, han dejado grandes monumentos y reliquias a través de las cuales hoy podemos tener una idea cabal de lo que fueron, y en especial de la forma de pensar de dichas personas. Otras personas, no han dejado mucho, pero por más humilde que fuera, siempre dejan un huella que expresa lo que han sido.

---

[294] http://es.wikipedia.org/wiki/Abgaro_V_de_Edesa
[295] de Santos Otero Aurelio, Los Evangelios Apócrifos, Madrid; Biblioteca de Autores Cristianos, 1985, págs. 662-669. http://extrabiblica.tripod.com/apnt_abgj.pdf

En el caso de Jesús, quien ha tenido una extraordinaria influencia en la historia de la humanidad, contra toda lógica, no existe una sólo piedra que hable de su presencia en el mundo.

Los apologistas del cristianismo presentan como pruebas las siguientes: la osamenta de Santiago, la tumba de Jesús, entre otros. Veamos cada caso:

El osario de Santiago:

En Talpiot, Jerusalén se descubrió una caja, conteniendo huesos, con una inscripción que decía: "hermano de Jesús". La gran mayoría de estudiosos, pertenecientes a varias disciplinas, han considerado tal hallazgo como una estafa. En el mejor de los casos, de probarse que los huesos en mención corresponden a la época de los acontecimientos, tampoco prueban nada en concreto pues Santiago era y es un nombre común. Así como existen cajas de huesos con la inscripción "hermano de Jesús", también hay otras con la inscripción "hijo de José", "hijo de María".

Al respecto, el Dr. Habermas, citado por D.M. Murdock, dice lo siguiente: *"Los nombres de José y Jesús fueron muy populares en el primer siglo. Jesús aparece en por lo menos 99 tumbas y en 22 cajas conteniendo huesos, José aparece en 45 cajas conteniendo huesos... María es el nombre femenino más común en el antiguo mundo judío".* [296]

La Tumba de Jesús:

Si usted amigo(a) lector(a) visita alguna vez Jerusalén y pregunta por la ubicación de la tumba de Jesús, encontrará que nadie tiene certeza acerca de su localización o existe total discrepancia sobre cuál de las varias ubicaciones es la verdadera. Esto es realmente sorprendente pues de haber existido alguna vez la tumba de Jesús su ubicación habría quedado grabada en la mente de sus seguidores. Todos recordamos, con absoluta certeza, la ubicación exacta de las tumbas de nuestros seres queridos, y si se trata de algún personaje histórico sucede lo propio, lo que no sucede en el caso de Jesús. En el caso de Jerusalén, existe actualmente más de una tumba atribuida al Jesús de los Evangelios, lo que prueba que estos lugares han sido

---

[296] Murdock D.M., Who Was Jesus, op. cit., pág. 107.

"descubiertos" sólo con un afán mercantilista, pues efectivamente producen millonarios ingresos por la cantidad de visitas que reciben.

En efecto, un hecho que debe mantenerse en la mente, cuando escuchamos respecto de descubrimientos arqueológicos relacionados con la Biblia, es que la estafa y fraude en este campo ha sido descomunal en los últimos siglos, que comenzaron con las convicciones cristianas de Elena, la madre del emperador Constantino. Los individuos que se beneficiaban financieramente del fervor religioso de Elena, siempre estuvieron muy contentos de proveerle de cualquier artefacto que ella hubiera deseado, y el resultado fue el muy económicamente apreciable negocio de la industria de fabricación de reliquias y artefactos. Dentro de estos innumerables artefactos y lugares, se encuentran la "Verdadera Cruz", el Sagrado Sepulcro en Jerusalén y, aparentemente, la supuesta casa de San Pedro en Cafarnaúm. El Cristianismo no ha estado sólo en la práctica de la fabricación de reliquias y artefactos; en realidad, es parte de un antiguo hábito del sacerdocio en general, alrededor del mundo. [297]

Existen también otra gran cantidad de artefactos, utensilios, inscripciones que han sido fabricados para tratar de demostrar la historicidad de Jesús, que en el fondo no prueban nada, pues el hecho que exista, no acredita que en efecto un hombre llamado Jesús realmente existió y realizó los hechos relatados en los Evangelios.

Al terminar, quiero compartir una de las conclusiones de dos modernos estudiosos de temas bíblicos:

El relato histórico que contiene la Biblia – desde el encuentro de Abraham con Dios y su viaje a Cana, a la liberación de los hijos de Israel por parte de Moisés, al crecimiento y caída de los Reinos de Israel y Judá – no fue una revelación milagrosa pero un brillante producto de la imaginación humana. Fue por primera vez concebida – como lo sugieren recientes descubrimientos arqueológicos – durante el periodo de dos o tres generaciones, hace como 2600

---

[297] Idem, págs.108-109.

años atrás. Su lugar de nacimiento fue el reino de Judá, una región poco habitada de pastores y agricultores, gobernada por una singular ciudad real, precariamente afincada en el corazón de una zona montañosa, en una angosta cresta, entre empinados, rocosos rabinos. [298]

---

[298] Finkelstein Israel y Silberman Neil Asher, The Bible Unearthed, Archaeology´s new vision of ancient Israel and the origin of its sacred texts, A Touchstone Book, Published by Simon and Schuster, New York, pág. I.

CAPÍTULO 5

LAS DIVERSAS CONSTRUCCIONES DE JESUS EN BASE A PERSONAJES BIBLICOS ANTERIORES

Quienes fabricaron al Jesús del Nuevo Testamento, definitivamente tomaron en cuenta o lo hicieron, en base a personajes bíblicos del Antiguo Testamento. En este capítulo vamos a analizar algunos de estos casos:

Jesús y Eliseo.

Eliseo fue el sucesor de Elías, como Jesús lo fue de Juan el Bautista. Primero identifiquemos a Elías:

Lucas 9:18-19

*"Un día Jesús se había apartado un poco para orar, pero sus discípulos estaban con él. Entonces les preguntó: 'Según el parecer de la gente, ¿quién soy yo?' Ellos contestaron: 'Unos dicen que eres Juan el Bautista, otros que **Elías**, y otros que eres uno de los profetas antiguos que ha resucitado'".*

Mateo 11:14

Jesús hablando de Juan el Bautista dijo:

*"Pero, si ustedes aceptan el mensaje, Juan es este **Elías** que había de venir".*

Mateo 17:1-3

*"Seis días después, Jesús tomó consigo a Pedro, a Santiago y a su hermano Juan, y los llevó aparte a un monte alto. A la vista de ellos su aspecto cambió completamente: su cara brillaba como el sol y su ropa se volvió blanca como la luz. En seguida vieron a Moisés y **Elías** hablando con Jesús".*

¿Quién es Elías?

2 Reyes 2:1

"Yavé hizo subir a Elías al cielo en un torbellino".

El profeta anunció en Malaquías 3:22-24:

*"Acérquense a la Ley de Moisés, mi servidor, a quien entregué en el Cerro Horeb leyes y ordenanzas para todo Israel. **Les voy a enviar al profeta Elías antes que llegue el día de Yavé**, que será grande y temible. El reconciliará a los padres con los hijos y a estos con sus padres, para que cuando yo llegue, no tenga que maldecir a este país"*.

Siguiendo el razonamiento de M.D. Murdock[299], si como lo afirma Jesús, Juan el Bautista es el Elías del Antiguo Testamento, entonces sólo quedaría encontrar quién es el sucesor de Elías en el mismo Antiguo Testamento que equivaldría al Jesús del Nuevo Testamento. La respuesta está en el propio Segundo Libro de Reyes que acabamos de citar: **ELISEO.**

COMPARACION:

ELISEO:	JESUS
Fue consagrado por su antecesor Elías. (1 Reyes 19:16)	Bautizado por su antecesor Juan el Bautista (Mateo 3:13)
...tenía doce medias hectáreas de terreno. (1 Reyes, 19:19)	Tuvo 12 discípulos.
Dejó a su padre para seguir a Elías. (1 Reyes 19:20)	... Y en seguida ellos dejaron la barca y a su padre y lo siguieron. (Mateo 4:22)
Va a Guilgal ("una rueda", "rodando"). (2	Va a Galilea (Galiyl: "circuito") y Gólgota

---

[299] Murdock M.D., *Who was Jesus, fingerprints of the Christ,* Stellar House Publishing, págs. 114-119.

Reyes 2:1)	(galal: "rodar").
Aparece en Bethel ("casa de Dios"). (2 Reyes 2:1)	Aparece en Belén ("casa del pan")
Va a Jericó. (2 Reyes 2:4)	Va a Jericó. (Marcos 10:46)
Toma el manto de Elías (2 Reyes 2:14)	Toma el manto de Juan.
Parte las aguas del rio Jordán para cruzarlo. (2 Reyes, 2:24)	Camina sobre el mar de Galilea. (Mateo 14:24)
Maldijo a unos jóvenes haciendo que murieran. (2 Reyes, 2:24)	Maldice una higuera, destruyéndola. (Mateo 21:9)
Refresca la tierra con agua (2 Reyes 3:20)	Da a la samaritana "agua de vida". (Juan 4:10-11) Refresca el "corazón" con "agua viva". (Juan 7:38)
Milagrosamente hace aumentar el volumen de aceite llenando cántaros vacíos. (2 Reyes 4:1-6) Hace que una mujer conciba milagrosamente. (2 Reyes 4:14)	Milagrosamente convierte el agua en vino. (Juan 7:38) Jesús es el producto de una concepción milagrosa.
Fue llamado "hombre de Dios". (2 Reyes 4:16)	Fue llamado "hijo de Dios".
Oraba a puerta cerrada. (2 Reyes 4:33)	Aconseja orar a puerta cerrada. (Mateo 6:6)
Resucita a un niño. (2 Reyes 4:34-35)	Resucita a una niña. (Mateo 9:25)
Milagrosamente alimenta multitudes, comenzando con pequeñas cantidades de alimentos y terminando con sobras. (2 Reyes 4:12-14) Cura un leproso. (2 Reyes 5:12-14)	Milagrosamente alimenta multitudes, comenzando con pequeñas cantidades de alimentos y terminando con sobras. (Mateo 15:34-37) Cura leprosos.

Jesús y José.

Se trata de otra interesante comparación, que no deja de llamar la atención. En este aspecto hemos seguido también a D.M. Murdock.[300]

- Jesús, también *"hijo de Jacob/Israel"* (Mt 1:2) tiene un nacimiento milagroso, como José, cuya madre fue previamente infértil pero luego concibe milagrosamente. (Gen 30:22-24)

- Jesús tiene 12 discípulos; José es uno de doce hermanos. (Gen 35:22)

- José es un pastor (Gen 37:2); Jesús es el "Buen Pastor."
- José fue rechazado por su familia, como lo fue Jesús.

- Jesús es traicionado por piezas de plata por Judas, por su parte José es vendido por piezas de plata por Judá. (Gen 37:26-28)

- Ambos José y Jesús de jóvenes llegaron a Egipto huyendo del peligro. (Gen 37:28)

- José y Jesús fueron hechos prisioneros.

- José es encarcelado con otros dos prisioneros (Gen 40:2-3); Jesús es condenado entre dos criminales.

- Ambos José y Jesús obtienen notoriedad por alimentar con pan a la gente hambrienta.

- La edad de 30 es resaltante en la vida de ambos: José (Gen 41:46) y Jesús (Lu 3:23).

- José y Jesús poseen poderes divinos para predecir el futuro. (Gen 44:15)

---

[300] Ibid, págs. 119-122

- El padre de José le "ruega" para que "perdone" el "crimen" y "pecado" de sus hermanos (Gen 50:17). A Jesús se le ruega para el perdón de crímenes y pecados.

- José es el "redentor de su familia." Jesús es el redentor de la familia humana.

- Jesús es el "salvador del mundo", mientras que en el Génesis 41:45, el Faraón llama a José el "salvador del mundo".

Sobre este tema, resulta por demás interesante transcribir lo que dice la Enciclopedia Católica:

Un personaje tan hermoso hizo de José un muy digno tipo de Cristo, modelo de toda perfección, y es comparativamente fácil señalar algunos de los rasgos de semejanza entre el amado hijo de Jacob y el muy amado Hijo de Dios. Como Jesús, José era odiado y echado afuera por sus hermanos, y aún así logró su salvación a través del sufrimiento que le habían causado. Como Jesús, José obtuvo su exaltación sólo después de pasar por las más profundas e inmerecidas humillaciones; y en el reino que gobernaba, invitó a sus hermanos a unirse a los que antes habían visto como extraños, para que también disfrutaran de las bendiciones que había logrado para ellos. Al igual que el Salvador del mundo, José sólo tuvo palabras de perdón y bendición para todos los que, reconociendo su miseria, recurrieron a su poder supremo. Fue a José de antaño, como a Jesús, que todos tuvieron que pedir ayuda, ofrecer homenaje del más profundo respeto y rendir obediencia en todas las cosas. Por último, al patriarca José, como a Jesús, le fue dado inaugurar un nuevo orden de cosas para el mayor poder y gloria del monarca a quien debía su exaltación. [301]

---

[301] http://ec.aciprensa.com/wiki/Jos%C3%A9#.U0RfrNJOVjo

Devuelve la vista a los ciegos. (2 Reyes 6:20)	Devuelve la vista a los ciegos.
Salva a Israel de influencias e invasiones extranjeras; es el salvador de Israel. (2 Reyes 6:8-23; 9:1-3)	Salva a las ovejas perdidas de Israel de influencias foráneas; es el salvador de Israel.
Es amenazado a muerte por el Rey de Israel. (2 Reyes 6:31)	Es amenazado a muerte por el Rey de Israel. (Mateo 2:13)
Da a Israel un día de *"buenas noticias"*. (2 Reyes 7:9)	Da a Israel la *"buena nueva"* del Evangelio.
Predijo hambruna en Israel. (2 Reyes 2:11)	Predijo hambruna en Israel y otros desastres. (Mateo 24:7)
El hombre de Dios lloró, (2 Reyes 8:11)	El Hijo de Dios lloró (Juan 11:35)
El sirviente de Eliseo se convierte en rey de Siria, traicionando Israel. (2 Reyes 8:13)	Uno de sus discípulos traiciona al Señor de Israel.

CAPÍTULO 6

ORIGEN DE LA SIMBOLOGIA CRISTIANA

La Cruz y el Crucifijo.

El cristiano tiende a pensar que la utilización de la cruz, como parte de la simbología religiosa, sólo se inicia a partir de la fundación del Cristianismo. Esta forma de pensar es completamente contraria a la historia de la evolución religiosa de la humanidad. Para demostrarlo, basta leer lo que dice el Evangelio de Marcos 8-34: *"El que quiera seguirme, que renuncie a sí mismo, tome su cruz y me siga".*

El solo hecho que esta frase esté ubicada en el Nuevo Testamento importa aceptar que antes de la creación del Cristianismo la cruz ya era un símbolo religioso, con el mismo significado que se le atribuye en nuestros días.

La cruz, en sus múltiples formas, es un símbolo procedente de la prehistoria, tiene su origen en los cultos solares y es un símbolo fundamental de la humanidad que ha estado presente en todas las culturas del planeta. Así pues, la elección del signo de la cruz por los primeros cristianos fue totalmente adecuada ya que esta simbolizaba al Jesús – Cristo o Sol Invictus, razón por la cual también el crismón, con el fin de reforzar su significado astral, comenzó a representarse dentro de la antigua rueda solar. En la historia cristiana, solo muy tardíamente se comenzó a tener a la cruz como el emblema de la ´Pasión de Cristo´ y de Salvación que se derivó de ella. [302]

Wikipedia dice al respecto:

En casi todas partes del mundo antiguo se han hallado varios objetos, que datan de períodos muy anteriores a la era cristiana, marcados con cruces de diferentes estilos. El uso de la cruz como símbolo religioso en tiempos anteriores al cristianismo y entre pueblos no cristianos probablemente pueda considerarse como casi universal, y en muchísimos casos estaba relacionado con al-

---

[302] Rodríguez Pepe, op. cit., pág. 170

guna forma de adoración de la naturaleza. Es un hecho incuestionable, que en épocas muy anteriores al nacimiento de Cristo, y desde entonces en tierras no tocadas por las enseñanzas de la Iglesia, la Cruz ha sido usada como símbolo sagrado. [303]

Es más, el Cristianismo primitivo rechazaba la utilización de la cruz como símbolo religioso, con mayor razón si ésta tenía la imagen de un hombre colgado de ella. Como lo afirma Walker, citada por Murdock: *"Los primeros cristianos incluso repudiaban la cruz porque era pagana... Las primeras imágenes de Jesús le representaban no en una cruz sino a modo de ´Buen Pastor´ osiriano o hermético, llevando un cordero"*. [304]

Los cristianos primitivos eran esencialmente contrarios a cualquier práctica idolátrica y no utilizaban ni la cruz ni menos el crucifijo. Es ilustrativo lo que decía otro Padre de la Iglesia, Félix Minucius:

Como por la adoración de la cruz que vosotros (paganos) objetáis contra nosotros (cristianos)... que nosotros ni adoramos cruces ni las deseamos; vosotros sois, paganos... la gente a la que más le gusta adorar cruces de madera... pues qué más son vuestros emblemas y estandartes, sino cruces doradas y bellas. Vuestros trofeos victoriosos no sólo representan una simple cruz, sino una cruz con un hombre en ella. [305]

El símbolo de la cruz, con un hombre sobre ella, de hecho fue importado a Roma desde la India muchos años antes de la era cristiana. Como lo afirma Doane: *"La cruz fue adorada en la India desde tiempos inmemoriales y era un símbolo de significado misterioso en la iconografía Brahmánica. Era el símbolo del dios Hindú Agni, ´La Luz del Mundo´"*.

Muller la coloca en las manos de Siva, Brahma, Visnú, Krisna, Tvashtri y Jaína. A ella, los adoradores de Visnú le atribuyen tantas virtudes como los devotos Católicos a la cruz Cristiana". [306]

---

[303] http://es.wikipedia.org/wiki/Cruz_cristiana
[304] Acharya S., La Conspiración de Cristo, op. cit., pág.352.
[305] Acharya S., La Conspiración de Cristo, op. cit., pág. 352.
[306] T. W. Doane, op. cit., pág. 340.

Varios siglos antes de la era cristiana, la cruz también fue objeto de profunda veneración entre los Budistas y los seguidores del Lama en el Tíbet, lo que continúa hasta nuestros días.

Los antiguos babilonios honraron la cruz como un símbolo religioso. Se le encuentra en sus más antiguos monumentos. Anu, una deidad que se ubicaba a la cabeza de la mitología babilónica, tenía una cruz como signo o símbolo. Es también el símbolo del dios babilónico Bal. Una cruz cuelga en el pecho de Tiglath Pileser, en la colosal tabla de Nimroud, ahora en el Museo Británico. Otro rey, de las ruinas de Ninevah, usa una cruz maltesa en su pecho...[307]

En el caso de Egipto, la estudiosa Murdock nos ha demostrado que la cruz también juega un papel fundamental en esa religión, aunque tiene más un significado esotérico y astroteológico.[308] Para comprobarlo basta hacer un recorrido por el Museo Británico de Londres, donde se podrá apreciar que la cruz tenía un profundo significado religioso y ha quedado grabada en muchos restos arqueológicos de esa importante cultura. Parte de la iconografía egipcia ha llegado hasta nuestros días a través de la cruz copta, que utilizan varias órdenes franciscanas.

"Los egiptólogos, por ejemplo, reportan que el signo de la cruz era comúnmente encontrado en los pechos de las momias, y que la cruz era frecuentemente colocada en las manos de los muertos como ´un emblema de la encarnación y de la nueva vida por venir´. Fue incluso tallada en la espalda del escarabajo, otro símbolo que significaba vida eterna".[309]

El uso religioso de la cruz tampoco fue hecho exclusivo del hemisferio norte. Cuando los españoles llegaron a América se sorprendieron de encontrar que la cruz era también un símbolo religioso entre las religiones nativas. Quien desee profundizar este interesante asunto puede comenzar consultando la obra de T. W. Doane, que hemos citado en este trabajo en varias oportunidades.

Sobre este tema, resulta por demás ilustrativo y contundente, lo que

---
[307] Ibid., pag. 342.
[308] D.M. Murdock, Christ in Egypt, op. cit., págs. 335-373.
[309] Harpur Tom, The Pagan Christ, op. cit., pág. 43.

decía el Padre de la Iglesia Justin Martin en el Capítulo XXI *Analogías a la historia de Cristo*, de su *Primera Apología*, decía dirigiéndose a los paganos:

> *Y cuando también decimos que el Verbo, que está en el primer nacimiento de Dios, fue producido sin una unión sexual, y que Él, Jesucristo, nuestro Maestro, fue crucificado y murió, y se levantó nuevamente y ascendió al cielo,* **nosotros no proponemos nada diferente de lo que ustedes creen en relación a lo que ustedes estiman hijos de Júpiter.** *Porque ustedes saben cuántos hijos vuestros estimados escritores adscriben a Júpiter: Mercurio, la palabra de interpretación y maestro de todos; Esculapio, quien creyó ser un gran médico, fue golpeado por un rayo y ascendió al cielo; y Baco también, después que fue quebrado miembro tras miembro, escapó de su tormento arrancando su miembro de las extremidades; y los hijos de Leda y los dioscuros; y Perseo, hijo de Dánae y Belerofonte, quien no obstante provenir de mortales subió al cielo sobre el caballo Pegaso.* [310]

La cruz, como símbolo religioso y astrológico, a lo largo de su evolución ha pasado por:

- Dos líneas cruzadas, formando cuatro ángulos iguales, que simboliza los equinoccios, en donde la duración del día es igual a la duración de la noche, hecho que se celebra muchísimo tiempo antes de nuestra era, y que hoy se conoce con el nombre de Pascua.

- Dos líneas cruzadas, en cuyo centro se dibuja un círculo, que simboliza al dios sol en su trayecto astrológico. Hasta ahora se pueden encontrar representaciones de crucifijos con Jesús clavado y con un círculo en su cabeza, que se ubica exactamente en el medio del cruce de las dos líneas. Esta es una representación que indica el carácter solar del dios cristiano.

- La misma cruz, con un cordero, que representa al mismo dios solar en la era de Aries, esto es justo antes de la era de Piscis.
- La misma cruz, con un ser humano crucificado. Esta iconografía también ya existía varios siglos antes de nuestra era.

---

[310] Roberts A., citado por D.M. Murdock, *Christ in Egypt*, op. cit., pág. 341. Énfasis nuestro.

Resulta interesante detenernos un poco para analizar cómo ha evolucionado la iconografía religiosa del cristianismo respecto del uso de la cruz. Como lo hemos afirmado, la utilización de la cruz sola o con una persona sobre ella, fue rechazada por los cristianos primitivos. La razón de ello era la simple coherencia con el fundamento no idolátrico que venía del Judaísmo y lo que originalmente decía el segundo mandamiento. Era notable el hecho que las iglesias de los primeros cristianos no tenían, ni cruces, ni estatuas de vírgenes o santos en sus paredes.

Parece que la cruz comienza a ingresar en el cristianismo por iniciativa de Constantino. En el año 312 d.c., Constantino, quien gobernaba sobre lo que ahora se conoce como Francia y Gran Bretaña, entró en guerra contra su cuñado Majencio, de Italia. Según dice la leyenda, en el camino tuvo una visión: una cruz con las palabras: *"Hoc vince"*, que significan: *"Por esta vence"*. Después de su victoria, Constantino hizo de la cruz el estandarte de sus ejércitos. Posteriormente, cuando el cristianismo llegó a ser la religión estatal del Imperio Romano, la cruz se convirtió en el símbolo de la iglesia.

De esta forma la cruz, símbolo en la época romana de adoración al dios sol, Constantino la oficializó como un emblema de guerra, luego al convertirse el Cristianismo en la religión oficial del imperio, las costumbres paganas de Constantino se filtrarían dentro de la Iglesia.

Al terminar esta parte, quiero transcribir un párrafo de W.T. Doane, que por su contundencia debe ser tenido en cuenta:

Pocos casos han sido más poderosos en producir errores en la historia antigua, que la idea, rápidamente tomada por los cristianos de todas las eras, que todos los monumentos de la antigüedad marcados con una cruz o con cualquiera de esos símbolos que ellos concibieron como monogramas de su dios eran de origen de cristiano. Los primeros cristianos no la adoptaron como uno de sus símbolos; no fue sino hasta que el cristianismo se comenzó a paganizar que se convirtió en un monograma cristiano, e incluso al comienzo no era la cruz que ahora conocemos. [311]

---

[311] Doane T.W., op. cit., pág. 349.

El Logos.

El concepto del Logos se introduce en el Cristianismo a partir de Juan 1, 1:

"En el principio era el Verbo, el Verbo estaba con Dios y el Verbo era Dios". [312]

Al igual que el Judaísmo y el Cristianismo, los egipcios creían que hubo un tiempo en el que nada existía, y que la materia fue creada a través de "la palabra" de Dios. En el Libro Egipcio de los Muertos podemos encontrar la siguiente frase:

"El espíritu pronunció la palabra y la creación fue el resultado". [313]

El concepto del Logos también fue conocido por el gnosticismo y el helenismo.

Contemporáneamente a la época en que está naciendo el Cristianismo, aparece en escena un filósofo judío de nombre Filón de Alejandría (20 a.c. a 50 d.c.), quien buscando que la fe judía fuera aceptable a los griegos, propone:

"El logos, es el más antiguo de los seres; es el hijo primogénito de Dios; es la imagen de éste. El logos, sin embargo, es inferior a Dios, se halla en la frontera que separa la creación de lo creado. No es ingénito como el Padre, ni engendrado como nosotros, sino intermedio entre los dos extremos". [314]

Tertuliano fue el autor de la consustancialidad:

"Creemos que Dios ha proferido esta palabra, el Verbo, que pronunciándolo, lo ha engendrado, y que por tanto se llama Hijo de Dios, y es Dios, porque tiene una misma sustancia con Él; porque Dios es espíritu". [315]

Finalmente, después de 3 siglos la iglesia adoptó el concepto como dogma de "verdad revelada":

---

[312] Versión Reyna Valera, 1995.
[313] Harper Tom, op. cit., pág. 70.
[314] Vazquez Rodolfo, Génesis del logos en Séneca, Filón, Justino y Tertuliano http://biblioteca.itam.mx/estudios/estudio/estudio01/sec_20.html
[315] Ibid. http://biblioteca.itam.mx/estudios/estudio/estudio01/sec_24.html

*Desde que el dogma fue impuesto durante el Concilio de Nicea (325 d.c.), los cristianos han creído que la persona de Jesús fue consustancial con Dios, pero tal cosa no fue, ni mucho menos, lo que pensaban los apóstoles que convivieron con el Mesías judío. La consustancialidad del Padre con el Hijo tardó más de tres siglos en adoptarse como **verdad revelada** y no fue más que la tesis vencedora tras una pugna entre varias otras que proponían una visión cristológica muy diferente.* [316]

La Trinidad.

La Trinidad es el dogma central del cristianismo católico, del cristianismo ortodoxo y de algunas denominaciones protestantes. Afirma que Dios es un ser único que existe simultáneamente como tres personas distintas, el Padre, el Hijo y el Espíritu Santo. El término es una palabra compuesta de "tres" y "Unidad" = "Tres en uno", Tri-unidad, Trinidad. Esta palabra "Trinidad" como tal, no existe en las Escrituras (la Biblia).

El catecismo de la Iglesia Católica, define la trinidad como:

La Trinidad es una. No confesamos tres dioses sino un solo Dios en tres personas: "la Trinidad consubstancial" (Cc. Constantinopla II, año 553: DS 421). Las personas divinas no se reparten la única divinidad, sino que cada una de ellas es enteramente Dios: "El Padre es lo mismo que es el Hijo, el Hijo lo mismo que es el Padre, el Padre y el Hijo lo mismo que el Espíritu Santo, es decir, un solo Dios por naturaleza" (Cc. de Toledo XI, año 675: DS 530). "Cada una de las tres personas es esta realidad, es decir, la substancia, la esencia o la naturaleza divina. (Cc. de Letrán IV, año 1215: DS 804)

Las personas divinas son realmente distintas entre sí. "Dios es único pero no solitario" (Fides Damasi: DS 71). "Padre", "Hijo", Espíritu Santo" no son simplemente nombres que designan modalidades del ser divino, pues son realmente distintos entre sí: "El que es el Hijo no es el Padre, y el que es el Padre no es el Hijo, ni el Espíritu Santo el que es el Padre o el Hijo" (Cc. de Toledo XI, año 675: DS 530). Son distintos entre sí por sus relaciones de

---

[316] Rodríguez Pepe, op. cit., pág. 231.

origen: "El Padre es quien engendra, el Hijo quien es engendrado, y el Espíritu Santo es quien procede". (Cc. Letrán IV, año 1215: DS 804). La Unidad divina es Trina.

Las personas divinas son relativas unas a otras. La distinción real de las personas entre sí, porque no divide la unidad divina, reside únicamente en las relaciones que las refieren unas a otras: ´En los nombres relativos de las personas, el Padre es referido al Hijo, el Hijo lo es al Padre, el Espíritu Santo lo es a los dos; sin embargo, cuando se habla de estas tres personas considerando las relaciones se cree en una sola naturaleza o substancia´ (Cc. de Toledo XI, año 675: DS 528). En efecto, "todo es uno (en ellos) donde no existe oposición de relación" (Cc. de Florencia, año 1442: DS 1330). "A causa de esta unidad, el Padre está todo en el Hijo, todo en el Espíritu Santo; el Hijo está todo en el Padre, todo en el Espíritu Santo; el Espíritu Santo está todo en el Padre, todo en el Hijo". (Cc. de Florencia 1442: DS 1331) [317]

Para comenzar el estudio de este tema tan importante y central del Cristianismo, resulta pedagógico transcribir la opinión del destacado teólogo católico Hans Küng:

La investigación histórica aporta, en efecto, un resultado curioso: la palabra griega 'trias', aparece por primera vez en el siglo II (en el apologista Teófilo), el término latino 'trinitas', en el siglo III (en el africano Tertuliano), la doctrina clásica trinitaria de 'Una naturaleza divina en tres personas', no antes del siglo IV (formulada por los tres padres capadocios Basilio, Gregorio Nacianceno y Gregorio de Nisa). La festividad de la trinidad, que tuvo su origen en Galia, y que en un principio fue rechazada por Roma como 'celebración de un dogma' no fue declarada de obligatoriedad general hasta 1334, en la época del destierro de Aviñón, por el Papa Juan XXII.

Ahora bien -prosigue el teólogo-, nadie que lea el Nuevo Testamento puede negar que en él se habla siempre de Padre, Hijo y Espíritu; no en vano reza la fórmula litúrgica bautismal del Evangelio de Mateo: "En el nombre del Padre, del Hijo y del Espíritu Santo (Mt. 28,19). Pero la totalidad de

---

[317] http://www.aciprensa.com/Catecismo/trinidad.htm

la cuestión es saber cómo están relacionados entre sí el Padre, el Hijo y el Espíritu. Y curiosamente, en todo el Nuevo Testamento, no hay un solo pasaje donde se diga que Padre, Hijo y Espíritu, son de la misma esencia, osea, que poseen una sola naturaleza común (Physis, sustancia). Por lo tanto no hay que engañarse que el Símbolo de los Apóstoles no contenga ninguna afirmación en ese sentido.

Tenemos que hacer el esfuerzo de pasar revista al Nuevo Testamento - añade Kung -, que aún está arraigado en el judaísmo y que, en muchos aspectos, se halla más cerca de nosotros. Entonces nos daremos cuenta enseguida que, en el Nuevo Testamento, Padre, Hijo y Espíritu Santo son tres magnitudes muy diferentes que no aparecen meramente identificadas, de modo esquemático-ontológico, a una naturaleza divina. Y de un 'misterio central o de un dogma fundamental', según el cual tres personas divinas (hypóstasis, relaciones, formas de ser...), es decir, Padre, Hijo y Espíritu, tienen en común una naturaleza divina, Jesús no dice absolutamente nada". [318]

¿Existen bases bíblicas?

Absolutamente NO. En el Antiguo Testamento no existe la más remota referencia a trinidad, a dios trino o similar. Por el contrario, el Antiguo Testamento enfatiza el concepto de un Dios único:

"Escucha Israel: Yavé, nuestro Dios, es Yavé-Único". (Deut. 6, 4)

En el Nuevo Testamento, con excepción de la interpolación a que se refiere 1 Juan 5, 7-8, que será tratada extensamente más adelante, tampoco existe enseñanza de Jesús u otra referencia a este tema.

La trinidad es pues un concepto totalmente ajeno a la Biblia, al Judaísmo y al Cristianismo original, que son religiones monoteístas.

Veamos la interpolación de 1 Juan 5: 7-8.

El texto original de la Biblia en 1. Juan 5:7-8, dice lo siguiente: "Porque tres son los que dan testimonio: el Espíritu, el Agua y la Sangre; y estos tres concuerdan".

---

[318] Kung Hans, citado por Pepe Rodríguez, op. cit., págs. 409-410.

En una de las versiones de la Vulgata Latina, del siglo XIII, repentinamente, el texto cambió a:

"Porque tres son los que dan testimonio: 'en el cielo: el Padre, el verbo, y el Espíritu Santo; y estos tres concuerdan en uno. Y tres son los que dan testimonio en la tierra': el Espíritu, el agua y la sangre; y estos tres concuerdan". (El texto en negrita subraya el texto apócrifo interpolado)

Julio Cesar Clavijo, opinando sobre este tema expresa:

Desiderio Erasmo de Róterdam (1466-1536 d.C.), humanista y teólogo holandés, se dio a la tarea de realizar una edición del Nuevo Testamento Griego y Latino. Ese trabajo lo hizo en cinco meses (desde el 2 de octubre de 1515 hasta el 1 de marzo de 1516).

Erasmo rectificó su primer trabajo por medio de una segunda edición publicada en el año 1519. Es importante anotar que ni en la primera (1516) ni en la segunda edición (1519) Erasmo incluyó el texto apócrifo de 1. Juan 5:7-8 a pesar de la fuerte presión que ejercía la Iglesia Católica Romana.

Para el año 1520 Erasmo se encontraba trabajando en su tercera edición del Nuevo Testamento Griego y Latino y en ese momento la inquisición católica ya había puesto sus ojos sobre él. Así tuvo muchos problemas ¡Su vida corría peligro!

Erasmo afirmó que la razón que lo había llevado a tomar la decisión de no incluir el apócrifo en 1. Juan 5:7-8 era porque sencillamente no lo encontró en ningún manuscrito griego, y sólo lo encontraba en manuscritos latinos tardíos de la Vulgata. No obstante, a fin de buscar una salida alegó que si él pudiera hallar tan solo un manuscrito griego que contuviera las tan discutidas palabras, las incluiría en su tercera edición. Curiosamente apareció el tal manuscrito, que supuestamente fue escrito por un monje franciscano anónimo. Todo esto se hizo para engañar a Erasmo (Debemos tener en cuenta que por ese tiempo los criterios arqueológicos se encontraban todavía en una etapa primitiva) ¡El tal manuscrito resultó ser del siglo XVI! Es decir del mismo siglo en que vivió Erasmo. ¡Ese manuscrito fue elaborado más de 1400 años después de los manuscritos originales! Luego de la aparición del mencionado manuscrito, Erasmo cedió y procedió a incluir el texto espurio dentro su tercera edición de 1522. Sin embargo no lo hizo de muy buena gana, pues procedió a realizar un extenso comentario a pie de página dónde expresaba su desconfianza y manifestaba sus sospechas que dicho escrito pudo ser preparado para confundirlo.[319]

Por su parte, David K. Bernard, opina de la siguiente forma:

Sin embargo, ¡hay un acuerdo prácticamente unánime entre los Eruditos bíblicos en el sentido que este versículo realmente no forma parte de la Biblia! Todas las traducciones mayores en el inglés desde la versión King James (KJV) la han omitido, incluso el Revised Standard Version, The Amplified Bible, y el New International Version. También lo omite el texto griego generalmente aceptado (el texto Nestle). El New International Version (La Nueva Versión Internacional) presenta l Juan 5:7-8 así: "Porque hay tres que testifican: el Espíritu, el agua y la sangre; y estos tres están de acuerdo." La KJV incluyó el versículo 7 solamente porque la edición del texto griego de 1522, compilado por Erasmo, la incluía.[320]

Resulta claro, entonces, que el texto interpolado de la Primera Carta de Juan que venimos analizando, también conocido como la "Coma Juanina", es un agregado tardío y por lo tanto apócrifo, que fue producido por la Iglesia a fin de crear en la Biblia una base del concepto de trinidad.

Antecedentes paganos de la trinidad.

La Iglesia presenta su desarrollo conceptual de la trinidad como parte de aquello que llaman la verdad revelada, pero en realidad se trata de un asun-

---

[319] Clavijo Julio César, Un dios Falso llamado Trinidad, http://pentecostalesdelnombre.com/x/index.php?option=com_content&task=view&id=86
[320] Bernard David K., La Unicidad de Dios, World Aflane Press, MO., USA, 2000.

to ya conocido por casi todas las llamadas religiones paganas. La siguiente es una lista de algunas de las trinidades más conocidas:

Babilonia	Nimrod-Semiramis-Tammuz
	Anu-Marduk-Ea
Asiria	Sin-Shamash-Ishtar
Egipto	Osiris-Isis-Horus
India	Brahma-Shiva-Vishnu
Budismo	Trikaya
China (Taoismo)	Jade-Lao Tzu-Ling Pao
Japón	San-Pao-Fuh
Grecia	Logos Trinitario
Sumeria	An-Enlil-Enki (Ea)
	Zuen-Ud-Inana
Siria	Bel-Yarhibol-Aglibol
Palmira	Baal Samin-Aglibol-Malakbel
Ugarte	Haldi-Tesheba-Schiwin
Fenicia	El-Baalat-Adonis
Roma	Júpiter-Neptuno-Pluton
Mayas	Hunab Ku-Ix Axal-Itzamná
Aztecas	Ometecutli-Omecihuatl-Quetzalcóatl
Incas	Inti-Pacha Mama-Viracocha
Chibchas	Chimininagua-Bochica-Chía

No se trata, pues, de un concepto nuevo. La trinidad de dioses es un tema muy antiguo, que fue desarrollado miles de años antes del cristianismo.

¿Cómo se introduce la Trinidad en el Cristianismo?

El concepto de la trinidad es extra-bíblico y fue ajeno al Cristianismo hasta por lo menos el siglo II. El Cristianismo romano, lugar donde se forja el Cristianismo que ha llegado a nuestros días era, esencialmente, un medio donde prevalecían las creencias politeístas. A través del sincretismo religioso, la nueva religión cristiana, para atraer al sector pagano de la comunidad tuvo que incorporar algunos aspectos que antes pertenecían a otros movimientos religiosos, produciéndose una simbiosis religiosa, formándose un nuevo producto religioso compatible con lo pagano y lo estrictamente cristiano.

Lamentablemente, en el caso del Cristianismo, al haber optado por una meta de poder político olvidando su mensaje original, el producto resultó un híbrido totalmente incongruente, que sólo se afianzó por el uso del temor y la fuerza de la espada. El amor al prójimo, la humildad y el Reino de Dios se reemplazaron por el amor a los bienes materiales, la soberbia y el reino de dios en la tierra.

No es el objetivo de esta obra analizar la evolución del concepto trinitario. Sólo debemos decir que tuvieron decisiva influencia en su desarrollo: Justino Mártir (100-165 d. C.), Teófilo de Antioquia (180 d. C.), Tertuliano (150-220 d. C.), Orígenes, (185-254 d. C.), Novaciano (250 d. C.), entre otros.

En el siglo II, la gente educada que se incorporaba al Cristianismo introdujo en el nuevo movimiento religioso su formación filosófica, tratando de establecer una relación entre la filosofía y el Cristianismo. De allí nace la idea de la pluralidad interna en Dios que más tarde se convertiría en lo que hoy se conoce como trinidad.

La doctrina de la Trinidad se oficializa en el Cristianismo a través del Credo de Atanasio, que fue aprobado en el Concilio de Nicea y que dice lo siguiente:

Todo el que quiera salvarse, ante todo es menester que mantenga la fe Católica; el que no la guarde íntegra e inviolada, sin duda perecerá para siempre.

Ahora bien, la fe católica es que veneremos a un solo Dios en la Trinidad, y a la Trinidad en la unidad; sin confundir las personas ni separar las sustancias. Porque una es la persona del Padre y el Hijo y otra (también) la del Espíritu Santo; pero el Padre y el Hijo y el Espíritu Santo tienen una sola divinidad, gloria igual y coeterna majestad. Cual el Padre, tal el Hijo, increado (también) el Espíritu Santo; increado el Padre, increado el Hijo, increado (también) el Espíritu Santo; inmenso el Padre, inmenso el Hijo, inmenso (también) el Espíritu Santo; eterno el Padre, eterno el Hijo, eterno (también) el Espíritu Santo. Y, sin embargo, no son tres eternos, sino un solo eterno, como no son tres increados ni tres inmensos, sino un solo increado y un solo inmenso. Igualmente, omnipotente el Padre, omnipotente el Hijo, omnipotente (también) el Espíritu Santo; y, sin embargo no son tres omnipotentes, sino un solo omnipotente. Así Dios es el Padre, Dios es el Hijo, Dios es (también) el Espíritu Santo; y, sin embargo, no son tres dioses, sino un solo Dios; Así, Señor es el Padre, Señor es el Hijo, Señor (también) el Espíritu Santo; y, sin embargo, no son tres Señores, sino un solo Señor; porque así como por la cristiana verdad somos compelidos a confesar como Dios y Señor a cada persona en particular; así la religión católica nos prohíbe decir tres dioses y señores. El Padre, por nadie fue hecho ni creado ni engendrado. El Hijo fue por solo el Padre, no hecho ni creado, sino engendrado. El Espíritu Santo, del Padre y del Hijo, no fue hecho ni creado, sino que procede.

Hay, consiguientemente, un solo Padre, no tres padres; un solo Hijo, no tres hijos; un solo Espíritu Santo, no tres espíritus santos; y en esta Trinidad, nada es antes ni después, nada mayor o menor, sino que las tres personas son entre sí coeternas y coiguales, de suerte que, como antes se ha dicho, en todo hay que venerar lo mismo la unidad de la Trinidad que la Trinidad en la unidad. El que quiera, pues, salvarse, así ha de sentir de la Trinidad.

Pero es necesario para la eterna salvación creer también fielmente en la encarnación de nuestro Señor Jesucristo. Es, pues, la fe recta que creemos y confesamos que nuestro Señor Jesucristo, hijo de Dios, es Dios y hombre. Es Dios engendrado de la sustancia del Padre antes de los siglos, y es hombre nacido de la madre en el siglo: perfecto Dios, perfecto hombre, subsistente de alma racional y de carne humana; igual al Padre según la divinidad, menor que el Padre según la humanidad. Más aún cuando sea Dios y hombre, no son dos, sino un solo Cristo, y uno solo no por la conversión de la divinidad en la carne, sino por la asunción de la humanidad en Dios; uno absolutamente, no por confusión de la sustancia, sino *por la unidad de la persona. Porque a la manera que el alma racional y la carne es un solo hombre; así Dios y el hombre son un solo Cristo. El cual padeció por nuestra salvación, descendió a los infiernos, al tercer día resucitó de entre los muertos, subió a los cielos, está sentado a la diestra de Dios Padre omnipotente, desde allí ha de venir a juzgar a los vivos y a los muertos, y a su venida todos los hombres han de resucitar con sus cuerpos y dar cuenta de sus propios actos, y los que obraron bien, irán a la vida eterna; los que mal, al fuego eterno.*

Ésta es la fe católica y el que no la creyere fiel y firmemente no podrá salvarse.

Lo primero que debo decir es que semejante disparate, incomprensible por la razón pero impuesto como dogma, que dice la iglesia proviene de una "verdad revelada", es tan absurda que jamás podría ser aceptada racionalmente *"fiel y firmemente"* por el ser humano. *Dios no puede ser alguien que impone dogmas obscuros, irracionales, creados contra la naturaleza de las cosas.* Dios es, o debería ser, un ser racional, misericordioso y por lo tanto creador de reglas sencillas, claras e inteligibles para todos, teólogos o no, que faciliten la salvación, prefiero decir el perfeccionamiento de su creación. Dudo que los propios teólogos de la iglesia entiendan racionalmente lo que afirma esa parte del catecismo.

Para tratar de evadir de explicar lo inexplicable, la iglesia recurre a la figura del "misterio", que nos es otra cosa que tratar de darle sustento a lo absurdo e irracional. Lo cierto es que este concepto trinitario ha dado lugar al politeísmo del Cristianismo.

Basándonos en la propia Biblia, si Dios es:

1. Único: No hay ni existe la necesidad que haya otro Dios además de Él. Dt. 6:4,
2. Infinito: Dios no tiene límites. I Reyes 8:27, Hch 17:28.
3. Eterno: Dios no tiene principio ni fin ni sucesión en el tiempo. Génesis 21:33; Salmo 90:2.
4. Inmutable: Dios no puede cambiar. Stgo. 1:17.

5. Omnipresente: Dios está en todo lugar. Jeremías 2:24.
6. Soberano: Dios es el supremo rector del universo. Efesios 1.
7. Omnisciente: Dios conoce todo, pasado, presente y futuro. Mateo 11:21.
8. Omnipotente: Dios todo lo puede. Apocalipsis 19:6.
9. Justo: Dios es esencialmente equitativo. Hechos 17:31.
10. Amor: Efesios 2:4-5.
11. Verdad: Juan 14:6.
12. Santo: Lejano de todo mal. I Juan. 1:5.

Entonces ¿Qué necesidad tenemos de la trinidad?

Nunca hubo, no hay, ni habrá necesidad de trinidad. El único Dios que tenemos es suficiente y no hay necesidad de otra divinidad porque Él lo puede todo.

¿Cómo se introdujo en el Cristianismo el concepto de la trinidad? El primero en usar el término fue Teófilo, a fines del Siglo II. Para él, Dios se manifiesta de tres formas: Dios, Logos y Sabiduría, pero esta propuesta no resolvía el problema de la relaciones entre Padre, Hijo y Espíritu Santo: ¿Qué los une? ¿Cómo? ¿Por qué?

En el Concilio de Nicea (325) Atanasio, siguiendo a Tertuliano, formuló lo que se llama la "semi-trinidad", es decir, se llegó a la conclusión que el Hijo era igualmente "Dios" con el Padre, de su misma sustancia y esencia. En este Concilio no se habló nada acerca del Espíritu.

Fue en el Concilio de Constantinopla (381), convocado por el Emperador Teodosio, donde se incluyeron frases en el credo por las cuales se divinizó también al Espíritu Santo, sosteniéndose que debería de ser adorado y glorificado junto con el Padre, afirmándose que él procedía del Padre, y que era él quien hacía la revelación. Posteriormente, en el Concilio de Calcedonia (451) quedó establecida la trinidad tal como la conoces en nuestros días. En resumen Jesús, el supuesto creador del Cristianismo no dijo nada sobre la trinidad, por lo que fueron necesarios más de cuatro siglos de enfrentamientos y excomuniones para "corregir" al fundador e imponer este "misterio" incomprensible para el ser humano.

El Pez.

Es el símbolo de la era en que se creó el cristianismo. Cuando estuvimos en la era de Aries, el símbolo fue el cordero, y ahora estamos entrando a la era de Acuario, en la que su símbolo es el agua.

Sin embargo, el pez ya tuvo una connotada significación religiosa en las religiones anteriores al cristianismo.

Dujardín, citado por D.M. Murdock, dice:

Este título [Ichtys, el pez] era una reminiscencia de los cultos primitivos de la época en la que los dioses tenían formas de animales... Los siguientes hechos son significativos: (1) A Jesús se le llama el Pez, Ichthus, (2) Se le representaba en forma de pez en las catacumbas. (3) Tertuliano le llamaba ´nuestro pez´. (4) Las sectas heréticas le adoraban como la serpiente, animal en el que el yahveísmo transformó al dios pez primitivo... (5) El culto del pez se certifica en la historia de los panes y los peces de los Evangelios... El patriarca Josué, que era simplemente un antiguo dios de Palestina y llevaba el mismo nombre que el dios del cristianismo, se llamaba hijo de Nun, que significaba ´hijo del pez´. [321]

El monograma P.X.

También conocido como la cruz de Constantino, es un símbolo compuesto por una figura "P" alargada sobre la figura de la "X", que constituye la parte central de su estandarte, también conocido como el *"Labarum"*. Se trata de un monograma muy difundido hoy entre los símbolos jerárquicos de la Iglesia. Éste no es más que el monograma de Osiris y posteriormente del monograma de Júpiter.

Las iniciales I.H.S.

Antes de ser utilizado por la Iglesia Católica lo fue como monograma del Dios Baco, y hace alusión al *"Vigor Phallic"*. [322]

---

[321] Acharya S., La Conspiración de Cristo, op. cit., pág.362.
[322] Ibid, pág. 351.

El aporte de Doane es interesante: *"Estas tres letras, el monograma del Sol, son las celebradas I.H.S., que habrán de ser vistas hoy en las iglesias Católicas Romanas y que son ahora el monograma del Dios-Sol Cristo Jesús"*. [323]

También lo es el comentario de Jackson:

Las autoridades de la iglesia tradujeron estos símbolos como 'Jesús Hominen Salvator' (Jesús el Salvador de los Hombres). Los antiguos estudiantes de religión esotérica las leyeron como el número 608; el periodo de tiempo de un ciclo solar-lunar; el número de años que pasan para el sol y la luna la misma posición relativa en los cielos. El ciclo de 608 (600) años representaba un periodo mesiánico, en cuyo final un nuevo salvador o mesías aparecía en el mundo. Las letras IHS fueron el sagrado monograma del dios griego Baco. Los cristianos las adoptaron y las hicieron la raíz del nombre Jesús. El IHS latinizado se convierte en IES, y agregando el sufijo masculino US, esto es IES más US, se transforma en IESUS. Cuando se traduce al inglés (o español), la "I" se convierte en "J" dando JESÚS. [324]

El Triángulo.

En las Iglesias cristianas es el emblema de la Trinidad. Su origen también es pagano. Su uso más antiguo y difundido se produjo en la India, como parte de la representación mística de los tres lados. En el Budismo se le asocia a la Trinidad.

Sin lugar a dudas en Egipto fue un símbolo religioso fundamental, utilizado miles de años antes del Cristianismo. La figura la podemos apreciar en los grandes monumentos arquitectónicos de la cultura egipcia tales como el Obelisco o las Pirámides, y está asociado a la Trinidad divina.

La Mitra.

El jefe de la Iglesia Católica, llamado Papa, lleva como símbolo de su primacía, una Mitra con forma de pez con la boca abierta. La Iglesia explica

---

[323] Doane T.W., citada por John G. Jackson, Christianity Before Christ, op. cit., pág. 165.
[324] Jackson John G., Christianity Before Christ, op. cit., pág. 165.

este hecho diciendo la Mitra simboliza al cristiano, que es pescado por Cristo. Sin embargo, el origen de la Mitra es muchísimo más antiguo.

¿De dónde nace el uso del símbolo de la Mitra? Es en Babilonia donde el sumo sacerdote del culto a Semíramis, llevaba una Mitra como símbolo del dios Dagon, el dios pez. Cuando el ejército macedonio-persa ocupó Babilonia, se produjo la huida del sumo sacerdote y algunos adeptos a la ciudad de Pérgamo y de allí a Italia, estableciéndose como religión Etrusca. Es allí, ya en tiempos de la influencia romana, cuando el culto pasó al Imperio y fue Julio Cesar, tras ser iniciado en los misterios babilónicos, el que unifica el poder religioso y político en una misma persona, pasando a ser el propio Cesar la reencarnación de un dios. Desde entonces los emperadores romanos llevaban la Mitra como símbolo del sumo sacerdocio de la religión pagana, llamándose "Pontificex Maximus".

Es Constantino, con el edicto de Milán del año 313 D.C., quien legaliza la religión cristiana y, posteriormente, la instituye como religión oficial del Imperio. Se unifican, en este importante personaje, los primados político y religioso - cristiano del Imperio. Es a partir de él, que los Papas y obispos llevan el título de Sumos Pontífices y la Mitra, como símbolos de su primacía religiosa, que atestiguan el origen pagano de sus creencias.

Los Santos.

La Iglesia Católica nombra a un grupo de personas, después de muertos, como santos o santas, asignándoles hechos extraordinarios que las hacen merecedoras a la calidad, de la misma forma que la Virgen María, de intermediarios entre Dios y los hombres.

En principio me parece de lo más ocioso nombrar personas para que se desempeñen como "intermediarios" entre Dios y los seres humanos, cuando Dios no necesita de tales "intermediarios". La sola idea de los santos suena como a una burocrática corte de lobistas, que hacen el papel de abogados inoficiosos.

Pero, en la práctica, para la Iglesia Católica son parte del marketing, pues cada santo o santa en particular puede atraer o mantener un determinado número de fieles que en el mundo real producen "limosnas" que siempre son bienvenidas. Además parece que el asunto se maneja como parte de los mecanismos para mejorar la "imagen" de una Iglesia que necesita amortiguar las consecuencias de tanto escándalo sexual, económico de su interior. No es por ello una coincidencia que durante el papado de Juan Pablo II, época de escándalos como los del Banco Ambrosiano, los cientos de curas pederastas, homosexualidad y otros, se haya doblado el número de santos y santas para los cuales ya no tienen más espacio en sus templos.

Pero, ¿los santos y santas son novedad de la Iglesia Católica? Ciertamente no, en Babilonia los hombres adoraban a casi cinco mil dioses y diosas. Estos no siempre habían sido divinos, sino que hubo una época en que fueron personas, héroes vivientes en la tierra, y después de su muerte se les reconocía, por sus méritos, como objeto de culto. De hecho, tal como es ahora, cada día estaba dedicado a un dios particular que les protegía.

Las poblaciones, los gremios o distintos trabajos, todo tiene su "Santo Patrón/a" que les protege y a él se implora en caso de necesidad. Es muy extendida, también, la costumbre de poner a los recién nacidos el nombre del "Santo/a" a quien se le pide proteja a esa criatura.

El catecismo de la religión católica anima a los fieles a orar e imitar a quienes, debido a sus buenas obras, han sido declarados santos por la jerarquía eclesiástica *"...los testigos que nos han precedido en el reino, especialmente los que la Iglesia reconoce como "santos", participan en la tradición viva de la oración, por el testimonio de sus vidas... Contemplan a Dios, lo alaban y no dejan de cuidar de aquellos que han quedado en la tierra... podemos y debemos rogarles que intercedan por nosotros y por el mundo entero..."*

Sin embargo la propia Biblia católica, en el lenguaje claro y sencillo, el pedir favores a los santos es una forma de espiritismo, pues está tratando de comunicarse con un muerto.

Deuteronomio 18: 10-12 dice textual y claramente lo siguiente: *"Que no haya en medio de ti nadie que haga pasar a su hijo o a su hija por el fuego; que nadie practique encantamientos o consulte a los astros; que no* haya brujos ni hechiceros; que no se halle ningún adivino o quien pregunte a los muertos. Porque Yavé aborrece a los que se dedican a todo esto, y los expulsa delante de ti a causa de estas abominaciones".

Isaías 8: 19-20, agrega: *"Y si os dijeren: Preguntad a las pitonisas y a los adivinos, que susurran hablando, responded: ¿No consultará el pueblo a su Dios? ¿Apelará por los vivos a los muertos? ¡A la ley y al testimonio! Si no dijeren conforme a esto, es porque no les ha amanecido".*

Para este caso, la Iglesia se desenvolvió de la misma forma que lo hizo con el tema de la idolatría y, como parte de su política de ampliación de mercado, terminó adoptando otra práctica del mundo pagano que parte del sincretismo religioso.

A veces me admira las agallas que tienen algunos cristianos que saben lo que dice Apocalipsis 22: 18-20: *"Yo, por mi parte, advierto a todo el que escuche las palabras proféticas de este libro: 'si alguno se atreve a añadir algo, Dios echará sobre él todas las plagas descritas en este libro. Y si alguno quita algo a las palabras de este libro profético, Dios le quitará su parte en el árbol de la vida y en Ciudad Santa, descritos en este libro '".*

La Corona de Espinas.

La corona de espinas, que de acuerdo a la tradición cristiana es colocada en la cabeza de Jesús, proviene originalmente de la tradición egipcia, específicamente del episodio de transformación del dios Atum en Anbu, que no se originó como un símbolo de sufrimiento o muerte.[325]

Massey también nos informa que el Mesías mexicano era coronado con la Corona de Maguey, Árbol de la Vida para dicha concepción, y por lo tanto símbolo de poder.[326]

En su acepción natural la corona de espinas no es más que la representación de los rayos del dios sol crucificado.

---

[325] Massey Gerald, The Historical Jesus and the Mythical Christ, op. cit., pág. 101.
[326] Ibid.

CAPÍTULO 7

IDOLATRIA Y LA IGLESIA CATÓLICA

Primero definamos lo qué es idolatría. De acuerdo a la Enciclopedia Católica:

Etimológicamente idolatría denota adoración Divina otorgada a una imagen, pero su significado ha sido extendido a toda adoración Divina otorgada a cualquier persona o cosa distinta del verdadero Dios...Existe una diferencia esencial entre la idolatría y la veneración de imágenes practicada en la Iglesia Católica, viz., que mientras el idólatra atribuye Divinidad o poderes Divinos a la imagen que reverencia, el Católico sabe "que en las imágenes no hay divinidad ni virtud debido a la cual deban ser adoradas, que no se puede dirigir peticiones a ellas, y que no debe depositarse confianza en ellas. . . que el honor que se les brinda a ellos está referido a los objetos (prototypa) que representan, de modo tal que a través de las imágenes que besamos, y delante de las cuales nos descubrimos las cabezas y arrodillamos, adoramos a Cristo y veneramos a los santos cuya similitud representan". (Conc. find., Sess. XXV, "de invocatione Sanctorum")[327]

Entonces, siguiendo la definición proporcionada por la Enciclopedia Católica, las características de la idolatría son:

1. Atribuir divinidad o virtud a imágenes por lo cual deban ser adoradas.
2. Dirigir peticiones a la imagen.
3. Depositar confianza en las imágenes.

La generalidad de los católicos atribuye divinidad o virtudes a las imágenes de las diferentes vírgenes, cristos y santos que adoran, y llegan a pensar que tal o cual imagen es más milagrosa de la otra, por consecuencia se hacen devotos de determinadas imágenes, a las cuales hacen peticiones

---

[327] Enciclopedia Católica, http://ec.aciprensa.com/i/idolatria.htm

específicas, depositando su confianza en ser favorecidos con tales peticiones. El católico de a pie no tiene la más mínima idea que existe diferencia entre adoración idolátrica y veneración[328], que al final no es más que una distinción creada a propósito para tratar de justificar lo que o todas luces resulta injustificable.

Para introducir el culto idolátrico pagano en la práctica del catolicismo, la Iglesia tuvo que manosear los diez mandamientos originales del Antiguo Testamento para adaptarlos a sus intereses. Para comprobarlo, basta comparar el original del Decálogo contenido en Éxodo 20, 1-21 con lo que ahora se enseña en cualquier catecismo católico.

El segundo mandamiento se refiere a la idolatría, y en Éxodo 20, 4, textualmente Dios dice: *"No **te harás estatua ni imagen alguna** de lo que hay arriba, en el cielo, abajo en la tierra, y en las aguas debajo de la tierra. **No te postres ante esos dioses**, ni les sirvas, porque yo Yavé, tu Dios, soy un Dios celoso".*

No puede haber duda que el texto expreso y claro del mandato que acabamos de transcribir, que está repetido en más de otros 30 pasajes como: Deu. 5,8-10; Salmo 115, 3-8, Jer. 10, 8-9, etc., fue groseramente eliminado para convertir al catolicismo en un culto idolátrico, cuya práctica genera lucrativos ingresos. Podrán los curas y demás apologistas del catolicismo encontrar divinas razones para justificar sus aberraciones, pero cualquier persona que pueda utilizar su cerebro podrá darse cuenta de la verdad. Amigo lector, si usted tiene duda tome su Biblia y léala, ésta es la mejor forma de darse cuenta de la realidad. La palabra de Dios tiene que ser clara, simple y directa, de otra forma deja de serla.

Sé que es muy raro el católico que tenga una Biblia y que la lea, por lo que me voy a permitir transcribir los versículos pertinentes que tocan el tema de la idolatría.

El segundo mandamiento del decálogo está en Éxodo 20, 4-6:

"No te harás estatua ni imagen alguna de lo que hay arriba, en el cielo; abajo, en la tierra; y en las aguas debajo de la tierra. No

---

[328] Pienso que ni la gran mayoría de los curas la conocen.

te postres ante esos dioses, ni les sirvas, porque yo Yavé, tu Dios, soy un Dios celoso". Yo pido cuentas a hijos, nietos y biznietos por la maldad de sus padres que no me quisieron. Pero me muestro favorable hasta mil generaciones con los que me aman y observan mis mandamientos.

El segundo mandamiento original de Yavé ha sido reemplazado por: Ama a tu prójimo como a ti mismo. No tengo nada en particular contra este mandato, lo que me parece inadmisible es que no se haya respetado la supuesta segunda norma original de Dios y que sin anuencia explícita del autor se haya eliminado este mandato reemplazándolo por otro distinto. Que el nuevo mandamiento sea digno de ser considerado como tal, no es algo que está en entredicho; en todo caso, debió ser simplemente agregado como tal, sin que para tal efecto tuviera que modificarse el texto original.

Otro texto bíblico muy claro respecto de este tema es el que nos trae el Libro de Isaías 44, 9-28:

"Los que se dedican a tallar estatuas de dioses no son nada por muchos que sean, y esas obras a las que quieren no sirven para nada". Sus partidarios no ven ni entienden nada, pero al final se decepcionarán. ¿Cómo se les ocurre fabricar un dios o fundir una estatua que de nada sirve? Todos sus cómplices llevarán un chasco, y esos artesanos se pondrán colorados. Que se reúnan todos y se presenten. Verán cómo sentirán, al mismo tiempo, miedo y vergüenza.

También es contundente el texto de Jeremías 10, 1-6:

Escucha lo que dice Yavé, pueblo de Israel. Así habla Yavé. No se acostumbren al proceder de los paganos ni teman las señales del cielo, aunque a ellos les asusten. "Porque el Dios Terrible de los pueblos es pura nada. Es un palo cortado en un bosque, labrado con azuela por las manos del maestro y luego adornado con plata y oro, con láminas de plata importada de Tarsis y con oro de Ofir; hechura de escultor y de las manos del platero, todos ellos son únicamente obra de artistas. Los visten de púrpura violeta y roja y los sujetan con clavos, a golpes de martillo, para que no se muevan. Sus ídolos son como un espantapájaros en un sandial, que no hablan; y tienen que ser transportados, pues no pueden andar. No les tengan miedo, que no pueden hacer ni el mal ni el bien".

¡No hay como tú, Yavé; tú eres grande, y grande es tu nombre poderoso!

¿Quién no te temerá, Rey de las naciones? Si, a ti se te puede temer, porque entre todos los sabios de las naciones, y entre todos sus reinos no hay nadie como tú.

Todos ellos son bestias y estúpidos, pues sus ídolos demuestran su necedad. Pero Yavé es el verdadero Dios, el Dios viviente, el Rey eterno. Cuando se enoja, tiembla la tierra, y las naciones no pueden aguantar su cólera.

Así hablarán ustedes de ellos: Los dioses que no hicieron ni el cielo ni la tierra, desaparecerán de la tierra y de debajo del cielo.

Él hizo la tierra con su poder, estableció el mundo con su sabiduría, y con su inteligencia extendió los cielos. Cuando él levanta la voz se amontonan las aguas en los cielos; llama las nubes desde los extremos de la tierra, hace brillar relámpagos en el aguacero y saca de sus depósitos al viento.

Así queda descalificada la sabiduría de los mortales. "El platero debería avergonzarse de su ídolo, porque sus estatuas no son más que mentira. Que nunca respiran. Son tonterías, obras ridículas que serán juzgadas y desaparecerán".

No es así Aquel que es la herencia de Jacob, pues él ha formado el universo, e Israel es su tribu heredera, su nombre el Yavé de los Ejércitos.

Levítico 19, 4: "No se vuelvan hacia los ídolos ni se hagan dioses de metal fundido. ¡Yo soy Yavé, Dios de ustedes!"

Levítico 26, 1: *"No se hagan ídolos, ni levanten estatuas o monumentos, ni coloquen en su tierra piedras grabadas para postrarse ante ellas, porque yo soy Yavé, el Dios de ustedes."*

Deuteronomio 4, 15:

Mediten bien lo que van a hacer. Ustedes no vieron figura alguna el día en que Yavé les habló en el monte Orbe en medio del fuego. Por lo tanto no vayan a corromperse: "no se hagan un ídolo, o sea cualquier cosa esculpida con forma de hombre o de mujer", ni con la forma de algún animal de los que viven en la tierra, o de algún ave que vuela en el cielo; ni de algún reptil de los que se arrastran sobre la tierra, ni de algún pez de los que viven en el agua debajo de la tierra.

...

Guárdate, pues, de olvidar la Alianza que Yavé ha pactado contigo "y no te hagas ídolos, o sea imágenes de todo lo que Yavé su Dios te ha prohibido".

Deuteronomio 5, 8-10:

No te harás ídolos, no te harás figura alguna de las cosas que hay arriba en el cielo o aquí debajo en la tierra, ni de lo que hay en las aguas debajo de la tierra. Ante ellas no te hincarás ni les rendirás culto; porque yo, Yavé, tu Dios, soy un Dios celoso, que castigo la maldad de los padres en los hijos hasta la tercera y cuarta generación de los que me odian. Pero mantengo mi favor por mil generaciones a los que me aman y guardan mis mandamientos.

Deuteronomio 27, 15: *"Maldito sea el que hace un ídolo de metal, cosa odiosa a Yavé, obra de manos de artífice, y lo coloca en un lugar oculto".*

Sabiduría 13, 10: *"¡Cuánta pena dan los que ponen su confianza en cosas muertas, y que dan el nombre de dioses a lo que ha salido de manos humanas: oro, plata cincelada, figuras de animales y hasta la piedra inservible, que un buen día fue esculpida por alguien!"*

Sabiduría 14, 8: *"Pero, en cuanto al ídolo fabricado y al que lo hizo, ¡que sean malditos ambos: el obrero porque lo hizo, y el objeto porque se lo llamó Dios!"*

Sabiduría 14, 12: *" 'La invención de los ídolos fue el comienzo de la perversión; esa invención corrompió la vida'. Porque el comienzo no existía, ni durarán para siempre. La vanidad humana los introdujo en el mundo y por eso su destrucción está decidida".*

Salmo 115, 3-8:

*"Nuestro Dios está en los cielos,
él realiza todo lo que quiere.
Sus ídolos no son más que oro y plata,
una obra de la mano del hombre.*

*Tienen boca pero no hablan,
ojos pero no ven,
orejas pero no oyen,
nariz pero no huelen.*

*Tienen manos, mas no palpan,
Pies, pero no andan,
Ni un susurro sale de su garganta.
¡Que sean como ellos los que los fabrican
y todos los que en ellos tienen confianza!*

Bien dice Pepe Rodríguez: *"si la palabra de Dios es Ley, y su Decálogo es sustancialmente diferente al que obliga a cumplir la Iglesia Católica, ¿cómo puede tomarse la Biblia por palabra divina mientras que se acata y eleva a rango superior una palabra meramente humana que la contradice? ¿Es ese el caso que los católicos le hacen a ese Dios con el que se llenan la boca?* [329]

Lo mismo que hemos dicho sobre la Virgen María (ver capítulo 8) se aplica al culto de cruces con efigies de Jesús, a estatuas de Santos e imá-

---

[329] Rodríguez Pepe, op. cit., pág. 379.

genes de todo tipo que el pueblo Católico está tan acostumbrado a adorar. Especialmente en los pueblos latinos, estos cultos han proliferado hasta el extremo, dándose en cada pueblo la presencia de sus propios cristos y vírgenes, secundados por los santos especializados en todo tipo de remedio y angustia, los hay quienes producen el milagro del dinero, aquellos que curan enfermedades, los que protegen a jueces y hasta los que buscan marido a las solteronas. Y en este laberinto idolátrico la Iglesia no dice nada. Tal parece que la Iglesia ha llegado al extremo de la decadencia que ahora tiene que aceptar cualquier degeneración a fin de no seguir perdiendo más feligreses.

Veamos dos ejemplos: En los pueblos andinos del Perú y Bolivia existe la costumbre de *"pagar la tierra"* sacrificando algún animal y vertiendo su sangre en la tierra, lo cual es muy común al comenzar la construcción de cualquier casa o edificio, estando a cargo de curanderos o chamanes, todo ello en presencia del cura del pueblo; y al mismo tiempo, acto seguido, se produce la bendición a cargo del sacerdote, el que sin el menor estupor procede con sus respectivos ritos y rituales. Ambas ceremonias, la pagana y la cristiano-pagana, son casi obligatorias, pues de lo contrario no hay obrero que acepte trabajar en la obra por temor a los malos augurios. Al final todos quedan contentos, los propietarios, los obreros, el curandero y el cura, especialmente estos últimos que no reciben poco por sus servicios y rematan la faena con gran fiesta y borrachera.

El segundo ejemplo se da también en la misma zona altoandina donde se adora a las vírgenes, especialmente a la de la Candelaria, la Virgen del Socavón y la de Copacabana, con grandes celebraciones, en las cuales la figura principal son los danzarines disfrazados de diablos. Sí señor, nada más y nada menos la simbolización de Satanás adorando a la Virgen. Son verdaderas bacanales que duran por lo menos 8 días de borracheras, lujuria y desenfreno en donde todo está permitido. Se sabe que el mes de noviembre en Puno - donde se adora a la Virgen de la Candelaria en febrero-, es el mes donde los nacimientos son significativamente mayores que en otros meses. ¿Y qué dice el cura del pueblo? Amen, es el mes en que hace su agosto.

Ni que decir de las procesiones de dioses, vírgenes y santos, que nos hacen recordar las mejores épocas del paganismo. Todas ellas están presididas por el cura acompañado por las autoridades más corruptas y son organizadas por cofradías que manejan gran cantidad de dinero producto de las limosnas que se recolectan en cada esquina, de las estampitas, velas y sahumerios, que son excelentes negocios exentos del pago de impuestos. Estas demostraciones de fe me hacen recordar la Jerusalén de hoy, que se ha convertido en un verdadero mercadillo donde todo se compra y todo se vende; aguas y aceites benditos que se preparan bajo la mesa, rosarios, crucifijos, y si usted se toma el tiempo y encuentra al comerciante apropiado, se puede comprar hasta las astillas de la cruz donde se dice que murió Jesús, que para haber producido tantas astillas debe haber tenido la altura de varios kilómetros.

Quien diga que las procesiones no tienen su origen en las religiones paganas, no conoce la historia. Herodoto decía sobre las procesiones:

> *Los egipcios fueron los primeros entre los hombres en hacer romerías, procesiones y ceremonias públicas, y de ellos aprendieron los griegos. Y la prueba la encuentro en que aquellas parecen haberse realizado desde hace mucho tiempo, mientras que las griegas se hacen desde hace poco. Los egipcios, además, no celebraban una romería al año, sino muchas, y en la más grande y acreditada van a la ciudad de Bubastis en honor de Artemis (Sokhit); la segunda, a la ciudad de Busilis en honor de Isis. En esta ciudad se encuentra, en efecto, el mayor de los templos de Isis. Se alza esta ciudad en medio del Delta de Egipto. Isis equivale a Deméter en lengua griega. La tercera romería van a celebrarla a la ciudad de Sais, en honor de Atenea (Neith); la cuarta a Hielópolis, en honor a Helios (Atón-Ra); la quinta a la ciudad de Buto, en honor a Letonia; la sexta a la ciudad de Pampremis, en honor a Ares...* [330]

La única diferencia entre las procesiones cristianas y las procesiones paganas era el título que recibían estas últimas: *"pompa"*, que se sustituyó por el término procesión a modo de disimular su origen y esencia idolátrica.

Así como el culto a la virgen fue impuesto por el populacho, las procesiones también lo fueron. Dice Antonio Blanco Freijeiro que *"los cristianos primitivos, enemigos acérrimos de las procesiones paganas, no sólo rehusaron*

---

[330] Herodoto, II, 58-59:

practicar en sus cultos cosa semejante, sino que hicieron todo lo posible por desacreditarla. Fue entonces que la palabra pompa con la que los paganos designaban a la procesión, comenzó a adquirir el significado de lujo hueco, boato, soberbia, vanidad; en suma todo lo contrario a la austeridad, la sencillez y la modestia que caracterizaban al buen seguidor de Cristo. [331]

Al final el catolicismo no sólo propicia y practica la idolatría sino que ha aceptado el más espectacular politeísmo de la historia de la humanidad. El monoteísmo del Antiguo Testamento ha sobrevivido sólo en el Judaísmo; oficialmente son tres dioses los cristianos: Dios Padre, Hijo y Espíritu Santo. Que sean consustanciales o no, es una disquisición teórica que nadie la comprende porque es absurda, tan absurda que ni los propios jerarcas de la iglesia la pueden explicar en términos inteligibles. Simplemente son tres dioses que son distintos porque el mito cristiano les ha dado vida propia. Que es un dogma o artículo de fe que hay que aceptarlo porque viene de los píos y santos representantes de Dios en la tierra, no es un argumento con el que van a convencer a mucha gente.

El populacho ha convertido la religión católica en politeísta. La gran mayoría de los católicos no entienden que todas las representaciones de la Virgen, ya sean de Chapi, de Copacabana, de Guadalupe, o de donde fuere, en realidad deberían representar a una sola, o sea a la Virgen María. Tampoco entienden que el Señor de Los Milagros, el Señor de Machaguay, el Señor de Luren, y todos los otros millares que se adoran por todo el mundo, en realidad representan al mismo personaje, Jesús. Todos creen en las bondades de su propio ídolo y desconfían de los poderes de los otros, cargan consigo imágenes de sus vírgenes y dioses favoritos y hacen ofrendas, penitencias y sacrificios. Y ahora que gracias al Papa Juan Pablo II se ha duplicado el panteón de santos del olimpo católico, todos tienen para escoger. Y ¿qué dice la Iglesia de todo esto? nada, pues si aclararan las cosas estarían matando la gallina de los huevos de oro. Sólo Lourdes en Francia debe producirle a la Iglesia Católica millones de dólares al año, los cuales la Iglesia no va a poner en riesgo; en fin, la Iglesia vendió (por lentejas) su alma al diablo hace muchísimo tiempo.

---

[331] Freijeiro Antonio Blanco: Mitología de las Procesiones. Antecedentes paganos de las procesiones cristiana. (pttp://descargas.cervantesvirtual.com)

La Iglesia ¡cuándo no! ha encontrado la justificación del culto idolátrico. Les han vendido a sus fieles el cuento que una cosa es adoración y otra veneración, y que por lo tanto está perfectamente bien que los devotos veneren a sus ídolos. ¡Por favor! El mismo San Agustín de Hipona, respecto de esta disquisición les habría dicho a estos idólatras:

> ¡Avergüéncense todos los que sirven a una escultura, los que se glorían en los ídolos! Pero avanza uno que se cree docto y dice: 'Yo no adoro a una piedra ni esta imagen que no tiene sentimientos; porque no es posible que vuestros profetas hayan imaginado que tenían ojos y no veían, y que yo sea ignorante hasta el punto de no saber que la imagen no tiene alma y no ve por sus ojos y no oye por sus oídos. Yo no adoro esto; sino que me inclino ante esto que veo y sirvo a aquel a quien no veo', '¿quién es éste?'. 'Algún poder invisible -se nos dice- que radica en esta imagen.' Mediante esta clase de explicación acerca de sus imágenes, piensan que son muy listos y que en modo alguno se les puede contar entre los adoradores de ídolos. (Subrayados añadidos) [332]

En no pocos casos a las imágenes de las vírgenes paganas sólo se les cambió el nombre para seguir siendo adoradas como la Virgen María cristiana. Este es el caso de Isis, a quien se le representaba sobre la luna en cuarto creciente con doce estrellas rodeando su cabeza, imagen de la virgen católica que ahora es muy popular. La representación de la Virgen cargando al infante Jesús, no es más que una copia de la representación de Isis cargando al infante Horus.

En varios lugares de Europa es bastante popular el culto a la Virgen Negra, siendo una de ellas la muy conocida virgen negra polaca, que fuera la favorita del Papa Juan Pablo II. Pues bien, la imagen correspondió originalmente nada menos que a la Diosa egipcia Isis.

La Iglesia pretende sostener que desde sus inicios la veneración a las estatuas e imágenes eran cosa normal del Cristianismo, lo cual es completamente falso, como lo vamos a demostrar a continuación.

---

[332] Sobre Salmos 96, 2; Cita de Fernando Saraví, Culto a la imágenes, http://www.recursosevangelicos.com/showthread.php?threadid=10569

Si hay algo rescatable en el Antiguo Testamento es la clara e inobjetable prohibición de la idolatría. Ya el pueblo judío había sufrido las consecuencias de las prácticas idolátricas, constituyendo el riguroso monoteísmo un avance importante para una comunidad que requería uniformidad religiosa. Es esa la razón por la que, como ya hemos visto, la prohibición de las prácticas idolátricas constituye el segundo mandamiento del judaísmo.

En el Cristianismo primitivo estaba absolutamente prohibida la adoración de estatuas e imágenes de cualquier tipo. Para probarlo veamos lo que decían los Padres de la Iglesia de esa época:

Orígenes:

Son los más ignorantes quienes no se avergüenzan de dirigirse a objetos sin vida... y aunque algunos pueden decir que estos objetos no son sus dioses sino tan sólo imitaciones de ellos y símbolos, sin embargo "se necesita ser ignorante y esclavo" para suponer que las manos viles de unos artesanos puedan modelar la semejanza de la Divinidad; os aseguramos que "el más bajo de los nuestros se ve libre de tamaña ignorancia y falta de discernimiento". (Subrayados añadidos)[333]

Lactancio *(240-320 d.c.):*

Es indubitable que en donde quiera que hay una imagen no hay religión. Porque si la religión consiste de cosas divinas, y no hay nada divino más que en las cosas celestiales, se sigue que las imágenes se hallan fuera de la esfera de la religión, porque no puede haber nada de celestial en lo que se hace de la tierra ... no hay religión en las imágenes, sino una simple imitación de religión. (Subrayados añadidos) [334]

Epifanio (315-403 d.c.), al visitar una iglesia en Palestina, hizo el siguiente comentario: *"...hallé allí una cortina colgada en las puertas de la citada iglesia, teñida y bordada. Tenía una imagen de Cristo o de uno de los santos; no recuerdo precisamente de quién era la imagen. Viendo esto,*

---

[333] Contra Celso, 6:14; Ibid.
[334] Instituciones Divinas 2:19; Ibid.

y oponiéndome a que la imagen de un hombre fuese colgada en la iglesia de Cristo, contrariamente a la enseñanza de las Escrituras, la desgarré ..."

Epifanio aconseja además a Juan que instruya a los responsables para que no se cuelguen cortinados de esa clase en ninguna Iglesia de Cristo, *"opuestos como están a nuestra religión"*, y continúa: *"Un hombre de tu rectitud debiera ser cuidadoso en quitar una ocasión de ofensa, indigna por igual a la Iglesia de Cristo como de aquellos cristianos que están confiados a tu cargo"*. (Subrayados añadidos) [335]

Javier Gonzaga narra la siguiente ilustrativa anécdota:

Cuando los soldados de Diocleciano [emperador que lanzó la última gran persecución contra los cristianos] irrumpieron en una iglesia en Nicomedia [en] el año 297 mostraron su ignorancia total del cristianismo al sorprenderse de no encontrar ninguna representación de lo que los cristianos adoraban allí. Esto era precisamente lo que diferenciaba a una iglesia cristiana de un templo pagano. [336]

Queda claro que, en forma unánime, los llamados Padres de la Iglesia, consideraban que la adoración o veneración de imágenes o esculturas es un culto idolátrico, y por lo tanto contrario a la letra y espíritu cristiano.

No solamente los Padres de la Iglesia rechazaron la idolatría. A nivel oficial la Iglesia, en el año 305 o 306 en un concilio reunido en Elvira, cerca de la actual Granada, estableció en su canon 36: *"Ordenamos que no haya pinturas en la Iglesia, de modo que aquello que es objeto de nuestra adoración no será pintado en las paredes".*

Es más, el Quinto Concilio de Constantinopla, del año 754, al que asistieron más de 300 obispos (cifra record para este tipo de reuniones), fue convocado por el emperador bizantino Constantino V, para tratar el problema de la adoración de imágenes. El concilio declaró que el culto de las imágenes era contrario a las Escrituras, una práctica pagana y anticristiana, la

---

[335] Jerónimo, Epist. 51:9; Ibid.
[336] Concilios. Grand Rapids: International Publications, 1965; 1: 237; Ibid.

abolición de la cual era necesaria para evitar que los cristianos cayesen en tentación. Aún el uso del crucifijo fue condenado, basados en que el único símbolo de la encarnación se hallaba en el pan y vino de la cena del Señor.

El sucesor de Constantino V fue León IV, quien era otro ortodoxo iconoclasta, pero murió en el año 780. La esposa de León IV, la emperatriz Irene, hizo todo lo que estuvo a su alcance para restaurar el culto de las imágenes. Consiguió, con la cooperación del Papa de turno y de Carlomagno, reunir un concilio para anular los decretos del Concilio del año 754; pero terminó tumultuosamente, porque el partido iconoclasta era todavía muy numeroso en la capital. Como una muestra de la mejor faceta mafiosa del cristianismo, se resolvió entonces trasladarlo a Nicea, por ser un lugar más alejado. Este Concilio se reunió finalmente el año 787, y los delegados obedecieron servilmente y cumplieron con la orden de declarar nulo el concilio de Constantinopla del año 754, y promulgar el culto de las imágenes. Los hechos así relatados nos demuestran que el tema de la idolatría era un verdadero problema dentro de la Iglesia, pues había mucha gente fiel a la enseñanza bíblica que no aceptaba dicha práctica y que, al mismo tiempo, existían otras personas que por razones meramente políticas y proselitistas vendieron su conciencia por un nada despreciable plato de lentejas.

¿Cómo se introdujo la idolatría en el Cristianismo? Como ya lo hemos visto, los primeros cristianos, fieles a la letra y espíritu del Antiguo Testamento, la rechazaron en forma inequívoca. Esto se pudo controlar mientras este nuevo movimiento religioso se mantuvo conformado por pequeñas iglesias, casi familiares, que en muchos casos trataban de mantenerse desapercibidas. Cuando las congregaciones fueron creciendo en número y volumen, se vio la necesidad de adoptar algún tipo de organización administrativa y de control que evitara la desviación, también llamada "apostasía" pero, contrariamente a lo que se buscaba, ésta organización dio lugar a que se produjera el efecto contrario.

En efecto, en el momento que la religión, cualquier religión, se organiza, en ese momento comienza a generar el germen de su degeneración. Expliquémonos, la Iglesia Cristiana primitiva originalmente estuvo organizada en pequeñas comunidades donde, como lo menciona los *Hechos de los Apóstoles*, se practicaban las mejores virtudes humanas como la propiedad en comunidad, la solidaridad, humildad y pobreza, fue posible que dicha Iglesia pudiera practicar y ser fiel a sus principios fundacionales.

El problema comienza cuando crece el grupo comunitario y aparecen nuevas comunidades y se ve la necesidad de crear algún tipo de organización administrativa. Aquí aparece la primera idea del llamado "Obispo", esto es el "administrador de la Iglesia". Al principio el sistema funciona y el crecimiento de la Iglesia es controlado; todos trabajan en función de los principios rectores de la Iglesia y se toman las medidas para evitar las desviaciones que enfrenta todo grupo humano. Conforme pasa el tiempo, algunos Obispos se mantienen fieles a los principios, y otros caen en las tentaciones humanas del poder, que entre otras cosas los lleva a soñar en el crecimiento de la feligresía y eliminación de la competencia. En otros términos, en lugar de aceptar con humildad y paciencia que la Iglesia crezca en forma natural, avizoran la inmediata "conversión" de los que aún no forman parte del grupo e inclusive la desaparición de todos los grupos religiosos que compiten en el mercado, y luego comienza el problema, que en el fondo es estrictamente humano: se genera el germen de la ambición que si no se corrige a tiempo dará lugar a la corrupción irremediable de todo el grupo, ergo de la propia iglesia como tal. Esta no es una teoría descabellada, producto de la ficción; ha sucedido innumerables veces a lo largo de la historia humana y seguirá sucediendo mientras los actores sigamos siendo humanos.

Continuemos con el desarrollo de las ideas. En el proceso de crecimiento del cristianismo primitivo, algunos Obispos, por ambiciones materiales, se desvían de los principios fundacionales del cristianismo y ven en la religión la posibilidad de la utilización del poder en beneficio propio. Los principios de humildad, pobreza, solidaridad y amor al prójimo, ceden frente a la posibilidad de ejercicio del poder espiritual subordinado al poder económico, lo que en términos materiales resulta tremendamente atractivo. Se trata de un proceso lento pero sostenido, que en el caso objeto de nuestro estudio duró varios siglos.

Para entender a cabalidad el problema, por un momento tratemos de reconstruir la vida religiosa de Roma durante los primeros dos siglos de nuestra era. El Cristianismo acababa de nacer, por lo tanto era un grupo extremadamente reducido, pero que por sus principios de solidaridad comunitaria era atractivo y efectivo. Roma era un centro cosmopolita donde habitaban gente proveniente de todas las culturas del mundo conocido y, por lo tanto, también se habían arraigado grupos religiosos de larga data y tradición. Entre otros, compartían el mercado religioso romano:

- Los judíos agrupados esencialmente en el Judaísmo.
- Los seguidores del Dios Mitra, provenientes de Babilonia y países persas.
- Los seguidores de la religión egipcia, que adoraban a Isis, Ra, Osiris, Horus, entre otros.
- Los seguidores del Dios Sol Invictus.
- Los seguidores del Dios Attis.
- Los seguidores de Krishna y otros dioses provenientes de la India.
- Los seguidores de los otros cultos romanos y griegos.

La genialidad de la nación romana hizo posible esa coexistencia, imponiendo el más absoluto respeto y tolerancia de las creencias religiosas de todas las comunidades que allí habían convergido, en la medida que tales grupos aceptaran y respetaran la religión oficial del imperio.

Dijimos que la organización del cristianismo, a través de su burocratización, inevitablemente trajo consigo su desviación y corrupción. La idea original, siguiendo las pautas de los Evangelios, era predicar la buena nueva y captar nuevos adeptos. La fuente natural del Cristianismo, debieron ser los judíos, que en lugar de seguir a Jesús, abiertamente no lo reconocieron como el prometido Mesías y rechazaron la autenticidad del contenido del nuevo mensaje, lo que les obligó a orientar sus esfuerzos proselitistas hacia las religiones tradicionales o "paganas", no sin antes apropiarse de los libros sagrados de los judíos que ahora forman gran parte del Antiguo Testamento, agregando los del Nuevo Testamento en un intento de justificar proféticamente la presencia de Jesús.

No pasaría mucho tiempo para que se diseñara la venganza, se manoseó dolosamente los evangelios para responsabilizar a esos judíos de la muerte de Jesús, provocando la persecución y varios holocaustos del pueblo judío, anteriores y más atroces que el holocausto Alemán dirigido por Hitler.

Rechazado el Cristianismo por el grupo judío que le dio origen, tuvo que orientar sus esfuerzos de crecimiento hacia las religiones paganas. En este proceso, el cristianismo se encontró con algunos graves tropiezos que, en un esfuerzo de síntesis, podemos resumir en básicamente los siguientes:

1. La nueva oferta, carecía de la deidad femenina, la gran diosa madre, que la mayor parte de pueblos y religiones venían adorando varios miles de años antes de la aparición del Cristianismo. Esta concepción estaba profundamente arraigada en el sentimiento popular y era poco más que imposible tratar de cambiarla. Los grupos paganos no aceptarían ninguna otra religión en la que faltara este contenido.
2. Las celebraciones religiosas y otros elementos simbólicos "paganos" también habían calado muy hondo en el sentimiento y percepción religiosa del pueblo, lo que también era muy difícil cambiar.
3. La naturaleza idolátrica de la gente. Las religiones "paganas" habían vivido miles de años acostumbradas a sus ídolos y por más atractiva que fuera la doctrina cristiana, este tema tampoco era materia de negociación.

Salvo el Judaísmo, que por su intolerancia y racismo siempre vivió auto marginado y dio lugar a eternas persecuciones, el resto de religiones paganas convergían en un mismo patrón, con características muy similares, donde las diferencias, en muchos casos, eran sólo de nombres, lugares, fechas y otros aspectos cosméticos. Este hecho, hacía que la tolerancia entre ellas fuera algo natural y jamás se produjeran situaciones de confrontación seria.

Para el Cristianismo, la disyuntiva era muy clara: practicar la humildad, pobreza y amor al prójimo en pequeñas comunidades y aspirar a que el buen ejemplo provoque el efecto natural del contagio y expansión; o, ceder a la tentación del poder y provocar la expansión del grupo, cediendo los fundamentos espirituales de la congregación a cambio de beneficios crematísticos. En este punto, se produjo el primer y fatal cisma de la recién creada religión, por un lado, hubo el grupo de quienes siguieron fieles a la verdad de los principios y resistieron en forma heroica hasta que fueron aniquilados por el grupo disidente inspirado en la ambición por el poder mundano.

El grupo disidente, que al final término adueñándose de todo el proyecto religioso, desde el comienzo tuvo muy claro que la única forma de ganarse al mundo "pagano" era cediendo en los puntos no renunciables del grupo objetivo. En efecto, a lo largo de varios siglos de sincretismo:

- Incorporó en los Evangelios, entre finales del primer siglo y mediados del segundo, la teoría que Jesús también había nacido de una Virgen, para igualarlo a los otros avatares del mundo.
- Conforme comenzó a organizarse la nueva religión, se adoptaron como propios los símbolos característicos de las religiones paganas. De esta forma, los obispos comenzaron a usar los mismos atuendos de los sacerdotes paganos (Mitra, vestimenta, bastón, etc.) y poco a poco los monogramas y otros símbolos usados por las religiones paganas, tales como el P.X., el triángulo, la cruz, etc., también fueron plagiados e incorporados al nuevo credo.
- En el año IV, se estableció que el nacimiento de Jesús se produjo un 25 de diciembre, estableciendo la celebración de la Navidad, con lo que asimiló la fiesta pagana de la "Saturnalia". Con esta movida, el Cristianismo implícitamente acepto el carácter solar de su deidad.
- En el año 431, en el Concilio de Éfeso, se aceptó que la Virgen María podía ser objeto de veneración, ello dio la bienvenida al Cristianismo la adoración de la deidad femenina. Rápidamente, la Virgen María asumió los atributos, títulos y demás características de Isis, Artemisa, Venus, Afrodita y otras deidades femeninas paganas.
- Para hacer más sencilla la transición, utilizando el poder que otorga el ser la Iglesia oficial del Imperio Romano, los templos paganos pasaron a ser templos cristianos, donde rápidamente se sustituyeron algunas efigies e imágenes paganas por otras cristianas. En lo demás el cambio paso casi desapercibido.

Si a esto le agregamos el ejercicio del poder político, no necesitamos hacer mucho esfuerzo mental para darnos cuenta que rápidamente el Cristianismo se convirtió en la organización más poderosa y nefasta de la historia de la humanidad. No solamente se echaron por la borda todos los principios elementales del cristianismo sino que la Iglesia oficial, la iglesia desviada terminó eliminando a los cristianos primitivos porque cometieron el grave pecado de haberse mantenido fieles a los principios de humildad, pobreza y amor al prójimo, a los que tildó de herejes y aniquiló no con el poder de las ideas sino con la fuerza de la espada. Si alguien no me cree, le sugiero revisar la historia de las sectas de los Arrios, los Cátaros y otros grupos, que durante siglos fueron perseguidos y eliminados a través de los primeros holocaustos que conoció la humanidad.

Producto de este sincretismo, la Iglesia de Jesús terminó siendo un movimiento religioso más idolátrico que su antecedente "pagano", económicamente poderoso y por un largo tiempo el casi dueño del mundo, que causó la paralización del desarrollo de la humanidad durante 1 600 años.

Lo que nunca pudo lograr la Iglesia "oficial" es borrar las huellas del delito y justificar la incoherencia entre el mensaje original con los atrofiados resultados de una organización mundana que se impuso con la razón de la espada, el genocidio, la Inquisición y el esclavismo mental de sus fieles. Para amalgamar el incongruente híbrido que se obtuvo, se diseñaron los dogmas, los "artículos de fe", el concepto de la infalibilidad del Papa y otros absurdos que forman parte de aquello que se conoce con el nombre de "teología".

Sin embargo usted y yo aprendimos, en los primeros años de nuestras vidas, que la historia fue diferente. Esto sucedió porque siempre son los ganadores quienes escriben la historia. Pero, al final siempre se llega a conocer la verdad, pues no hay nada oculto bajo el sol.

CAPÍTULO 8

LA VIRGEN MARÍA

> *El elemento más violento de nuestra sociedad es la ignorancia.*
>
> *Emma Goldman*

Este es un tema delicado, que por lo general ha ocasionado reacciones delirantes, pues está arraigado a las bases culturales de nuestra sociedad. Por lo general, es un asunto que no se cuestiona; se practica, sin importar mucho su racionalidad. Se podría decir que simplemente está arraigado en lo más profundo del folclore popular.

Cada persona tiene derecho a pensar como mejor le parezca, pero también tiene la obligación de buscar la verdad. No es cuestión de aceptar por cierta la versión que nos dieron nuestros padres, por más que confiemos en su buena fe, ellos también pueden haber sido engañados; tampoco es cuestión de aceptar sin titubeo aquello que dice el cura de la parroquia del barrio, pues es parte interesada en el problema, él es el más interesado que formemos parte de su clientela, pues ese cura vive de la mal llamada "limosna", término que utilizamos para suavizar lo que en realidad es un cobro solapado de servicios; tampoco es cuestión de seguir a la mayoría, pues ese es el consuelo de los mediocres. Todos tenemos la obligación de usar la capacidad de razonamiento que Dios nos ha regalado y buscar nuestra propia verdad, repito, nuestra propia verdad, para que al final de nuestro tránsito por este mundo tengamos la satisfacción de saber aquello que creemos está basado en nuestras propias convicciones y no en dogmas absurdos que otros nos impusieron y que no resisten el menor análisis. Sinceramente creo que la principal tarea del ser humano durante su vida en la tierra es conocerse a sí mismo y así encontrar a Dios, y esa búsqueda es lo más íntimo, sagrado y trascendente que puede darse. No le corresponde a nadie más sino al propio ser humano emprender el camino y buscar la luz del Reino de Dios. El peor juicio será al final de tu vida y con tu propia consciencia, cuando te preguntes si tuviste las agallas de buscar tu propia verdad.

La primera señal que nos indica que estamos frente a una religión equivocada y engañosa es cuando nos dicen, y nos hacen repetir, que tal religión es la única verdadera, pues eso es MENTIRA. Después de más de dos mil años a Jesús no lo ha escuchado mencionar más de la mitad de la población del mundo, y Dios no puede ser tan injusto de revelar la verdad sólo a una parte de su creación. Todas las religiones tienen una parte de la verdad, ninguna tiene toda la verdad. Nadie puede decir que pertenece a la única religión verdadera si no tiene idea de las otras religiones. Nadie puede decir que la Biblia es el mejor libro de la humanidad si ni siquiera la ha leído, ni menos conoce el forro de los otros libros sagrados que ha producido la humanidad. Es malintencionado, cobarde e indigno enseñar que todo aquello que no proviene de tu propia Iglesia sólo puede provenir "del otro", del "maligno", de "Satanás", pues es más pecado utilizar el púlpito y la sotana para degradar dolosamente a la gente al más ignominioso oscurantismo. Si lo que dice el cura del barrio fuera verdad, jamás tendría ningún temor que sus feligreses estudiaran otras religiones y formas de pensar, pues de ser cierto lo que afirman (que el cristianismo es la única verdad) la comparación y estudio de otros credos confirmaría tal afirmación. Lo cierto es que quien pregona ser el único portador de la verdad, en realidad sólo demuestra ser un temeroso portador del engaño y la mentira, pues sabe que hay que ocultar la verdad a toda costa, pues de lo contrario puede perder el negocio. No dice la verdad quien tiene temor de discutirla con otros que piensan diferente.

> *... cualquier medio racional, lógico, democrático y civilizado puede ser correcto para que cualquier individuo acometa su propia búsqueda interior. El camino a seguir no importa, pues todo camino, si se recorre de forma voluntaria y sin imposiciones ideológicas, conduce a la verdad... nadie está capacitado, por muy creyente que se crea, a decir a los demás lo que deben hacer, lo que deben pensar y, más aun, cómo se deben comportar. Porque eso, aun haciéndolo un dios, sería interferir en ese don natural que posee el ser humano y que conocemos con el nombre de libre albedrío.* [337]

---
[337] Blaschke Jorge, Pedro Palao, J.M. Ibáñez, op. cit., pág. 9.

Pero la culpa no sólo la tiene el ladrón sino aquel que estando advertido se deja robar. No hay peor necio que aquel que teniendo el don del razonamiento no lo utiliza, o que se mantenga en el analfabetismo aun habiendo aprendido a leer. Mi abuelo Sabino decía que la verdad está escrita en los libros, sólo hay que tener la voluntad de leer para encontrarla. Quienes dicen que conocen a Dios sólo por lo que han escuchado del cura del barrio, son capaces de condenar sin haber escuchado a la defensa, y eso es repugnante. Sólo puedes decir que tu religión es la única verdadera cuando la has confrontado con otros puntos de vista y has confirmado lo que afirmas.

A lo largo de mi trabajo he encontrado muchos católicos que me han dicho frases como: *"yo ya encontré en Cristo el camino y la única verdad para llegar al Reino de Dios, por lo tanto no voy a escuchar a nadie más, pues todo lo que no venga de Cristo, viene de Satanás..."* o, *"te felicito por la investigación que estás haciendo, pero tú sabes que no la voy a leer..."* o, *"no quiero pensar en eso, estoy bien con lo que creo, me da miedo perder todo lo que ya tengo..."* Los curas que hicieron el lavado cerebral de esta gente seguramente deben sentirse orgullosos de su trabajo: han logrado merecer el título de buenos pastores de un manso rebaño de fieles corderos, que para sentirse felices hipotecaron su capacidad de razonar.

Existen también, y son la gran mayoría, los que siguen a la manada por comodidad, no están convencidos de nada, pero prefieren no hacerse problemas. Son los cristianos de sábado o domingo, que durante dos horas van a su Iglesia, purifican al alma, aparentan arrepentimiento y hacen gala de amor al prójimo, pero que una vez terminado el servicio y los actos protocolares y sociales del evento, regresan a su vida mundana sin problemas, pues el cristianismo es la única religión que enseña que puedes seguir pecando todo lo que quieras, pues para salvarte sólo será necesario (algunos segundos antes de tu partida) arrepentirte y aceptar al Señor como tu Salvador y, ¡bingo! Mejor negocio nadie te puede ofrecer.

Los seres humanos somos dueños y responsables de nuestra propia estupidez, pero aquellos que medran con la estupidez ajena merecen el peor castigo, para ellos fue escrito el siguiente texto: *"! Ay de ustedes, maestros de la Ley y fariseos, que son unos hipócritas! Ustedes son como sepulcros bien pintados, que se ven maravillosos, pero que por dentro están llenos de huesos y de toda clase de podredumbre. Ustedes también aparentan como que fueran personas muy correctas, pero en su interior están llenos de falsedad y maldad".* (Mateo 23, 27-28)

Puedes decir que eres el único dueño de tu propio destino y por lo tanto tienes el derecho de pensar como mejor te parezca. Es cierto, pero no tienes el derecho de jugarte también el destino de tus hijos. Permite que ellos busquen libremente su propia verdad.

No digas que tu religión es la única verdadera porque en ti se han producido los milagros que te hacen pensar de esa forma. Si viajas por el mundo comprobarás que en todas las religiones se producen los mismos milagros y no todas invocan a Jesús, ni a las vírgenes ni a los santos cristianos. No te engañes con tu propia ignorancia. Los milagros se dan no por la calidad de los intercesores sino por comprender que tú también eres parte de Dios.

Tampoco digas que tu religión es la única verdadera por la transformación positiva que ha logrado en tu persona. Todas las religiones pueden lograr lo mismo si asumes con sinceridad la necesidad de cambiar y ser mejor. En el fondo, eres tú mismo el responsable del cambio.

Con esta pequeña introducción entremos en materia.

La presencia de las vírgenes sólo tienen sentido en religiones como la cristiana donde a Dios se le concibe con un ser de sexo masculino, de raza blanca, viejo y con barba. El subconsciente de la comunidad religiosa involucrada en esta percepción de la divinidad, en respuesta a la necesidad de un contrapeso femenino-maternal, tendrá que producir el arquetipo de la hermosa virgen que engendra a Dios con la inmaculada intervención del Espíritu Santo. Esto es así porque así es el mito.

Historia de las vírgenes madres de dioses.

Si usted cree que la historia de la Virgen María es un caso original del Cristianismo, está usted en un grave error. Las vírgenes que engendraron dioses aparecieron en el mundo miles de años antes del Cristianismo. Veamos algunos ejemplos:

- Gautama Buda: nació de la virgen Maya alrededor del año 600 a.c.

- Dionisio/Baco: dios griego/romano, nació de la virgen Semelé en un establo.

- Attis: nació de la virgen Nana en Frigia alrededor del año 200 a.c.

- Indra: nació de una virgen en el Tíbet alrededor del año 700 a.c.

- Adonis: dios babilónico nacido de la virgen Astarté/Myrrha.

- Krishna: deidad hindú nacida de la virgen Devaki alrededor del año 1200 a.c

- Zoroastro o Zaratustra: profeta persa nacido de una virgen 660 a.c.

- Mitra: dios persa, nació de una virgen en un establo el 25 de diciembre alrededor del año 60 a.c.

- Horus/Osiris, dios egipcio, nacido 3000 de años antes de Jesús un 25 de diciembre de la virgen Isis-Meri.

- Hércules de Grecia/ Alcides de Tebas/Heracles, nacido de la virgen Alcmena, 1200 a.c.

- Quetzalcóatl, dios mexicano, nacido de la virgen Sochiquetzal.

- Pitágoras de Grecia, nacido de una virgen 500 a.c.

- Serapis, dios egipcio nacido de una virgen, miles de años antes del cristianismo, también en el solsticio de invierno.

- Tammuz, dios de Babilonia y Asiria, hijo de la virgen Semiramis/Mylitta.

Existen otros dioses nacidos de vírgenes, que no fueron tan importantes y que por lo tanto evitamos mencionarlos.

En realidad nunca se ha dado que nadie, incluido el Jesús cristiano, haya nacido de una virgen. La única religión que tercamente sigue insistiendo en que dicho nacimiento fue real es el Cristianismo Católico. El resto de religiones llamadas paganas eran conscientes que el nacimiento de sus dioses pertenecía al campo de la mitología y a los arquetipos que se repiten permanentemente en la historia de lo humano. Bien dice Uta Ranke-Heineman:[338] *"Con su manía de la virginidad (de María) el papa ha llevado a cabo un programa de infantilización de amplitud mundial. Es como que se nos exigiera que sigamos creyendo en la cigüeña"*.

Todos los dioses que ha creado la humanidad, hasta los dioses que no tuvieron figura humana fueron paridos por un madre virgen, tal es el caso de dios egipcio Apis, de quien se dice que fue concebido por una vaca virgen.[339]

> *El punto pareciera ser que, en el contexto del mito y religión, el término nacimiento de virgen es correctamente aplicado a cualquier concepción y nacimiento milagroso. Esto es, sea o no la madre técnicamente virgen es de importancia secundaria al hecho que ella concibe y/o da a luz de cualquier forma distinta a la ordinaria. La historia del nacimiento de una virgen no es finalmente la historia de un capricho psicológico; es la historia de la divinidad entrando en la experiencia humana a través de la única puerta accesible para ello.* [340]

La pregunta es obvia ¿Por qué todos los dioses nombrados, incluido el Jesús cristiano, nacieron de una virgen? Se trata de un arquetipo universal que se repite en todas las mitologías, también en la cristiana, que pertenece a la consciencia cósmica del ser humano. Las *vírgenes-madres-de-dios* siempre fueron indispensable arquetipo de la feminidad a lo largo de siglos. En términos generales, esas diosas que representaban el culto a la naturaleza, a la fertilidad, al amor y a los placeres. Los dioses eran dioses, pero si han sido hechos a imagen y semejanza de sus creadores, o viceversa, no se

---

[338] Citada por Blashke Jorge y otros, El Vaticano Secreto, Historia Oculta de la Iglesia, Grandes Enigmas Hermética, Barcelona, 2005, pág. 14.
[339] Taylor, cita de D.M. Murdock, Christ in Egypt, The Horus-Jesus Connection, op. cit., pág. 158.
[340] Leeming, cita de D.M. Murdock, Christ in Egypt, The Horus-Jesus Connection, op. cit., pág. 158.

les puede concebir sin el elemento femenino. El mundo, donde finalmente viven los dioses, no es sólo del hombre o de la mujer; huele a hembra y macho, en el éxtasis de la divinidad siempre hay lo masculino y lo femenino.

Si Dios es el "padre", la idiosincrasia popular necesita también de una "madre". El padre es una figura de respeto y ejemplo, en cambio la madre se asimila más a los sentimientos. El pueblo está más dispuesto a seguir a una figura religiosa femenina, pues en ella identifica el arquetipo de su propia familia.

Todos los mitos paganos tuvieron su respectivo culto a la divinidad femenina porque así siempre lo exigió el alma popular. Las diosas y todos los personajes mitológicos eran parte de la vida de los pueblos antiguos, que encarnaban los sentimientos reprimidos, sueños e ideales de los seres humanos. Así como la cultura moderna tiene su Princesa Diana, su Marilyn Monroe, o su Evita, de las cuales han nacido todo tipo de historias, chismes y fantasías, los pueblos pre-cristianos tenían su Diana, Venus, Afrodita, Artemisa y muchas otras, que fueron parte muy importante de su cultura, protagonizando la magia de la novela popular; eran las heroínas utópicas de la consciencia colectiva y, principalmente, la representación de sus intrigas. En este escenario mitológico también jugaban papel muy importante aquellas mujeres que, como Isis, Nana, Astarté, Devaki y otras, eran las encargadas de concebir y parir a los dioses salvadores y proteger a la humanidad, que inspiraban apasionadas expresiones de sentimientos religiosos, júbilo y devoción.

Aquella poesía de la mitología pagana llegó a su fin con la oscuridad que trajo la era cristiana, en ella, la mujer fue degradada, humillada y perseguida. La mujer no solo perdió su rol de diosa, discípula predilecta, sacerdotisa, sino que, como veremos más adelante, se inició la más enfermiza persecución contra la mujer.

El antecedente egipcio de la virgen.

El tema de la Virgen María es una copia, casi exacta, de la religión egipcia. El Dr. James S. Curl, citado por M.D. Murdock, afirma categóricamente:

> ... las semejanzas entre Isis y la Virgen María son demasiado cercanas y numerosas para ser accidentales. No puede, de hecho, quedar duda alguna que el culto a Isis tuvo profunda influencia en otras religiones, incluida la Cristiana. Como el Dr. Witt ha anotado, en la medida que profundizamos la investigación del misterioso culto de la diosa Isis, ésta aparece en términos históricos: Isis fue una deidad familiar en las ciudades cosmopolitas de Roma y Alejandría, en pueblos como Pompeya, en las ciudades-Estado del periodo Helenístico (232 a.c. hasta el fin del primer siglo d.c.) en Asia Menor y Galia, existiendo un importante templo a Isis en Roma. Ella no puede ser ignorada o pretenderse que no existía, ni tampoco puede asumirse que un día del quinto siglo de nuestra era ella simplemente desapareció de los corazones y mentes de los hombres...

> ... [Isis] fue la sagrada encarnación de la maternidad, no obstante ser conocida como la Gran Virgen, una aparente contradicción que habrá de ser familiar a los Cristianos. [341]

Por la historia sabemos que la influencia de Isis en los alrededores del Mediterráneo comienza unos cinco siglos antes de la era cristiana, produciéndose su helenización durante su trayecto por Grecia. No resulta exagerado afirmar que Isis al comienzo del cristianismo era la deidad más importante del Imperio Romano, lo que en parte viabilizó el rápido crecimiento del nuevo credo cristiano, pues a través de Isis los pueblos que vivían dentro de los territorios bajo influencia romana conocían la doctrina de la resurrección de los muertos, la concepción y nacimiento de una virgen y el triunfo del bien sobre el mal.

Fueron los egipcios los primeros en considerar que Isis era la "Madre de Dios", epíteto que ha quedado grabado en los templos egipcios erigidos varios siglos antes de la era cristiana. Este apelativo, más tarde, pasó a la Virgen María.

Tal es la similitud que hasta el nombre de María proviene del Antiguo Egipto. "Mery", "Meri" o "Mry", es un epíteto sagrado en egipcio que signi-

---
[341] Murdock D.M., Christ in Egypt, The Horus-Jesus Connection, op. cit., pág. 121.

fica "querida", "deseada", "amada", "amante", "la amada", que se utilizaba para designar a deidades, en especial para designar a la muy querida o muy amada Isis. En el camino de helenización el epíteto se convirtió en nombre propio autónomo, del que se ha derivado el nombre de la Virgen María que hoy conocemos.

Siempre fue motivo de cuestionamiento el hecho de considerar que una virgen pudiera tener descendencia; más controversial ha sido considerar que una virgen después de dar a luz pudiera mantenerse "virgen". Los egipcios, y más tarde los cristianos, calificaron el asunto como "misterio", que es una forma de soslayar la realidad de las cosas endosando la explicación a su aspecto místico, supranatural. El filósofo Filo de Alejandría escribió todo un volumen -"Sobre el Querubín"- que explica el fenómeno de la restauración de la virginidad a través de una *"unión mística con Dios"*. Como sabemos, Filo escribió antes de la aparición del Cristianismo, pero su propuesta fue adoptada más tarde por el nuevo credo.

Isis fue asociada a la constelación de Virgo. En el hemisferio norte, el 15 de agosto se celebraba la fecha de asunción de Virgo, esto es su absorción por el sol y desaparición del hemisferio astral. Muchísimos siglos antes del cristianismo, esa fecha (por asociación astroteológica) se celebraba el día de la asunción de Isis y más tarde de las vírgenes grecorromanas. Lo interesante de este asunto es que la Iglesia Católica ha colocado el 15 de agosto también como la fecha de celebración de la Asunción de la Virgen María, lo que nos da pautas irrefutables de sus ancestros paganos.

Entre los que han estudiado seriamente el tema, hoy nadie duda de la asociación de la Virgen María con Isis y otras vírgenes paganas que bajo el "patrocinio" de Isis, aparecieron en otras religiones posteriores. Las pruebas son tangibles.

Para reforzar lo ya dicho, cabe mencionar que hasta la iconografía de Isis fue posteriormente "copiada" o "adaptada" a la Virgen María. Veamos algunos ejemplos.

En primer término, cuando hablamos de la Virgen María muy a menudo la asociamos a la muy popular imagen de ella dando de lactar al niño Jesús.

Lo cierto es que ésta imagen ya era muy popular 3 mil años antes de Jesús, cuando la iconografía egipcia retrataba a Isis amamantando a su pequeño Horus.

El más importante se refiere a la Escena de la Natividad en el Templo de Luxor, construido unos 1 500 años antes de nuestra era. El erudito en el tema de la religión egipcia, Gerald Massey, la describe de la siguiente forma:

> *La primera escena a la mano izquierda muestra al dios Taht, el Mercurio lunar, la Palabra Divina o Logos, en el acto de saludo a la virgen reina, anunciándole que tendrá un hijo. En la siguiente escena, el dios Kneph (en conjunción con Hator) le transmite vida. Este es el Espíritu Santo o Espíritu que causa la concepción, siendo Kneph el espíritu. Impregnación y concepción se hacen aparentes en forma más completa en la virgen. Seguidamente la madre está sentada en el taburete de la comadrona, y el niño está en las manos de una de las enfermeras. La cuarta escena es la de adoración. Aquí el niño está entronado, recibiendo homenaje de los dioses y regalos de los hombres. Detrás de la deidad Kneph, a la derecha tres hombres están arrodillándose y ofreciendo regalos con la mano derecha y vida con la izquierda. El niño así anunciado, encarnado, nacido y adorado era la faraónica representación de Aten, el Adon de Siria y el hebreo Adonaí, el niño-Cristo del culto Aten, la milagrosa concepción de la siempre virgen madre personificada por Mut-em-Ua.* [342]

Esta escena hará decir al mismo Massey:

> *Habremos de encontrar que la historia del evangelio fue 'escrita antes' desde el comienzo hasta el final. La historia de la Anunciación divina, la milagrosa Concepción (o encarnación), el nacimiento y la Adoración del niño Mesías, estuvo ya grabado con jeroglíficos y representado en cuatro escenas consecutivas en las inmensas paredes del más santo de los santos templo de Luxor.* [343]

---

[342] Massey Gerald, The Historical Jesus and Mythical Christ, op. cit. pág. 33.
[343] Ibid, pág. 32.

¿Cómo es que los atributos de Isis pasaron a ser finalmente los atributos de la Virgen María? Éste fue un largo proceso de transculturización. Isis fue un producto muy bien logrado, que subyugó al pueblo egipcio y que se arraigó muy profundamente por su contenido: la parte maternal y la deidad femenina. Primero llegó a los pueblos vecinos y se impregnó en Cibeles, Astarté, Juno, Venus, más tarde, los mismos inmigrantes egipcios la llevaron hasta Roma donde conquistó el corazón de la gente. Cuando la figura de la Virgen María comienza a tomar forma a partir del siglo III de nuestra era, la devoción del pueblo hacía Isis era tal que para conquistar al pueblo pagano, al Cristianismo no le quedó otra alternativa que cambiarle el nombre de Isis por el de María. Con lo que en algún momento del siglo V sólo se cambió el nombre de los templos paganos que ya existían y que comenzaron a ser cristianos: el acreditado negocio pagano se convirtió, por asimilación, en negocio cristiano. Al poco tiempo el nombre del personaje Isis fue olvidado; quedó el contenido, su esencia y así ha llegado hasta nuestros días.

Historia de la Virgen María.

La evolución de María, la madre de Jesús, ha sido lenta. Al redactarse los Evangelios sólo se estableció su virginidad, lo que se confirmó en el Concilio de Nicea del año 325, con lo que a Jesús se le otorgó el mismo origen divino de los otros dioses paganos.

A lo largo de los Evangelios, la figura de la madre de Jesús casi pasó desapercibida, tanto así que sólo es citada un total de 18 oportunidades (16 durante la infancia de Jesús y 2 durante su vida Pública).

El Cristianismo primitivo ni siquiera reconocía a María la categoría de un santo. Como lo subraya Hellen Ellerbe, en el Siglo IV el Obispo Epifanio sostenía:

Que el Padre, el Hijo y el Espíritu Santo sean venerados, pero que nadie venere a María... Dios bajó del cielo, la Palabra se convirtió en carne a través de una Virgen, sin duda, no para que la Virgen sea adorada, no para que ella se convirtiera en una diosa, no para que tengamos que ofrecer sacrificio en su nombre, no para que ahora después de tantas generaciones las mujeres sean nueva-

mente sacerdotisas... (Dios) no le dio cargo para ministrar el bautismo o bendecir discípulos, ni tampoco le encargó que gobernara sobre la tierra. [344]

Otro estudioso del tema, Pepe Rodríguez, nos dice:

En el siglo III los padres de la Iglesia le habían reprochado a María pecados tan graves como falta de fe en Cristo, orgullo, vanidad, etc. Durante el siglo IV se valoró a María por debajo del más insignificante de los mártires; así, por ejemplo, en las oraciones litúrgicas culturales se veneraba a los santos citándolos por su nombre, pero María sólo fue incluida en esas prácticas a partir del siglo V. La primera iglesia dedicada a María no se construyó hasta fines del siglo IV, en Roma -ciudad en la que actualmente hay más de ochenta dedicadas a ella-, y no hubo señal de culto mariano hasta pasado el concilio de Éfeso (431), donde el padre de la Iglesia, Cirilo de Alejandría, logró imponer el dogma de la maternidad divina de María mediante cuantiosos sobornos.[345]

Lo que pretendía el Cristianismo primitivo era eliminar a la mujer de cualquier rol dentro de la Iglesia y, en general, dentro de la sociedad. Había que evitar a toda costa una nueva encarnación de las diosas paganas. Como también lo anota Ellerbe:

Durante los primeros cinco siglos, el arte Cristiano representaba a María en un estado menos venerable que el de los Reyes Magos, quienes usaban coronas y María no tenía ninguna. En el Cuarto Siglo San Crisóstomo acusó a María de tratar de dominar y hacerse ilustre a través de su hijo. Disminuyendo el significado de María era una forma de desalentar su asociación con antiguas facetas pre-cristianas de la Diosa. [346]

El poder absoluto que obtuvo el Cristianismo no pudo eliminar el culto a la Diosa, pues en forma pública u oculta, durante los primeros cinco siglos

---

[344] Ellerbe Hellen, The Dark Side of Christian History, Morningstar and Lark, USA, 2004, pág. 26.
[345] Rodríguez Pepe, op. cit., pág. 424.
[346] Ellerbe Hellen, op cit., pág. 26.

de su historia, el pueblo siguió adorando a Isis, Juno, Cybele y otras diosas madre de las religiones que se disputaban la metrópolis romana. Por más que al designarse al cristianismo como religión oficial del Imperio Romano, se derrumbaron e incendiaron los templos dedicados a las llamadas diosas paganas, la idolatría continuó y no hubo forma de pararla pues estaba en la sangre de la gente. Fue la fuerza de las costumbres de un populacho acostumbrado a la idolatría de una deidad femenina la que finalmente se impuso, confirmando aquello que *Vox Populi, Vox Dei*. El Cristianismo no podía permitirse el lujo de perder tanta clientela; finalmente, el tema de la Virgen, podía también adaptarse al pedido popular y por más que la idolatría iba contra el segundo mandamiento[347], se podían encontrar fórmulas de compromiso, y así se hizo: en el Concilio de Éfeso del año 431 los jerarcas de la Iglesia acordaron que a la Virgen María también se le podía adorar. Dice la historia que al trascender la noticia, las multitudes celebraron varios días en forma delirante. A partir de ese momento, los templos que aún quedaban y que estaban dedicados a las diosas paganas fueron nuevamente reinaugurados cambiando simplemente la estatua de la diosa pagana por la estatua de la Virgen María,[348] con lo que se dio la estocada final a los llamados ritos paganos, que ahora se convirtieron en los ritos católicos. Desapareció la competencia y se profundizó el oscurantismo total que hizo que la Iglesia se adueñara poco a poco del mundo occidental.

La Virgen María no trajo nada nuevo que la hiciera más atractiva al pueblo romano, simplemente asumió las características de las diosas paganas, a las que paulatinamente fue reemplazando, hasta que se adueñó de la escena religiosa. Definitivamente la Iglesia hizo uso del juego político logrando que en el año 410 el Emperador Honorio aboliera todo culto "pagano"

---

[347] Como lo veremos más adelante, nótese que para permitir esta "evolución" se cambia el texto del segundo mandamiento que prohíbe la idolatría (Éxodo 20,4) por el que ahora figura en el Catecismo Católico: "Ama a tu prójimo como a ti mismo", lo que entre otras cosas demuestra que (por lo menos para el mundo cristiano) Dios también puede equivocarse y que de hecho se le puede enmendar la plana.

[348] En algunos casos, tal vez por el apuro, ni se cambiaron las estatuas, sólo fueron rebautizadas. Recuerdo, que la estatua de la Virgen que está en la Capilla del Colegio San José de Arequipa, es una imagen de una virgen con una corona de estrellas, que aparece sobre la media luna. Esta es una copia de las imágenes paganas de la Diosa Isis, también conocida como la "Reina del Cielo", que en el apuro entró de contrabando en el mundo cristiano. Por supuesto que el mundo católico jamás aceptará estos hechos y apelará al recurso del sacrilegio y la herejía, pero no podrá borrar la historia de la humanidad.

ajeno al que ella misma había forjado de esta simbiosis religiosa. Con ello, la doctrina espiritual de los Evangelios pasaron a un segundo plano; había llegado el momento de conquistar el mundo: la noche de la historia había comenzado. Mil seiscientos años después, todavía seguimos sufriendo las consecuencias.

Lo que siguió era ya sólo parte de un proceso que tenía que darse; en el Concilio de Nicea del año 789, a la Virgen María se le coloca por encima de los santos, a los cuales se les reserva simplemente la reverencia, mientras que a María se le debe tributar *"superreverencia"*.[349]

De acuerdo a la teoría cristiana, el pecado original manchó a todo el género humano con el pecado, lo que incluía a María, la madre de Jesús, pues ella había sido concebida por sus padres a través de un acto sexual, hecho "impuro" que daba lugar a la transmisión del pecado de padres a hijos. María, por lo tanto no tenía la calidad de "inmaculada" y en consecuencia, siguiendo con esta aberrante teoría resultaba inadmisible que el hijo de Dios fuera traído al mundo por un ser impuro, por lo que ahora debía diseñarse alguna solución al problema. No quedaba otra salida que involucrar a la abuela, a una buena mujer a la que, después de muerta, se le adjudicó la calidad de haber concebido a María, la madre de Jesús, sin haber tenido relaciones sexuales con un varón, con ello la Virgen María, dejó de ser la primera en su género, pues hubo otra igual antes que ella.

En efecto, más de mil ochocientos años después, el 8 de diciembre de 1854, el Papa Pío Nono estableció que fue "concebida sin pecado original", dándole a esta declaración el carácter de norma de fe y de un plumazo echó por tierra la doctrina paulista que afirma que, con su pasión y muerte, Jesús expió el pecado original de Adán y Eva que manchó a todo el género humano sin excepción alguna. En otras palabras, no es cierto que Jesús fue enviado a la tierra para redimir a todo el género humano; existía una persona (la abuela materna de Jesús) que concibió a María sin haber tenido relaciones sexuales con su consorte, convirtiéndose en la excepción de la regla. Dado que los papas son infalibles, a los pobres Católicos solo les queda otra cosa que decir amén y tratar de no discutir el tema con nadie que los puede

---

[349] Rodríguez Pepe, op. cit. pág. 424.

poner en ridículo. Pepe Rodríguez[350] nos informa que Padres de la Iglesia, de la importancia de San Bernardo, San Agustín, San Pedro Lombardo, San Alberto El Grande, Santo Tomás de Aquino y San Antonio, o Papas como León I (440), Gelasio (492) o Inocencio III, se opusieron tenazmente a la inmaculada concepción de María.

Tamaño disparate constituye una fiesta religiosa, que en el caso del Perú y otros países latinoamericanos es celebrado con el carácter de feriado no laborable todos los 8 de diciembre de cada año. ¡Pocos saben qué es lo que festejan!

Ni la propia Virgen María se creyó en su momento semejante despropósito. El relato de Lucas 2, 22-27, dice lo siguiente:

Asimismo, cuando llegó el día en que, de acuerdo con la Ley de Moisés, debían cumplir el rito de la purificación, llevaron al niño a Jerusalén para presentarlo al Señor, tal como está escrito en la Ley del Señor: Todo varón primogénito será consagrado al Señor. También ofrecieron el sacrificio que ordena la Ley del Señor: una pareja de tórtolas o dos pichones.

El *"rito de la purificación"* se daba como consecuencia del "pecado" que cometía un hombre y una mujer que tenían relaciones sexuales que conducían a la concepción. Los judíos y, según el Evangelio que acabamos de citar, José y María, tuvieron que pasar por semejante rito. Nunca he escuchado de algún cura explicar lo que significa el *"rito de la purificación"*. Me imagino que debe resultarles vergonzoso, pero en todo caso la respuesta está en Levítico 12:

Yavé habló a Moisés para decirle: Habla a los hijos de Israel y diles: Cuando una mujer conciba y tenga un hijo varón, quedará impura durante siete días, igual que en el tiempo de sus reglas El niño será circuncidado en su carne al octavo día, pero ella esperará treinta y tres días para ser purificada de su sangre, no tocará ninguna cosa santa, ni entrará en el santuario, hasta que se cumplan los días de su purificación.

---

[350] Rodríguez Pepe, op. cit., pág. 422.

Si dio a luz una niña, estará impura dos semanas, y lo mismo será doble el tiempo de su purificación: esperará sesenta y seis días la purificación de su sangre. Al cumplirse los días de su purificación, sea por niño o niña, presentará al sacerdote, a la entrada de la Tienda de las Citas, un cordero de un año como holocausto, y un pichón o una tórtola como sacrificio por el pecado. El sacerdote lo ofrecerá ante Yavé haciendo expiación por ella, y quedará purificada del flujo de su sangre. Esta es la Ley referente a la mujer que da a luz a un niño o a una niña.

Si la mujer no puede ofrecer una res menor, ofrecerán dos tórtolas o dos pichones, uno como holocausto y otro como sacrificio por el pecado; el sacerdote hará expiación por ella y quedará pura.

Si María no cometió "pecado" al concebir a Jesús, no tenía por qué someterse a ningún rito de purificación. Por el contrario, María al someterse al rito de purificación es porque, como sucede con todos los mortales, concibió a su hijo a través de una relación sexual con un hombre, y todo lo de la inmaculada concepción es un cuento que ni los autores del evangelio ni los propios Padres de la Iglesia que lo idearon se lo creyeron.

Ahora examinemos el asunto desde otra perspectiva: lo de inmaculada significa que para gozar de esa calificación, debería no haber tenido relación sexual alguna durante el resto de su vida, lo cual no es cierto, pues los propios evangelios dicen lo siguiente:

Mateo 12, 46-47:*"Mientras Jesús estaba todavía hablando a la muchedumbre, su madre y sus hermanos estaban de pie afuera, pues querían hablar con él. Alguien le dijo: Tu madre y tus hermanos están ahí afuera y quieren hablar contigo".*

Marcos 3, 31-32: *"Entonces llegaron su madre y sus hermanos, se quedaron afuera y lo mandaron a llamar. Como era mucha la gente sentada en torno a Jesús, le transmitieron este mensaje: Tu madre, tus hermanos y tus hermanas están afuera y preguntan por ti".*

Lucas 8, 19-20: *"Su madre y sus hermanos querían verlo, pero no podían llegar a él por el gentío que había. Alguien dijo a Jesús: Tu madre y tus hermanos están afuera y quieren verte".*

Mateo 13, 54-56: *"Un día se fue a su pueblo y enseñó a la gente en su sinagoga. Todos quedaron maravillados y se preguntaban: ¿De dónde le viene esa sabiduría? ¿Y de dónde esos milagros? ¿No es ese el hijo del carpintero? ¡Pero si su madre es María, y sus hermanos son Santiago, y José, y Simón, y Judas! Sus hermanas también están todas entre nosotros, ¿no es cierto? ¿De dónde, entonces, le viene todo eso? Ellos se escandalizaban y no lo reconocían".*

Marcos 6, 3: *"... pero no es más que el carpintero, el hijo de María; es un hermano de Santiago, de José, de Judas y Simón, ¿Y sus hermanas no están aquí entre nosotros?..."*

Juan 2, 12: *"Jesús bajó después a Cafarnaúm con su madre, sus hermanos y sus discípulos, y permanecieron allí solamente unos días".*

Juan 7, 3-10: *"Sus hermanos le dijeron: No te quedes aquí, vete a Judea para que tus discípulos de allí vean las obras que realizas(...) solamente después que sus hermanos fueron a la fiesta subió él también, pero sin decirlo y como un secreto".*

Hechos de los Apóstoles 1, 14: *"Todos ellos perseveraban juntos en la oración en compañía de algunas mujeres, de María, la madre de Jesús, y de sus hermanos".*

I Corintios, 9, 5: *"... ¿No tenemos derecho a que nos acompañe en nuestros viajes alguna mujer hermana, como lo hacen los demás apóstoles, y los hermanos del Señor, y el mismo Cefas?"*

Después de todas estas referencias del Nuevo Testamento ¿le queda al lector alguna duda que Jesús tuviera hermanos? Sólo los católicos siguen negando lo que resulta evidente. Y, cuándo no, han elaborado una serie de teorías para argumentar que los Evangelios al utilizar la palabra hermanos de Jesús, se está refiriendo o a los otros hijos de José o a los primos de Jesús, lo cual es absolutamente absurdo pues si los que escribieron los evangelios, o los que los corrigieron, hubieran querido hacer semejante distinción la hubieran hecho en forma clara y en su momento. Además, en esos tiempos no era raro que las familias fueran numerosas; más bien aquellos que no tenían hijos o eran muy pocos los que tenían, eran muy mal vistos.

Para terminar con la evolución de la Virgen, en 1950, ¡diecinueve siglos y medio después de los supuestos acontecimientos!, además de concedérsele el título de *"Reina de los Cielos"*, se ha establecido el dogma de la Asunción de la Virgen, a través del cual se establece que ascendió al cielo igual que su hijo Jesús, no sólo en espíritu sino en carne y hueso, lo que tampoco fue testimoniado por persona alguna, ya sean los evangelistas, los historiadores de la época u otro cristiano, lo que significa que este episodio tardío es también otra de las mentiras que forman parte de la fábula.

Resulta entonces que el producto Virgen María que hoy tenemos, es el que mejor responde al mercado católico. Genera cuantiosas utilidades que la Iglesia Católica no está dispuesta a desperdiciar.

Similitud de los nombres de las vírgenes.

Es interesante y a la vez muy sugestivo verificar que varias de las vírgenes paganas también se llamaban María. Las madres de Buda y Mercurio/Hermes se llamaban Maya o Maia. A la madre de Baco también se le llamaba Myrrha, así como también a la madre de Adonis, siendo Myrrha un equivalente de María. A la madre de Krishna también se le conocía con el nombre de Marima, otro equivalente a María. Pareciera que el nombre de María y todos sus equivalentes tiene su origen común en el término "mare" o "mar", que significa agua u océano, o sea la madre de todo lo creado.

No solamente hay una "coincidencia" en cuanto a los nombres; también el mes de Mayo era sagrado para las diosas paganas.

Origen pagano de los títulos de la Virgen María.

El título de *"Reina de los Cielos"* que se concedió a la Virgen María en 1950, ya pertenecía a la diosa pagana Astarté, y para comprobarlo basta leer el libro de Jeremías 7, 17-19, que dice lo siguiente:

¿Es que no ves lo que ellos hacen en las ciudades de Judá y en las calles de Jerusalén? Los hijos amontonan la leña, los padres encienden el fuego y las mujeres amasan para hacer tortas a la reina del cielo. Y luego derraman vino en honor de dioses extranjeros, para así ofenderme. Pero ¿Es a mí, acaso, a quien rebajan con eso, dice Yavé? ¿No es más bien a ellos mismos, para su propia deshonra?

La referencia que se hace a la *"reina del cielo"* en este pasaje está referida a la diosa Astarté (en fenicio Ashtart) que es la asimilación fenicia de una diosa babilónica que los sumerios conocían como Inanna, los acadios como Ishtar y los israelitas como Astaroth. Fue una diosa muy importante del folklore religioso de los judíos, ya que como podemos leer en el Primer Libro de Reyes: *"Salomón siguió a Astarté, la diosa de los sidonios y a Milcom, la abominación de los amorreos". (1 Reyes 11,5)*

De acuerdo a Génesis 10, 8-10 Nemrod o Nimrod es el patriarca que dio origen a la cultura babilónica. Nemrod fue asesinado y para vengarlo, su esposa, Semíramis, engendró de forma sobrenatural un hijo, que según la tradición, era la resurrección de Nimrod, el cual se llamó Tammuz. Lo interesante de la leyenda es que una vez que Semíramis dio a luz a su hijo, ella continuó siendo virgen. Con el transcurso del tiempo, Semíramis (Ishtar o Inana) se convirtió en Diosa y recibió el título de "Reina del Cielo".

Más adelante el mito fue adoptado en Egipto cambiando los nombres: Osiris fue asesinado por Tifón; para vengarlo, su esposa Isis engendra con Ra (el dios Sol) en forma sobrenatural a su hijo Horus, que es la reencarnación de Osiris.

Finalmente el culto a Isis llega a Roma, siendo asimilado por el Cristianismo como resultado del sincretismo religioso y, junto con la griega Artemisa y la romana Diana (diosa luna), con un ámbito doctrinal parecido, fueron adoradas por multitud de fieles. En la faceta de "Reina del Cielo" se la representaba posada en una luna creciente con 12 estrellas, en forma de corona, sobre su cabeza. Esta es una de las formas habituales de representar a la "Virgen María" como "Reina del Cielo".

Con el tiempo la Virgen María obtuvo otro título, esta vez el de "Madre de Dios", que originalmente correspondió a la Diosa Isis y Sémele[351], cuyo objetivo era asimilar al cristianismo a los numerosos romanos que aún adoraban a las mencionadas diosas. Finalmente, en lugar de destruir las imágenes de la diosa pagana, se terminó simplemente cambiándoles de nombre por el de Virgen María, con lo que se introdujo un elemento más de paganismo al naciente cristianismo, o dicho en otros términos, se aceptaron las prácticas idolátricas proscritas en la propia Biblia. En Hechos 19, 23-40, se relata el episodio que dice que cuando Pablo predicó en Éfeso contra la idolatría, los artesanos que vivían de la producción de figuritas de plata de la Diosa Artemisa provocaron un gran motín. Paradójicamente en la misma ciudad en el año 431 se celebró el concilio católico por el cual se otorgó a la Virgen María el título de "theotokos", el título que correspondía a Artemisa e Isis.

El título de "Madre de Dios", que como hemos visto le fue adjudicado a María para atraer a los seguidores de Isis, Sémele y Artemisa, lleva consigo el contrasentido de implicar que María, para ejercer ese título a cabalidad, tendría que haber existido antes que Dios. Pero estos absurdos teológicos no han preocupado mucho a los patriarcas de la Iglesia Católica, cuyo interés crematístico es el más importante. Bien dicen Jacobo Fo y Laura Malucelli que estamos frente a una aberración comparable al incesto.[352]

Con la evolución post-evangélica de María como "Madre de Dios", en el catolicismo, la virgen ha asimilado el rol de la Gran Madre Diosa de los Misterios Paganos, hecho que ignoran la mayor parte de fieles.

En el catecismo católico, a la Virgen María se le otorgan también los títulos de *"abogada, auxiliadora, socorro y mediadora"*. Con ello se motiva a los fieles a rezar a la Virgen en la seguridad que ella será portadora ante el Padre, de sus peticiones. Estas atribuciones y enseñanzas son contrarias al texto expreso y claro del Evangelio: *"Porque hay un solo Dios, y un solo mediador entre Dios y los hombres, Jesucristo hombre"*. (1 Timoteo 2.5)

---

[351] A Sémele, igual como sucede con la Virgen María, con el tiempo se le hizo subir al cielo y se le adoró al lado de su hijo Dionisio.
[352] Jacobo Fo y Laura Malucelli, Y Jesús Amaba a la Mujer, Ma Non Troppo, 2003, España, pág. 48.

¿De dónde surge pues, la tradición de María como intercesora? Por un lado, la leyenda de las Bodas de Caná a que se refiere el Evangelio de Juan 2, y, especialmente en la tradición pagana. Fue en Babilonia, cuna de las religiones paganas, donde se veneraba a la diosa Semíramis, la cual era invocada por los fieles como mediadora ante su esposo muerto, Nimrod, que era considerado el Dios supremo. Por esta razón a dicha diosa se le otorgó el título de *"Mylitta"*, es decir, mediadora.

Los milagros de la Virgen María.

Para terminar quisiera tocar rápidamente el tema de los milagros que se atribuye a la Virgen María. Mucha gente podría aceptar la validez de los argumentos que hemos desarrollado a lo largo de ésta parte de nuestro trabajo, pero seguirán idolátricamente adorando a la Virgen porque, en su experiencia, es milagrosa y eso es lo que importa. Al respecto debo decir lo siguiente:

1. He tenido la suerte de viajar por muchos lugares del mundo donde la gente practica otros credos religiosos y donde jamás han oído hablar de Jesús, Virgen María o Cristianismo. En esos lugares también se producen los mismos "milagros" que en esta parte del mundo se atribuyen a la Virgen María y los llamados Santos, pero que son producidos por otras deidades o santidades totalmente desconocidas para nosotros. En esos otros lugares, también se practica la idolatría, las procesiones, peregrinaciones, que son también auspiciadas por los guías religiosos de dichas comunidades, que viven de ese negocio. Si todas esas religiones, incluida la cristiana, utilizan los "milagros" como prueba de su calidad de "única y verdadera", tendríamos que concluir que todas son verdaderas, ello no es aceptable ni para unas ni para las otras. Como esta conclusión es inaceptable, entonces hay que buscar cuales son los elementos comunes a todas ellas, y tendremos que aceptar que todos los seres humanos tenemos per se la capacidad de producir esos y cualquier otro "milagro", por nuestra calidad de ser todos hijos de Dios y, por lo tanto, copropietarios del universo, y lo más importante es que no necesitamos intermediario alguno para conectarnos con la divinidad universal.[353]

---

[353] Desde hace algunos años circulan algunos libros como El Secreto, La Magia, de la austra-

2. Una de las pruebas más contundentes para demostrar que la Virgen María no ha realizado ningún "milagro", es el simple hecho que sólo han sido reportados dichos "milagros" en los lugares donde se practica el Catolicismo. Si la Virgen María fuera en realidad autora de los milagros que se le atribuyen, también se habrían producido en otras partes del mundo no cristiano. Se supone que la Virgen María no debería discriminar y, más bien debería ser igual de "milagrosa" en otros lugares del mundo donde no ha llegado el cristianismo. Lo mismo debo decir de las deidades que se adoran en las otras partes del mundo que no son cristianas, que jamás han sido vistas por estos lares.

3. Los "milagros", cuando se atribuyen a la Virgen María o a los Santos, son sólo parte del negocio, pues son la mejor propaganda para atraer a los consumidores religiosos o fieles. Esto se demuestra con el hecho que, por lo general, en los pueblos donde se sigue practicando el catolicismo siempre habrá una Virgen oriunda del pueblo o comarca, a quien se le atribuyen poderes distintos o mejores que los que se reconocen a la Virgen del pueblo vecino. Esto ha dado lugar a que, con regularidad o en ocasiones especiales, grandes cantidades de personas peregrinen a dichos lugares en busca de los favores especiales de tal o cual Virgen. Todos los curas saben, o deberían saber, que en realidad la Virgen es una sola y que todas representan o deberían representar a una sola Virgen María, pero nadie, ni el cura del pueblo ni el Obispo, se molestan en explicarlo, con ello le ahorrarían a la gente mucho dinero. Pero decir la verdad o por lo menos tratar este tema con algo de sindéresis, no es lo importante para la Iglesia, porque si así lo hacen pondrían en riesgo el volumen de la limosna, así como todos los otros negocios colaterales.

La realidad es que son fortunas las que se mueven detrás de esta idolatría. Cada Virgen es dueña de cientos de mantos, miles de adornos y hasta de condecoraciones y títulos políticos que se otorgan sin el menor sentido espiritual.

---

liana Byrrne, Rhonda, The Secret, Atria Books, Beyond Words Publishing, New, York, 2006 **

4. En muchos casos los "milagros" son fabricados por inescrupulosos que encuentran en la inocencia de la gente una forma de vida. Todos los días se inauguran nuevos centros de adoración, con imágenes, estatuas y otros, atribuyéndoles asombrosos milagros, que en realidad son prefabricados.

CAPÍTULO 9

LA MUJER Y EL CRISTIANISMO

En general, las grandes religiones de la antigüedad, entendieron que la naturaleza era producto de la relación hembra-macho, y que ello también debía repetirse en el plano religioso. La relación del sol-luna, del sol y la tierra (*mama pacha*), son dos ejemplos de esta escatología.

Es a partir de la religión Judía y más tarde del *cristianismo literalista* que el concepto de dios queda reducido a un ser masculino, quedando fuera la parte femenina de la deidad. Sólo los Gnósticos y otros grupos cristianos no ortodoxos continuaron, durante los primeros siglos de nuestra era, pensando que era un contrasentido aceptar un dios masculino sin la presencia de una madre. Estos grupos disidentes fueron combatidos fieramente hasta su extinción en los siglos V y VI, por lo menos como grupos organizados, aunque esa forma de pensar jamás pudo ser eliminada completamente. Hoy, por lo menos, el pensamiento gnóstico, nuevamente es parte de la oferta religiosa contemporánea.

Repentinamente la interpretación *literalista* se impone sobre las sutiles interpretaciones de las enseñanzas alegóricas de los textos sagrados y comienzan dos milenios de ostracismo. Timothy Freke y Peter Gandy, nos alcanzan una lógica y clara explicación del fenómeno:

Característicamente las religiones comienzan con maestros que comparten su personal entendimiento de la Gnosis con pequeños grupos de entusiastas espiritualistas, enseñando la filosofía perenne en su propia forma. Con el tiempo, el número de estudiantes crece hasta que son demasiados para que puedan seguir teniendo acceso personal al maestro. Se convierte en no práctico seguir como una banda de místicos anárquicos y aquellos que tienen una naturaleza más autoritaria comienzan a organizar las cosas. Antes que te des cuenta, una nueva religión ha nacido. Pero mientras más crece el desbalance estudiante-maestro, es mayor la disminución del nivel de entendimiento. Las sutiles enseñanzas alegóricas comienzan a entenderse en forma superficial y literal. La trayectoria es una de inevitable degeneración de las simples pero sofisticadas enseñanzas del Gnosticismo a las superficiales y a la vez complejas enseñanzas del literalismo. Esto es lo que exactamente ocurrió con el Cristianismo. [354]

El *literalismo* dio lugar a que se construyera una religión donde primaron las formas. Los contenidos, las enseñanzas ocultas en las alegorías y el simbolismo de los libros sagrados quedaron fuera, se perdieron en el tiempo; entonces, la religión dejó de ser el camino de la superación espiritual.

> ...conforme la iglesia organizada se desarrolló, aquellos individuos que poseían las llaves de la interpretación, los gnósticos, fueron expulsados por las autoridades eclesiásticas. Históricamente hablando, conforme el Cristianismo se desarrolló pudo haber abrazado y santificado el clásico objetivo de búsqueda de conocimiento y aprendizaje y muchos de los primitivos padres de la iglesia trabajaron hacia ese fin. Sin embargo, conforme sucedieron las cosas, como cuerpo político, encontró más expeditivo el enfatizar la creencia en la no cuestionabilidad del dogma en lugar de los principios de la búsqueda abierta. Un padre de la iglesia proclamó que él creía en las enseñanzas de la iglesia precisamente porque eran absurdas.[355] Ireneo, el obispo que escribió en contra de los Gnósticos, afirmaba que el pan y el vino eran literalmente transformados en el cuerpo y sangre de Jesús, y a través de ingestión de esta sustancia nuestros propios cuerpos físicos milagrosamente se transformarían a un estado inmortal. La creencia de Pablo de una completa vida espiritual después de la muerte entró en grave contradicción con el punto de vista material de algunos posteriores padres de la iglesia, que insistieron en una resurrección literal y física de los muertos. [356]

---

[354] Freke Timothy y Gandy Peter, Jesus and The Lost Goddess, Three Rivers Press, New York, 2001, pág. 38.
[355] "Lo creo porque es absurdo", escribió el padre de la iglesia Tertuliano. Agustín, de la misma forma expresó: "No creería en el Evangelio si la autoridad de la Iglesia Católica no me obligara". Consultar Angus, Religious Quests of the Graeco-Roman World, pág. 116. Cita de David Fideler, Jesus Christ Sun of God, Ancient Cosmology and Early Christian Simbolism, Quest Books, Illinois, 1993, págs.17-18.
[356] Fideler David, Op. Cit., págs. 17-18.

Y así apareció la teología, que pretende explicar las relaciones entre Dios y los seres humanos a través de dogmas y elucubraciones oscuras y contrarias a la razón. De esta forma los cristianos perdieron las llaves de la interpretación de los misterios y con ello la posibilidad de comprender la gnosis.

Hay un cuento oriental, que puede graficar con sencillez e ironía la creación de la teología Cristiana:

*Cuando, cada tarde, se sentaba el gurú
para las prácticas del culto, siempre
andaba por allí el gato del ashram
distrayendo a los fieles. De manera
que ordeno el gurú que ataran al gato
durante el culto de la tarde.*

*Mucho después de haber muerto el gurú,
seguían atando al gato durante el
referido culto. Y cuando el gato murió,
llevaron otro gato al ashram para
poder atarlo durante el culto vespertino.*

*Siglos más tarde, los discípulos del
gurú escribieron doctos tratados
acerca del importante papel que
desempeñaba el gato en la realización
de un culto como es debido.* [357]

Producto de la ignorancia, voluntaria o involuntariamente, poco a poco el gnosticismo Cristiano fue dejando paso a un simple *cristianismo literalista*, alejado completamente de las verdades espirituales a las que estuvo originalmente llamado a propagar. Guiada por la simple ansia de poder político y económico, la Iglesia Católica abandonó completamente la esencia espiritual que le dio origen. A lo largo de su historia, especialmente durante los primeros siglos, hubo gente honesta que quiso corregir esta atrocidad, pero más pudo el poder mundano que aun sobrevive hasta nuestros días. A los disidentes simplemente se les eliminó con la fuerza

---

[357] de Mello Anthony (El canto del pájaro).

de la espada, se trataron de esconder las pruebas y se consolidó el peor y más exacerbado oscurantismo.

Para evitar estas consecuencias, en el mundo antiguo se establecieron las logias y otras organizaciones iniciáticas, donde gente con capacidad suficiente fue instruida para preservar las llaves del conocimiento que pudiera descifrar las alegorías sobre las cuales se fundaron los movimientos religiosos del mundo. Era lógico que este conocimiento no podía estar en manos de todos pues, como hemos dicho, corría el riesgo de desnaturalizarse y perderse. Cual delincuente que trata de desaparecer las pruebas, la Iglesia también quiso desparecer todos los grupos iniciáticos que siempre conocieron la verdad; como ésta era una tarea imposible, pues siempre sobrevivió algo de honestidad intelectual, estos grupos, a lo largo de la historia, fueron perseguidos y proscritos. Como no se puede tapar el sol con un dedo, después de 1 600 años, gracias a hombres que se forjaron en las logias, desde hace 300 años el mundo ha comenzado a recuperar su dignidad.

Con estos antecedentes, la propuesta judeo-cristiana propició y dirigió en forma consciente el más oprobioso antifeminismo que haya conocido la humanidad, dando lugar a la discriminación por razón de sexo, persecución y asesinato de cientos de miles de mujeres, así como a la distorsión y degradación de las relaciones sexuales como prácticas pecaminosas, con las graves consecuencias que eso ha causado en la mente y personalidad de las personas. Ningún grupo humano organizado jamás generó tanto daño contra la mujer como lo ha hecho el Cristianismo, jamás ningún otro grupo ha ocasionado tanto daño a la salud mental de las personas. Sin embargo, lo más asombroso es que la mujer sigue siendo la base fundamental sobre la que aún se sostiene la Iglesia. En parte, ello se debe al deliberado ocultamiento de las verdades históricas e hipocresía del estamento religioso en todos sus niveles.

Partamos siendo honestos con el razonamiento. En primer lugar, Dios no es un ser masculino; en el peor de los casos, es un ser asexual. Considerar que Dios es masculino o femenino es propiciar la degradación del sexo opuesto. En segundo lugar, todos los seres humanos, hombres y mujeres, somos iguales; por lo tanto, no existe razón alguna para pensar que un sexo sea superior al otro, ni que una parte de la humanidad, por razones de sexo, esté destinada o llamada a desempeñar tal o cual papel o labor, y que la parte sexualmente opuesta deba someterse a un papel subordinado. Entender las cosas de otra manera es contrario a la razón, es arbitrario e intelectualmente degenerativo.

De esta forma, el Cristianismo se construyó contra la naturaleza de las cosas. No fue inspirado o revelado por un ser al que podamos considerar Dios. Si la inspiración o revelación hubiera sido verdadera: primero tendría que haberse respetado la razón y naturaleza de las cosas; y en segundo lugar, habríamos experimentado el efecto del amor. Una religión que sistemáticamente ha impuesto un sexo sobre otro, discriminando a la mujer, persiguiéndola y quemándola en hogueras, no puede provenir de Dios ni puede ser testimonio de amor.

Analicemos las cosas objetiva y apropiadamente. Tomando las ideas del Judaísmo, que básicamente se plasman con la indebida apropiación de lo que hoy es esencialmente el Antiguo Testamento, el Cristianismo parte de la idea, o por lo menos deja entrever que Dios es un ser masculino, lo que da lugar a la primera gran consecuencia: el sexo opuesto, lo femenino, es inferior y ello habrá de repetirse en toda la estructura que se derive de ese concepto.

Como vimos en la parte dedicada a la Virgen María, el Cristianismo surge como un movimiento clara y expresamente anti feminista. Los llamados Padres de la Iglesia no tuvieron reparos en expresarlo así.

En el Siglo IV el Obispo Epifanio sostenía:

Que el Padre, el Hijo y el Espíritu Santo sean venerados, pero que nadie venere a María... Dios bajó del cielo, la Palabra se convirtió en carne a través de una Virgen, sin duda, no para que la Virgen sea adorada, no para que ella se convirtiera en una diosa, no para que tengamos que ofrecer sacrificio en su nombre, no para que ahora después de tantas generaciones las mujeres sean nuevamente sacerdotisas... (Dios) no le dio cargo para ministrar el bautismo o bendecir discípulos, ni tampoco le encargó que gobernara sobre la tierra. [358]

---
[358] Ellerbe Hellen, op. cit. pág. 26.

Como ya lo hemos anotado en el capítulo anterior, la figura de María fue despreciada hasta el siglo IV de nuestra era y su imagen sólo se comenzó a construir a partir del Concilio de Éfeso del 431 d.c.

La idea inicial del Cristianismo era clara: la mujer, representada por María, por su inferioridad basada en el sexo, pasa a un segundo plano, y queda eliminada de cualquier rol dentro de la Iglesia y, en general, dentro de la sociedad.

El antifeminismo o el propósito de consolidar la primacía del varón sobre la mujer se consolidan con la creación del Jesús, Hijo de Dios, que es enviado para redimir a la humanidad de aquel pecado original que, recuérdese, fue originado por una mujer, a la que el malvado Dios masculino sentenció: *"Multiplicaré tus sufrimientos en los embarazos y darás a luz a tus hijos con dolor. Siempre te hará falta un hombre, y él te dominará".* [359]

El resto, sólo fue consecuencia de estas bases masculinizadas: Jesús, en su leyenda, sólo llamó a 12 Apóstoles varones para que fueran parte de su entorno o grupo privilegiado, lo que degeneró en la proscripción de la mujer en el ejercicio del sacerdocio. La Biblia no dice cuál es la razón de este despropósito, pero definitivamente es la fuente de la más irracional discriminación y degradación.

El Cristianismo es el resultado del sincretismo religioso al que aportan los movimientos religiosos que habitaban la Roma cosmopolita de los primeros siglos de nuestra era.

Como ya lo dijimos, su base son primero el Judaísmo, los movimientos Gnósticos que se desarrollan desde dos siglos antes de la era cristiana, la filosofía helénica caracterizada por Platón, Filón, etc., a la que también aportan todos los otros movimientos religiosos asentados en Roma en los primeros siglos de nuestra era. En suma, se puede decir que el Cristianismo, es el resultado de las concesiones que este movimiento hace para simpatizar, captar y satisfacer la demanda en el mercado religioso y consolidarse políticamente en un imperio cuyos propósitos dejaron de ser espirituales para convertirse en simplemente materiales. En otras palabras, las ideas

---

[359] Gen. 3:16.

fundamentales expuestas a través de Jesús, rápidamente fueron reemplazadas con criterios crematísticos y de poder.

El antifeminismo intolerante y radical del Cristianismo primitivo no duró mucho tiempo pues el populacho romano estaba acostumbrado a la deidad femenina, las diosas madre como Isis, Juno, Cybele y otras que tenían acaparado el mercado romano habían calado muy hondo en esa sociedad y, por más que el Cristianismo ya había sido declarado como la religión oficial del Imperio Romano, esos cultos no cesaron. Al final la idolatría por la deidad femenina se impuso en el Concilio de Éfeso del año 431 d.c., en la cual la Iglesia tuvo también que ceder y declarar que a la Virgen María también se le podía adorar, con ello que en los templos paganos sólo se reemplazaron las estatuas de las llamadas vírgenes paganas por las estatuas de María, y en muchos sólo se les cambió de nombre, adoptándose el resto de ritos que a partir de ese momento tomaron también el título de ritos católicos. Como ya lo dijimos, al desaparecer la competencia, se profundizo el oscurantismo total, que hizo que la Iglesia se adueñara poco a poco del mundo occidental. Tuvieron que pasar luego 1600 años para que la humanidad pudiera comenzar a recuperar su dignidad.

El Cristianismo primitivo que como vimos comenzó aborreciendo la idea de vírgenes y sus consecuencias idolátricas, terminó no solamente aceptándola, sino que finalmente terminó dándole a María el título de Madre de Dios.

Lo lamentable es que toda esta evolución y sincretismo no dio lugar a que desapareciera el antifeminismo, la discriminación basada en el sexo ni desaparecieran los aberrantes tabúes sexuales que condenaron a muchas generaciones, incluidas modernas generaciones de jóvenes, que siguen siendo educados bajos esos parámetros, el más cruel y feroz de los esclavismos: el de la mente.

La Iglesia Católica compara el poder mundano, contra los ideales de su fundador, lo cual la hizo arrogante, mundana y propiciatoria del desprecio por la mujer. Aparecieron nuevos teólogos que justificaron la discriminación por razón de sexo y el antifeminismo, que como veremos más adelante dieron lugar al primer holocausto de la humanidad.

Antes de entrar en el tema histórico, quiero transcribir algunos pasajes de la Biblia, que creo que deberían despertar por lo menos la inquietud de tanta mujer, que sin darse cuenta, ha sido degradada por su propia religión.

Génesis 3:16: *"Multiplicaré tus sufrimientos en los embarazos y darás a luz a tus hijos con dolor. Siempre te hará falta un hombre, y él te dominará".*

Números 31:17-18: *"Maten, pues, a todos los niños hombres, y a toda mujer que haya tenido relaciones con un hombre. Pero dejen con vida y tomen para ustedes todas las niñas que todavía no han tenido relaciones".*

Deuteronomio 22:20-21: *"Pero si es verdad lo que el hombre dice, y no aparecen las pruebas de su virginidad, entonces la sacarás a la puerta de la casa de su padre y 'morirá apedreada por el pueblo', por haber cometido una infamia en Israel, prostituyéndose mientras todavía estaba en la casa de su padre".*

Deuteronomio 24:1: *"Si un hombre toma una mujer y se casa con ella, puede ser que le encuentre algún defecto y ya no la quiera. En ese caso, escribirá un certificado de divorcio que le entregará antes de despedirla de su casa".*

Levítico 12:2-5: *"Habla a los hijos de Israel y diles: La mujer cuando conciba y dé a luz varón, será inmunda siete días; conforme a los días de su menstruación será inmunda. Y al octavo día se circuncidará al niño. Mas ella permanecerá treinta y tres días purificándose de su sangre; ninguna cosa santa tocará, ni vendrá al santuario, hasta cuando sean cumplidos los días de su purificación. Y si diere a luz hija, será inmunda dos semanas, conforme a su separación, y sesenta y seis días estará purificándose de su sangre".*

Eclesiastés 7:26 -29: *"Y he hallado más amarga que la muerte a la mujer cuyo corazón es lazos y redes, y sus manos ligaduras. El que agrada a Dios escapará de ella; mas el pecador quedará en ella preso. He aquí que esto he hallado, dice el Predicador, pesando las cosas una por una para hallar la razón; lo que aún busca mi alma, y no lo encuentra: un hombre* entre mil he hallado, pero mujer entre todas estas nunca hallé. He aquí, solamente esto he hallado: que Dios hizo al hombre recto, pero ellos buscaron muchas perversiones".

1 Timoteo 2:11-15: "La mujer aprenda en silencio, con toda sujeción. Porque no permito a la mujer enseñar, ni ejercer dominio sobre el hombre, sino estar en silencio. Porque Adán fue formado primero, después Eva; y Adán no fue engañado, sino que la mujer, siendo engañada, incurrió en transgresión. Pero se salvará engendrando hijos, si permaneciere en fe, amor y santificación, con modestia".

1 Corintios 14: 34-40: " 'Que las mujeres estén calladas en las asambleas. No les corresponde tomar la palabra. Que estén sometidas, como lo dice también la ley' . Y si desean saber más, que se lo pregunten en casa a su marido. Es feo que la mujer hable en la asamblea. ¿Acaso la palabra de Dios partió de ustedes, o ha llegado tal vez sólo a ustedes? Los que entre ustedes son considerados profetas o personas espirituales reconocerán que lo que les escribo es mandato del Señor. Y si alguien no lo reconoce, tampoco él será reconocido. Por lo tanto hermanos, aspiren al don de la profecía y no impidan que se hable en lenguas, pero que todo se haga en forma digna y ordenada".

1 Corintios 11:4-13: "Todo varón que ora o profetiza con la cabeza cubierta, afrenta su cabeza. Pero toda mujer que ora o profetiza con la cabeza descubierta, afrenta su cabeza; porque lo mismo es que si se hubiese rapado. Porque si la mujer no se cubre, que se corte también el cabello; y si le es vergonzoso a la mujer cortarse el cabello o raparse, que se cubra. Porque el varón no debe cubrirse la cabeza, pues él es imagen y gloria de Dios; pero la mujer es gloria del varón. 'Porque el varón no procede de la mujer, sino la mujer del varón, y tampoco el varón fue creado por causa de la mujer, sino la mujer por causa del varón' . Por lo cual la mujer debe tener señal de autoridad sobre su cabeza, por causa de los ángeles. Pero en el Señor, ni el varón es sin la mujer, ni la mujer sin el varón; porque así como la mujer procede del varón, también el varón nace de la mujer; pero todo procede de Dios. Juzgad vosotros mismos: ¿Es propio que la mujer ore a Dios sin cubrirse la cabeza?"

Los Padres de la Iglesia fueron extremadamente sexistas. Barbara G. Walker, al respecto nos dice:

Tertuliano llamaba a las mujeres la entrada al infierno, la puerta del maligno, que siempre deberían vestir trapos y prendas de vestir de luto en reconocimiento por su crimen. San Juan Crisóstomo (John Golden-Mouth, c 347-407) decía que las mujeres eran más dañinas que cualquier bestia salvaje. San Clemente de Alejandría escribió que toda mujer debería estar llena de vergüenza de su género. 'Y la Iglesia, en su Concilio de Macon del año 584, seriamente debatió la pregunta respecto de si la mujer debería ser considerada totalmente humana. Después de mucho argumento a favor y en contra, la cuestión fue decidida a favor de la humanidad de la mujer por 32 votos a favor y 31 en contra. De tal forma que por el más mínimo de los márgenes (un solo voto) los prelados decidieron considerar a la mujer como parte de la humanidad'.

John Scotus Erigena (c. 815-877), declaró que al final del mundo, sin embargo, la parte femenina de la humanidad será eliminada y 'que aquella imperfección, esa mancha en la pureza de la creación, dejaría de serlo.' Ambos, San Agustín y Santo Tomás de Aquino, declararon que las mujeres sólo eran buenas para la procreación y cuidado de la casa.

En el tema de del sacerdocio de la mujer, la Iglesia todavía no ha progresado más allá del siglo V. En 1917 el libro de código canónigo Corpus Iuris Canonici, declaró que ninguna persona femenina puede acercarse al altar por ninguna razón, ni siquiera una monja que esté sirviendo a sus hermanas en misa de capilla; y el Papa Juan Pablo II, en su instrucción curiosamente titulada 'Un regalo sin precio', dijo 'las mujeres no están permitidas a las funciones de servidoras de misa', El Papa Pio X (1835-1914), ahora declarado santo, en 1903 reafirmó la prohibición tradicional de las voces femeninas en los coros de la iglesias diciendo que solo las voces de niños podían ser usadas como sopranos. [360]

---

[360] Walker Barbara G., op. cit., pág. 201. Negrita del autor.

En otro contexto, San Agustín de Hipona escribió a un amigo: *"Qué importa que sea una esposa o una madre, es Eva la tentadora de la que debemos cuidarnos en cada mujer... No alcanzo a ver qué utilidad puede servir la mujer para el hombre, si se excluye la función de concebir niños"*.[361]

Al mismo San Agustín de Hipona, se le atribuyen en otras, las siguientes frases:

Nada rebaja tanto a la mente varonil de su altura como acariciar mujeres y esos contactos corporales que pertenecen al estado del matrimonio.

Las mujeres no deben ser iluminadas ni educadas en forma alguna. De hecho, deberían ser segregadas, ya que son causa de insidiosas e involuntarias erecciones en los santos varones.

La verdad es que de San Agustín no podía esperarse otra cosa. Él fue el autor de la teoría del *pecado original*, que en pocas palabras expresa que toda persona nacida de una mujer (salvo Ana, la madre de María y ella misma) viene (por el hecho del contacto sexual entre los padres) contaminada por el pecado de Eva, pecado que ha sido transmitido de generación en generación hasta nuestros días y así sucesivamente hasta el fin del mundo, afirmando el aberrante concepto que todos los seres humanos nacemos prácticamente en estado demoniaco, y que para librarnos de esa maldición deben exorcizarnos a través del bautizo. Ciertamente, los miembros de otras creencias religiosas orientales, como el budismo o el hinduismo, deben sentirse aliviados por ser ajenos a semejante desgracia.[362]

Más tarde, el acreditado Santo Tomás de Aquino, continuando con la doctrina de desprecio de la mujer, consideraba que podía ser usada y abusada por ser inferior que un esclavo, pues se encuentra en sujeción a su marido, de acuerdo a las leyes de Dios. El mismo personaje, en su manual *Reglas del Matrimonio* recomendaba regaños e intimidación de la esposa

---

[361] Cita de Freke Timothy y Gandy Peter, Jesus and the Lost Goddess, op. cit., pág. 44.
[362] Para los Gnósticos, la serpiente y la mujer son los héroes de la humanidad pues a través de ellas tenemos el conocimiento y la sabiduría que el Demiurgo nos quiso privar.

por parte de su marido, quien podía obtener créditos en el cielo por pegar a su esposa.[363]

Años más tarde, lo que parecía imposible que alguna vez pudiera darse en la historia humana lamentablemente se produjo: la Iglesia puso en práctica la más horrenda, cruel e inhumana cacería de brujas, que dio lugar a la despiadada persecución y aniquilamiento de millones de seres humanos, en especial mujeres. Ciertamente el holocausto de Hitler quedó chico frente a la barbarie dirigida por los seguidores de Jesús. Para consumar este propósito la Iglesia creó la Santa Inquisición.

Jacopo Fo, Sergio Tomat y Laura Malucelli, resumen tales acontecimientos de la siguiente forma:

Pero la caza de brujas no es más que el vértice de la persecución de las mujeres. Había violencia cotidiana, total, contra las mujeres, no reconocidas como seres humanos, consideradas como animales de carga y máquinas reproductoras. Olvidando incluso, en este caso, el Antiguo Testamento que, seguro, no era tierno con las mujeres, pero al menos salvaguardaba algunos derechos elementales. [364]

La base conceptual para justificar el asesinato de millones de seres humanos se encontró en las propias escrituras, algunos de cuyos pasajes ya hemos citado líneas arriba, y en el concepto de herejía, que de acuerdo a la Iglesia Católica se define como *"insubordinación a la autoridad clerical"*, lo que en términos sencillos significa que cualquiera que no esté de acuerdo con todo lo que proclama la iglesia automáticamente se convierte en hereje y debe ser castigado.

No puedo dejar de mencionar que oficialmente, a través del Papa León el Grande (Siglo V) se estableció la pena de muerte para todo aquel que tuviera *"creencias erróneas"*. [365] Más tarde, el Papa Urbano II (Siglo X),

---

[363] Walker Barbara G., op. oct., pág. 227.
[364] Fo Jacopo, Tomat Sergio y Malucelli Laura, El Libro Prohibido del Cristianismo, Ma Non Troppo, España, 2004, pág. 27.
[365] Muller J.Herbert The Uses of the Past, New American Library, N.Y., 1954, cita de Barbara G. Walker, op. cit., pág. 200.

declaró que todos los herejes deberían ser torturados y muertos, y el Papa Inocente III estableció que todos tenemos la obligación de obedecer al papa incluso en el caso que esa orden fuera maligna. Un poco después agregó que cualquiera que tuviera un punto de vista personal de Dios que de cualquier forma entrara en conflicto con el dogma de la Iglesia: *"deberá ser quemado sin piedad."*[366] ¡Ciertamente es notable el espíritu de tolerancia de la Iglesia Católica!

Para corregir las herejías, se estableció la muy Santa Inquisición. Su propósito original era erradicar a los Cátaros, que constituía una secta Cristiana cuyo pecado era haberse mantenido dentro de los principios de humildad, pobreza y amor al prójimo, luego se utilizó para eliminar a todo aquel que osara pensar de modo distinto a la atrofiada mentalidad de la Iglesia.

Robbins, nos explica como operaba este aparato eclesial:

1. Todos los procedimientos se mantenían en secreto.

2. El "reporte común" así como el sólo dicho de otro era aceptado como prueba de culpabilidad.

3. El acusado nunca era informado de la naturaleza de los cargos ni menos tenía derecho a un abogado.

4. Los testigos eran mantenidos ocultos, en secreto.

5. Podían proporcionar evidencia los perjuros, los excomulgados o incluso los niños.

6. No se permitían los testigos de descargo. Cualquier persona que hablara a favor de un acusado de herejía era arrestado como cómplice.

7. La tortura se usaba siempre, sin límite de duración o severidad. Si el acusado hubiere confesado antes de ser torturado, se le aplicaba la tortura para convalidar la confesión.

---

[366] Walker Barbara G., op. cit., pág. 201

8. Al acusado se le obligaba a confirmar los nombres de los cómplices, que le eran sugeridos por los jueces.

9. Ningún acusado fue encontrado inocente.[367]

¿Puede alguien seguir pensando que la Iglesia Católica es la depositaria de la palabra de Dios en la tierra? ¿Dónde quedaron las enseñanzas del fundador o por lo menos inspirador de la Iglesia? ¿Con qué derecho puede la Iglesia de hoy impartir clases de moralidad? Aquí está el origen de la corrupción y degradación de la sociedad. Si los que deben dar el ejemplo se comportan de esta forma, ¿qué podemos esperar del pueblo?

A lo dicho hay que agregar que al acusado de herejía, al inicio del proceso se le confiscaba todos sus bienes, lo que convirtió a la Santa Inquisición como una de las fuentes principales de la inmensa y mal habida fortuna de la Iglesia.

A partir del Siglo XIII, la Iglesia pone su mira en las brujas, quienes hasta ese entonces hacían las labores de curanderas, parteras y consejeras espirituales. El propósito inicial era, cuándo no, despojarlas de sus bienes para seguir proveyendo de recursos económicos al Vaticano, pues la mayoría de los ricos herejes de la época ya habían sido exterminados, por lo que el Papa Juan XXII dio a la Inquisición el poder de perseguir a todas la mujeres que practicaran el oficio que luego se bautizó con el nombre de brujería, lo que incluía a las curanderas y parteras.

Cabe preguntarse ¿por qué se perseguía a la curandera, cuyo oficio era suplir a los escasísimos médicos que existían en una Europa básicamente rural? Sucede que los ignorantes jerarcas de la Iglesia llegaron al convencimiento que las enfermedades sólo eran producto del demonio y que, por lo tanto, su curación sólo podía efectuarse a través de la oración y el agua bendita. Tal fue la mortandad que se produjo en Europa en esos tiempos, que habría que convenir que las enfermedades efectivamente eran producidas por el demonio, pero aquel que habitaba en el Vaticano y las iglesias católicas.

---

[367] Robbins, citado por Barbara G. Walker, op. cit., pág. 204.

En 1486 aparece el tratado católico sobre la brujería, el *Malleus Maleficarum* (Martillo de Brujas)[368], que fue promulgado a través de una Bula del Papa Inocencio VIII, y que por lo tanto es el pensamiento del Vaticano de la época. Fue durante 300 años el manual indispensable y la autoridad final para la Inquisición. Abarcaba los poderes y prácticas de los brujos, sus relaciones con el demonio, su descubrimiento, la Inquisición, la hoguera, la tortura mental y física entre otras cosas. Su existencia y contenido debería causar vergüenza para quienes lo pusieron en práctica, por lo que no puedo dejar de citar algo de su contenido:

Y de la maldad de las mujeres se habla en Eclesiasticus XXV: ´No hay cabeza superior a la de una serpiente, y no hay ira superior a la de una mujer. Prefiero vivir con un león y un dragón que con una mujer malévola´. Y entre muchas otras cosas que en ese lugar preceden y siguen al tema de la mujer maligna, concluye: todas las malignidades son poca cosa en comparación con la de una mujer. Por lo cual San Crisóstomo dice en el texto: ´No conviene casarse (San Mateo XIX): ´!Qué otra cosa es la mujer sino un enemigo de la amistad, un castigo inevitable, un mal necesario, una tentación natural, una calamidad deseable, un peligro doméstico, un deleitable detrimento, un mal de la naturaleza pintado con alegres colores!´.

...tienen (las mujeres) una lengua móvil, y son incapaces de ocultar a sus congéneres las cosas que conocen por malas artes y como son débiles, encuentran una manera fácil y secreta de reivindicarse por medio de la brujería.

´...Y debe señalarse que hubo un defecto en la formación de la primera mujer, ya que fue formada de una costilla curva, es decir, la costilla del pecho, que se encuentra encorvada, por decirlo así, en dirección contraria a la de un hombre. Y como debido a este defecto es un animal imperfecto, siempre engaña... Fémina proviene de Fe y Minus, ya que es muy débil para mantener y conservar la fe´.

---

[368] Escrito por Kramer Heinrich y Sprenger Jacobus, dos frailes dominicos.

Y en verdad, así como por su primer defecto de inteligencia son más propensas de abjurar de la fe, así, por su segundo defecto de afectos y pasiones exagerados, buscan, cavilan e infligen diversas venganzas, ya sea por brujería u otros medios. Por lo cual no es asombroso que existan tantas brujas en este sexo.

"Las mujeres también tienen memoria débil, y en ellas es un vicio natural no ser disciplinadas, sino seguir sus propios impulsos, sin sentido alguno de lo que corresponde hacer; esto es todo lo que saben, y lo único que conservan en la memoria".

Consideremos otra de sus propiedades, su voz. Pues como es embustera por naturaleza, así también en su habla hiere mientras nos deleita. Por lo cual su voz es como un canto de sirenas, que con sus dulces melodías atraen a los viajeros y los matan. Pues los matan vaciándoles el bolso, consumiéndoles las fuerzas y haciéndolos abandonar a Dios.

Consideremos también su porte, postura y vestimenta, que son vanidad de vanidades. No hay hombre en el mundo que se esfuerce tanto por complacer al buen Dios, como una mujer común estudia sus vanidades para complacer a los hombres.

Y más amarga que la muerte, además, porque eso es natural y destruye sólo el cuerpo; "porque el pecado que nació de la mujer destruye el alma al despojarla de la gracia, y entrega el cuerpo al castigo del pecado"..

Y más amarga que la muerte porque la muerte del cuerpo es un enemigo franco y terrible, pero la mujer es un enemigo quejumbroso y secreto. Y el hecho que sea más peligrosa que una trampa no habla de las trampas de los cazadores, sino de los demonios. Pues los hombres son atrapados, no sólo por sus deseos carnales, cuando ven y oyen a las mujeres; porque San Bernardo dice: ´Su rostro es un viento quemante, y su voz el silbido de las serpientes"; pero también provocan encantamientos en incontables hombres y animales. Y cuando se dice que el corazón de ellas es una red, se habla de la inescrutable malicia que reina en su corazón. Y sus manos son como lazos para amarrar, pues cuando posan sus manos sobre una criatura para hechizarla, entonces, con la ayuda del demonio ejecutan su designio'.

... Está claro que no es de extrañar que existan más mujeres que hombres infectadas por la herejía de la brujería. Y a consecuencia de ello, es mejor llamarla la herejía de las brujas que de los brujos, ya que el hombre deriva del grupo más poderoso. 'Y bendito sea al Altísimo, quien hasta hoy protegió al sexo masculino de tan gran delito; pues él se mostró dispuesto a nacer y sufrir por nosotros, y por lo tanto concedió ese privilegio a los hombres'.

Estos párrafos no merecen comentario alguno. Cada uno se formará su propia opinión.

¿Cómo era el proceso contra las brujas? Aquí voy a transcribir lo que dicen Jacopo Fo, Sergio Tomat y Laura Malucelli:

El proceso por brujería se parecía al proceso por herejía y se podía instruir sobre la base de una mera sospecha (incluso bastaba 'haber sido soñados' por otra persona).

También valían las denuncias anónimas. Incluso se colocaron en las iglesias unas huchas expresas para las denuncias, similares a las de las limosnas.

Apenas comenzaba la audiencia, la presunta bruja era invitada a confesar y abjurar del demonio. Si no lo hacía, era torturada.

Entre las pruebas de una posesión diabólica segura estaba la presencia de señales especiales en el cuerpo de la bruja. Podía tratarse de una mancha en la piel, una verruga, un callo o cualquier 'imperfección'. Aquella era la marca dejada por el diablo.

Otro elemento de valoración era la ordalía.

En los casos más leves de sospecha, los jueces se contentaban viendo llorar a las sospechosas (puesto que se creía que las brujas no podían llorar, pero el Diablo era capaz de simular las lágrimas). En los casos más graves se recurría a la prueba del agua: la presunta bruja (muy a menudo atada a una gran piedra) era tirada al agua. Si se ahogaba era inocente. Pero si flotaba quería decir que era culpable, puesto que estaba protegida por un sortilegio del demonio. No había modo de salvarse.

Los interrogatorios se desarrollaban por medio de preguntas trampa estudiadas para confundir al imputado. Por ejemplo, a la pregunta: ´¿Creéis en las brujas?´, responder no significaba negar la misma existencia del diablo y por lo tanto mancharse con el crimen de herejía. Responder sí conllevaba otras preguntas por parte de los jueces, como ´¿A cuántas conocéis?´, y otras por el estilo.

A menudo las brujas, espontáneamente o bajo tortura, daban los nombres de otras personas que participaban con ellas en los Sabbat, o implicaban a sus propios acusadores, creando así una lúgubre reacción en cadena que podía durar incluso años y alcanzar a cientos de personas. [369]

¿Cómo eran las torturas?

La primera tortura era la psicológica: la presunta bruja era conducida a la sala de los interrogadores, donde estaban expuestos bien a la vista todos los instrumentos del suplicio. Entonces la desnudaban frente al magistrado, la depilaban y la cubrían con una sábana. La tortura más blanda eran los azotes. Después estaba la ´cuerda´: le ataban los brazos estirados hacia atrás con una cuerda atada a una polea; mediante la polea, la víctima era estirada hacia arriba, provocando la dislocación de los hombros. Aún más cruel que la cuerda era el caballete, un trozo de madera triangular con el vértice hacia arriba: ´El cuerpo de la víctima era estirado y atado fuertemente sobre la punta del caballete, que le penetraba en la carne desde la vulva hasta los glúteos. Después

---

[369] Fo Jacopo, Tomat Sergio y Malucelli Laura, op. cit., págs. 162-163.

se colgaban pesos en las manos y las piernas de la imputada, cada vez más grandes; o cuerdas fijas a un rodillo, que giraban con una manecilla. Estirando progresivamente las cuerdas, se estiraba todo el cuerpo, y al cabo de unas horas se dislocaban los miembros.´ Otra práctica era encender un fuego bajo a los pies de la víctima. También estaban las tenazas, cuyo uso dejamos que imaginéis, y muchos otros instrumentos que no tenemos estómago para describir. [370]

De esta forma, fueron eliminadas, de acuerdo a los cálculos más conservadores, sólo en Europa por lo menos 9´000,000 de personas, la gran mayoría mujeres. Si a este cálculo agregamos el genocidio producido en el continente Americano durante la conquista, bajo el pretexto de la evangelización, sólo nos queda subrayar el más enérgico rechazo contra los responsables de los más atroces holocaustos que ha conocido la humanidad. Si todo esto sucedió en nombre de Jesús, supuesto adalid de la paz y amor al prójimo, no puedo imaginarme qué habría pasado si los fundamentos hubieran sido distintos.

Para terminar, quiero transcribir tres citas que son elocuentes:

Elizabeth Cady Stanton:

La Iglesia ha hecho más para degradar a la mujer que todas las otras adversas influencias juntas... A partir de la doctrina del pecado original crecieron los crímenes y misterios del ascetismo, celibato y brujería, convirtiéndose las mujeres en víctimas indefensas de todas las ilusiones generadas en el cerebro del hombre... Por todo lado el clero fundamentó la caza de brujas como una doctrina de la Biblia... Demasiado tiempo en los púlpitos se enseñó la inferioridad de la mujer y su sujeción, para que nunca pudiera comandar honor y respeto... No hay nada más patético en toda la historia que la desesperanzada resignación de la mujer de los ultrajes que le hicieron creer que provenían de Dios. [371]

---

[370] Ibid, pág. 164.
[371] Walker Barbara G., op. cit., pág. 229.

Anne Nicol Gaylor:

Toda mujer en el mundo debería tener una razón especial de nunca apoyar una religión (Cristiana, Judía, Musulmana, Hindú, Budista, Shinto, cualquiera) porque casi todas las religiones a través de la historia han sido instituciones patriarcales que dedican una gran cantidad de su tiempo y dinero a mantener a la mujer en su sitio. Incluso aquellas pocas denominaciones que reconocen en alguna medida los derechos de la mujer, siguen divulgando la Biblia, ese libro que promueve el sexismo, racismo, maldad, asesinato y violencia. ¿Y cómo puede alguien confiar o respetar una religión que está basada en ese libro? ¿De qué sirven las proclamas en el sentido que ´nuestra iglesia es diferente, nuestra iglesia es liberal´ cuando ese manual de misoginia es la base de toda creencia Cristiana y Judía? [372]

Hace más de 200 años Thomas Jefferson, decía:

Millones de hombres, mujeres y niños inocentes, desde la introducción del cristianismo, han sido quemados, torturados, mutilados, encarcelados, sin embargo no hemos avanzado una pulgada hacia la uniformidad. ¿Cuál ha sido el efecto de esta coerción? Hacer que la mitad de seres del mundo sean tontos y la otra mitad hipócritas...

El enorme daño que se ha hecho a nuestro frágil planeta y la especie humana por la ignorancia religiosa y superstición va más allá de la comprensión de cualquier mente sensitiva. Las religiones dogmáticas y doctrinales han sido históricamente, y lo son ahora, intolerablemente ajenas a la inteligencia humana. Estamos rodeados de salvajismo, de fanáticos que actúan a nombre de Dios.

---

[372] Gaylor Anne Nicol, Independence From Authority, en The Book your Church doesn´t want you to read, op. cit., pág 405.

EPÍLOGO

Quedan pocos lugares en el planeta donde las Iglesias Cristianas, y en especial la católica, pueden seguir gozando del *establishment* sustentándose en la imposición de dogmas de fe y misterios. En todos los lugares donde la feligresía ha obtenido un desarrollo económico y cultural, que le ha permitido acceder a la información y diálogo planteado como consecuencia del descubrimiento de la Piedra Rossetta, la controversia ha provocado que las iglesias se conviertan en simples museos. La gente, con un mediano nivel cultural, no está dispuesta a seguir siendo conducida como parte de un rebaño sumiso; ahora tiene la posibilidad de informarse a través de múltiples fuentes que le proporcionan la posibilidad de administrar independientemente su vida espiritual.

El desarrollo económico de la América Latina y de otros lugares del planeta, feudos indiscutibles del Cristianismo, comienzan a despertar y cuestionar el origen y naturaleza del *catecismo*, siendo cada vez más difícil pretender *tapar el sol con un dedo*.

Frente a este panorama, las anquilosadas jerarquías eclesiásticas están más preocupadas en la preservación del poder que todavía gozan, en lugar de aceptar las incontrastables verdades que, de no ser consideradas en el diálogo, pueden provocar no sólo el fin de su poder material sino de la sobrevivencia de sus propias bases espirituales. La Iglesia ya no puede seguir ofreciendo un producto en la que ella misma no cree; sólo se puede predicar la humildad, la verdad y el amor al prójimo con el ejemplo.

Frente a este panorama, Richard Holloway, de la Iglesia Episcopal Escocesa, afirma que *"el fin del Cristianismo está viniendo porque hay un sistema que está minando la tradicional 'economía de la salvación', que está más preocupada en preservar su propio poder en lugar de explorar la verdad"*. [373]

¿Será éste el fin del Cristianismo? ¿Será conveniente propiciar esa extinción? Pienso que la disyuntiva tiene que ser tomada seriamente.

---

[373] Citado por Harpur Tom, op. cit., pág. 8.

El Cristianismo, como ha sido demostrado a través de esta obra, está basado en la copia -otros dirían plagio- que sus fundadores hicieron de las antiguas *religiones paganas*, que pretendieron darle historicidad a su personaje central: Jesús. Dado que el proyecto fue consolidar el poder económico de la Iglesia, en el camino, el significado de las *alegorías* y *mitos*, pasaron a un segundo plano, lo que poco a poco provocó que ese conocimiento se fuera perdiendo.

La pregunta central es ¿hay que deshacernos totalmente del impostor y aceptar que hemos perdido el tiempo por ese camino, o quizás valga la pena rescatar lo bueno de la experiencia?

Para responder esa pregunta analicemos, sin apasionamientos, el contenido de la propuesta. Para ello, es básico que aceptemos algunas premisas fundamentales:

Primero. Tenemos que aceptar que la Biblia es una obra humana y que como tal no es perfecta; ergo, no contiene la absoluta palabra de Dios. La Biblia, al final del camino es una extraordinaria recopilación de *mitos y alegorías* elaborados por la genialidad humana de miles de años, que pretende transmitir una serie de mensajes que requieren ser debidamente interpretados. La Biblia no es, ni jamás pretendió serlo, un relato histórico de acontecimientos que sucedieron en la historia de la humanidad.

Segundo. Las enseñanzas que contienen los sistemas espirituales que se han desarrollado en la historia de la humanidad, esencialmente transmiten *verdades universales*, cuyo conocimiento y práctica producen el desarrollo espiritual del ser humano.

Tercero. El *Cristo* no es una persona física que estuvo alguna vez en la tierra. *Cristo* es una experiencia espiritual a la que todo ser humano tiene derecho a acceder. Todos tenemos una *semilla de Dios,* con la cual venimos a este mundo y que, cuando somos conscientes de su existencia en nuestro interior, la podemos *cultivar* con el *agua mística* que puede dar lugar a una *nueva vida*, a través de la *muerte de la materia*, para dar paso a una *resurrección* del *Cristo* de cada uno, lo que constituye el *camino de regreso a casa*.

Cuarto. El desarrollo espiritual es una tarea, esencialmente, personal, que puede y debe ser motivada con la guía de quienes ya han transitado el camino.

Quinto. La Iglesia puede participar en este desarrollo espiritual de la humanidad, pero debe partir por la honestidad de aceptar la verdad.

Como decía el Dalai Lama, todas las religiones son buenas, en la medida que ayuden a mejorar al ser humano.

ANEXOS

ANEXO 1

TAXA CAMARAE [374]

Se trata de un conjunto de tarifas aprobada por el Papa León X (1513-1521), con el fin de vender indulgencias, en otras palabras, perdonar pecados. Todo podía perdonarse, la pedofilia, el asesinato, la estafa, etc., todo dependía de la cantidad de dinero que el pecador estaba dispuesto a entregar a la Iglesia. Es un asunto repudiable, que pinta de cuerpo entero a la institución que la patrocinó:

1. El eclesiástico que incurriera en pecado carnal, ya sea con monjas, ya con primas, sobrinas o ahijadas suyas, ya, en fin, con otra mujer cualquiera, será absuelto, mediante el pago de 67 libras, 12 sueldos.

2. Si el eclesiástico, además del pecado de fornicación, pidiese ser absuelto del pecado contra natura o de bestialidad, debe pagar 219 libras, 15 sueldos. Más si solo hubiese cometido pecado contra natura con niños o con bestias y no con mujer, solamente pagará 131 libras, 15 sueldos.

3. El sacerdote que desflorase una virgen, pagará 2 libras, 8 sueldos.

4. La religiosa que quisiera alcanzar la dignidad después de haberse entregado a uno o más hombres simultánea o sucesivamente, ya dentro, ya fuera de su convento, pagará 131 libras, 15 sueldos.

5. Los sacerdotes que quisieran vivir en concubinato con sus parientes, pagarán 76 libras, 1 sueldo.

6. Para todo pecado de lujuria cometido por un laico, la absolución costará 27 libras, 1 sueldo; para los incestos se añadirán en consciencia 4 libras.

7. La mujer adúltera que pida absolución para estar libre de todo proceso y tener amplias dispensas para seguir sus relaciones ilícitas, pagará al Papa 87 libras, 3 sueldos. En caso igual, el marido pagará

---

[374] Tomado de: Rodríguez, Manuel, op. cit., pág. 453 y sgts.

igual suma; si hubiesen cometido incestos con sus hijos añadirán en consciencia 6 libras.

8. La absolución y la seguridad de no ser perseguidos por los crímenes de rapiña, robo o incendio, costará a culpables 131 libras, 7 sueldos.

9. La absolución del simple asesinato cometido en la persona de un laico se fija en 15 libras, 4 sueldos, 3 dineros.

10. Si el asesino hubiese dado muerte a dos o más hombres en un mismo día, pagará como si hubiese asesinado a uno solo.

11. El marido que diese malos tratos a su mujer, pagará en las cajas de la cancillería 3 libras, 4 sueldos; si la matase, pagará 17 libras, 15 sueldos, y si la hubiere muerto para casarse con otra, pagará además, 32 libras, 9 sueldos. Los que hubieren auxiliado al marido a cometer el crimen, serán absueltos mediante el pago de 2 libras por cabeza.

12. El que ahogase a un hijo suyo, pagará 17 libras, 15 sueldos (o sea dos libras más que por matar a un desconocido), y si lo mataren el padre y la madre con mutuo consentimiento, pagarán 27 libras, 1 sueldo por la absolución.

13. La mujer que destruyese a su propio hijo llevándolo en sus entrañas y el padre que hubiese contribuido a la perpetración del crimen, pagará 17 libras, 15 sueldos cada uno. El que facilitare el aborto de una criatura que no fuere su hijo, pagará 1 libra menos.

14. Por el asesinato de un hermano, una hermana, una madre o un padre, se pagarán 17 libras, 5 sueldos.

15. El que matare a un obispo o prelado de jerarquía superior, pagará 131 libras, 14 sueldos, 6 dineros.

16. Si el matador hubiese dado muerte a varios sacerdotes en varias ocasiones, pagará 137 libras, 6 sueldos, por el primer asesinato, y la mitad por los siguientes.

17. El obispo u abad que cometiese homicidio por emboscada, por accidente o por necesidad, pagará para alcanzar la absolución, 179 libras, 14 sueldos.

18. El que por anticipado quisiera comprar la absolución de todo homicidio accidental que pudiera cometer en lo venidero, pagará 168 libras, 15 sueldos.

19. El hereje que se convirtiese, pagará por su absolución 269 libras. El hijo de hereje quemado o ahorcado o ajusticiado en otra manera cualquiera, no podrá rehabilitarse sino mediante el pago de 218 libras, 16 sueldos, 9 dineros.

20. El eclesiástico que no pudiendo pagar sus deudas quisiera librarse de ser procesado por sus acreedores, entregará al Pontífice 17 libras, 8 sueldos, 6 dineros, y le será perdonada la deuda.

21. La licencia para poner puestos de venta de varios géneros bajo el pórtico de las iglesias, será concedida mediante el pago de 45 libras, 19 sueldos, 3 dineros.

22. El delito de contrabando y defraudación de los derechos del príncipe costará 87 libras, 3 dineros.

23. La ciudad que quisiera alcanzar para sus habitantes o bien para sus sacerdotes, frailes o monjas, licencia para comer carne y lacticinios en las épocas en que está prohibido, pagará 781 libras, 10 sueldos.

24. El monasterio que quisiera variar de regla y vivir con menor abstinencia que la que le estaba prescrita, pagará 146 libras, 5 sueldos.

25. El fraile que por su mejor conveniencia o gusto quisiera pasar la vida en una ermita con una mujer, entregará al tesoro pontificio 45 libras, 19 sueldos.

26. El apóstata vagabundo que quisiera vivir sin trabas, pagará igual cantidad por la absolución.

27. Igual cantidad pagarán los religiosos, así seculares como regulares, que quisieran viajar en trajes de laicos.

28. El hijo bastardo de un cura que quiera ser preferido para desempeñar el curato de su padre, pagará 27 libras, 1 sueldo.

29. El bastardo que quisiera recibir órdenes sagradas y gozar beneficios, pagará 15 libras, 18 sueldos, 6 dineros.

30. El hijo de padres desconocidos que quisiera entrar en las órdenes, pagará al tesoro pontificio 27 libras, 1 sueldo.

31. Los laicos contrahechos y deformes que quieran recibir órdenes sagradas y poseer beneficios, pagarán a la cancillería apostólica 58 libras, 2 sueldos.

32. Igual suma pagará el tuerto del ojo derecho; mas el tuerto del ojo izquierdo pagará al Papa 10 libras, 7 sueldos. Los bizcos pagarán 45 libras, 3 sueldos.

33. Los eunucos que quisieran entrar en las órdenes, pagarán la cantidad de 310 libras, 15 sueldos.

34. El que por simonía quisiera adquirir uno o muchos beneficios, se dirigirá a los tesoreros del Papa, que le venderán ese derecho a un precio moderado.

35. El que por haber quebrantado un juramento quisiera evitar toda persecución y librarse de toda nota de infamia, pagará al Papa 131 libras para cada uno de los que le habrán garantizado.

ANEXO 2

LA SÁBANA DE TURÍN, IMPLICANCIAS DE SU AUTENTICIDAD

La sábana de Turín tiene 4.36 m de largo por 1.1 m de ancho y muestra, con extraordinario detalle, la figura de un hombre crucificado. El Hombre del Sudario lleva barba y bigote, y su cabello, que cae a la altura de los hombros está peinado con raya en medio. En la tela se perciben manchas de color rojo oscuro, sangre de tipo AB (según últimas investigaciones), que muestran diversas heridas:

1. Una gran herida circular en al menos una de sus muñecas (la otra queda oculta por la disposición de las manos), como si hubiera sido perforada.

2. Otra herida en el costado, también por perforación.

3. Varias heridas más alrededor de la frente.

4. Señales que asemejan latigazos en las piernas y el torso.

De su existencia se habla por primera vez en los evangelios canónicos, los mismos que mencionan que un rico personaje llamado José de Arimatea envolvió el cuerpo de Jesús en una sábana (Mateo 27, 59; Marcos 15, 46; Lucas 23, 53; Juan 19:40) antes de enterrarlo en un nuevo sepulcro excavado en la roca.

Cuenta la leyenda que en la época de Jesús, el Rey de Edesa (un estado de Siria) Agbar Ukkama, estaba muy enfermo de artritis y lepra negra. Este Rey tenía un asistente llamado Ananías, que le habló sobre las curaciones milagrosas de Jesús, por lo que fue enviado inmediatamente a buscarlo. Cuando Ananías llegó a Jerusalén, se encontró con Tomás, quien le contó que Jesús había sido crucificado y posteriormente había desaparecido. El mismo Tomás entregó a Ananías la sábana con la que había sido envuelto Jesús luego de ser bajado de la cruz, manifestándole que por lo tanto dicha sábana tenía propiedades milagrosas. Se dice, que en efecto el contacto con la sábana produjo la milagrosa curación del Rey de Edesa.

Posteriormente la famosa sábana parece haber llegado a Constantinopla (ahora Estambul), donde permaneció durante varios siglos hasta que finalmente fue trasladada a Europa.

La historia conocida de la tela ahora guardada en Turín empieza en 1357, cuando la viuda del caballero francés Geoffroy de Charny la expuso en una iglesia en Lirey, Francia, pudiendo a partir de ese momento hacerse un seguimiento histórico de su paradero hasta nuestros días. Como no es el propósito de esta obra hacer un recuento histórico de la Sábana, aquí dejamos el relato.[375]

El 28 de mayo de 1898, cuando recién se había descubierto la fotografía, el fotógrafo italiano Secondo Pia realizó la primera fotografía del sudario, llevándose una sorpresa al examinar el negativo de su obra: en el negativo, la imagen tenía todo el aspecto de un positivo, lo que implica que la imagen marrón amarillenta mostrada en el sudario sería en realidad alguna clase de negativo. Los observadores del negativo fotográfico han notado a menudo un espectacular aumento del relieve y detalle del hombre del sudario, causando un efecto inesperado. El negativo de Pia intensificó el interés por el sudario y renovó los esfuerzos en pos de determinar su origen, desatándose una despiadada guerra entre los que están a favor y en contra de su autenticidad.

Pía fue acusado de retocar las fotografías y tuvo que esperarse otros 33 años para que finalmente en 1931 se pudiera tomar nuevas fotografías de la sábana, las mismas que reivindicaron a Pía, pues resultaron ser idénticas a las tomadas en 1898, corroborando aquello que la sábana en realidad contenía un negativo fotográfico de un hombre que previamente había sido crucificado.

Mientras tanto, en el año 1900 apareció una obra titulada *Critical Sources Studies,* escrita por un renombrado cura católico quien citando varios

---

[375] Para mayor información histórica de la Sábana recomiendo The Jesus Conspiracy, The Turin Shroud & The Truth About Resurrection, Part Two, de Holger Kersten & Elmar R. Gruber. Barnes and Noble Books, New York, 1995.

documentos del Medioevo llegó a la conclusión de que la sábana en realidad era una farsa pintada por algún artista alrededor del año 1350, tesis que fue inmediatamente refutada por los biólogos Paul Joseph Vignon e Yves Delage, para quienes resultaba imposible que hubiera podido ser pintada por un artista medieval. Para Vignon la figura de la sábana fue producida por contacto directo, pero también se produjo algún tipo de proyección, agregando que los vapores provenientes del cuerpo, esto es el sudor y la fiebre, tenían que haber sido la causa de la formación de la imagen. La tesis de Vignon fue contradicha con el argumento de que los muertos no sudan, lo cual es cierto, pero dicha probabilidad – la presencia del sudor y la fiebre – podrían llevarnos a concluir que el hombre de la sábana no estaba muerto cuando fue envuelto en ella, resultando además lógica esta sintomatología en una persona que sufrió el castigo que Jesús recibió.

En 1931 Giuseppe Enrie tomó nuevas fotografías de la sábana, esta vez utilizando una mejor tecnología comparada a la que tuvo acceso Pía. Con estas nuevas fotografías quedó claro:

1. Que la sábana no fue producida por ningún tipo de pintura.

2. Que el hombre retratado en la sábana estaba completamente desnudo, lo que concuerda con las costumbres romanas de crucifixión y que, por el contrario, habría sido un sacrilegio imperdonable para cualquier artista que hubiera osado pintar a Jesús desnudo en el Medioevo.

3. Que la persona allí retratada fue clavada de pies y manos a la cruz. Si tenemos en cuenta que esta forma de crucifixión recién fue abolida por el Emperador Constantino I, entonces la sábana tenía que provenir de una persona crucificada antes del 337 d.c., lo que también contradice seriamente la teoría de que la sábana fue pintada en el Medioevo.

Con los estudios de Pierre Barbet, se estableció que los clavos de la mano fueron introducidos a través del espacio de Desdot, ubicado en la base de las manos, y que el clavo del pie fue introducido por el segundo metatarso, concluyendo que en ningún caso esta forma de clavado produjo serias lesiones a las venas o huesos del crucificado. Una persona así crucificada podía sostener su cuerpo con los pies, a la vez que se impedía el desgarramiento de las manos y posterior desplome del cuerpo. De esta forma se aseguraba que la persona crucificada pudiera agonizar varios días, produciendo un gran sufrimiento en el crucificado a través de una muerte especialmente lenta, siendo este precisamente el objeto de este cruel castigo.

Más tarde el Dr. David Willis haciendo un estudio respecto del costado del crucificado, encontró que de esta herida se produjo un dispersión heterogénea, pudiendo observarse áreas en las que los fluidos eran claros junto con la sangre, lo que confirmaba el relato del Evangelio en el sentido de que del costado de Jesús salió sangre y agua (Juan 19:33).

En la década de 1950 apareció en escena un interesante personaje conocido con el nombre de Kurt Berna o Hans Naber, quien publicó una obra titulada *Jesus Nicht am Kreuz Gestorben* (Jesús No Murió en la Cruz), basada en la observación de las fotografías producidas por Giuseppe Enrie que, como no podía ser de otro modo, causaron las más encontradas reacciones. En una carta fechada 26 de febrero de 1956, Kurt Berna le decía textualmente al Papa Juan XXIII:

> De acuerdo a las pruebas existentes, ha quedado establecido que el cuerpo de una persona crucificada en esa época (la época de Jesús) fue colocada en ésta sábana y que permaneció en ella por algún tiempo. En el sentido médico está probado que "no era un cadáver", porque puede rastrearse que en ese momento existía un libre movimiento del corazón. "La existencia de la circulación de la sangre, su posición y su naturaleza, que puede encontrarse en la Sábana Santa nos da una clara prueba médica y científica de que la llamada ejecución no fue legalmente completada". De acuerdo al presente descubrimiento "las enseñanzas presentes y pasada del cristianismo son incorrectas". [376]

La mencionada obra de Berna, escrita en la década de los años 50, ya

---

[376] Esta carta fue copiada en el apéndice D de la obra de Mumtaz Ahmad Faruqui: "The Crumbling of the Cross", que puede ser consultado en la siguiente página web: http://aaiil.org/text/books/others/mumtazahmadfaruqui/crumblingcross/crumblingcross.shtml

no está en circulación, pero en el apéndice D de la obra de Muntaz Ahmad Faruqui: *The Crumbling in the Cross*, aparecen algunas citas que creo importante transcribir:

> A continuación se dan algunos estudios y comentarios analíticos sobre las fotografías tomadas de las impresiones dejadas por el cuerpo de Jesucristo en la sábana en la que fue envuelto después de ser bajado de la cruz:
>
> Placa No. 16. En esta placa se muestra una interpretación de las impresiones de cómo el cuerpo de Jesucristo fue puesto sobre la larga sábana. Se puede apreciar que ambas manos y la cabeza están por encima del resto del cuerpo. "Si hubiera sido un cuerpo muerto, la sangre fresca no habría fluido de estos órganos y dejado sus huellas en la sábana"...
>
> Placa No. 19. ...Cuando el cuerpo de Jesús fue bajado de la cruz y se le removió la corona de espinas, las heridas producidas por las puntas de las espinas comenzaron a sangrar. Si Jesús había estado muerto en la Cruz por unas horas, toda la sangre habría bajado por gravitación a las extremidades inferiores del cuerpo y se habría coagulado. Existe una ley natural que indica que la circulación de la sangre se produce en total vacío del aire, con los latidos del corazón manteniéndola en circulación. En un cadáver fresco, habiendo el corazón dejado de funcionar, no solamente no va a fluir la sangre después de un tiempo, sino que también la sangre se va a retraer (por el vacío de atrás); y los capilares sanguíneos que están debajo de la piel van a comenzar a vaciarse, apareciendo el color de muerte en el cuerpo. "Por lo tanto, sangre fresca no pudo haber fluido de las heridas producidas en el cuero cabelludo de Cristo, a no ser que el corazón estuviera latiendo, aunque muy lentamente. Desde el punto de vista médico Jesucristo no estaba muerto en ese momento". [377]

Se argumentó que Kurt Berna no tenía los conocimientos científicos ne-

---

[377] La integridad del apéndice D puede consultarse en la misma página web indicada en la nota anterior.

cesarios para efectuar semejantes afirmaciones, pero lo cierto es en este caso, sólo se requería ser buen observador. Los estudios publicados posteriormente, no han hecho más que reafirmar las observaciones de Berna. De cualquier forma, la tesis de Berna no sólo generó escándalos periodísticos sino que según parece lograron remover los cimientos del Vaticano, pues de comprobarse podían derrumbar las bases teológicas del cristianismo, especialmente aquellas elaboradas por Pablo. Esta preocupación eclesiástica hizo que entre gallos y medianoche, durante tres días consecutivos a partir del 16 de Junio de 1969, la capilla de Turín donde se encuentra la sábana, fue misteriosamente cerrada al público para que un grupo de personas efectuara algunas sospechosas y secretas labores con la sábana, se trataba de un grupo de científicos italianos que habían sido secretamente convocados para examinar la sábana tratando de mantener la más estricta confidencialidad.

Pueden ponerse en duda las credenciales científicas de Berna, pero nadie puede dudar de su capacidad de convocatoria periodística. Aparentemente Berna, a través de una fuente del más alto nivel del Vaticano, fue informado de los trabajos de esa comisión inmediatamente denunció que la Iglesia estaba ejecutando un plan para manipular, falsificar e incluso destruir la sábana a efecto de desaparecer una prueba irrefutable en el sentido de que Jesús no había muerto en la cruz, tratando de evitar las gravísimas implicancias que este hecho tendría en la fe cristiana.

El escándalo periodístico que tales afirmaciones produjeron obligó al Vaticano a aceptar, a comienzos del año 1970 que en junio del año anterior efectivamente se habían reunido un grupo de expertos para mejorar la preservación de la sábana, pero la consecuencia más importante de este episodio es que a partir de ese momento el Vaticano se vio obligado, por la presión de la prensa, a practicar públicamente todos los exámenes posteriores de la sábana.

A efecto de contrarrestar la idea sugerida por Berna, el Vaticano publicó en 1978 un volumen titulado *L´Uomo della Sindone*, que estaba destinado a probar que Jesús había muerto en la crucifixión, pero resultaba cada vez más claro que esta posición carecía de las bases científicas necesarias.

En el año 1973, se nombró una comisión que estuvo conformada, entre otros, por el Profesor Gilbert Raes del Instituto de Tecnología Textil de Gent y por el científico forense de la policía de Zúrich Profesor Max Frei, a quienes por primera vez se les proporcionó algunas muestras obtenidas de la propia sábana. Raes encontró en la muestra algunos rastros de algodón que se adhirieron a la sábana, pero que no formaban parte del tejido; estos rastros del algodón pertenecían a la especie *Gossypium herbaceum* que se ha cultivado en el Oriente Medio desde tiempos muy remotos, confirmándose que el material de la sábana provino de esa parte del mundo.

Por su parte, el Profesor Frei se concentró en el estudio del polen (palinología) contenidos en la sábana, identificando que 11 de los tipos de polen provenían del Medio Oriente, del área del Mar Muerto, 44 de las áreas vecinas a Jerusalén, 14 de la zona de Urfa, antes Edesa, 14 del área de Estambul, antes Constantinopla; en otras palabras, la palinología corroboraba que la sábana había estado en los mismos lugares donde se dice que estuvo desde la vez que fue utilizada en el sepulcro la era moderna.[378]

En 1978 la sábana fue estudiada por un equipo de 25 científicos norteamericanos, que utilizaron los más modernos equipos de fotografía, rayos X, espectroscopia, tecnología computarizada, química orgánica y física, los cuales establecieron en forma inequívoca que eran sangre y no pintura las impregnaciones de la sábana, lo que también fue confirmado por el grupo STURP (Shroud of Turin Research Project), pudiendo establecerse incluso que el tipo de sangre de la persona que fue envuelta en ella era AB[379], tipo de sangre muy raro en el mundo pero común entre los hebreos. En 1981, el grupo STURP emitió un reporte final, que dice así:

No se han encontrado en las fibras, pigmentos, tintes o manchas. Los rayos X, fluorescencia y micro-química en las fibras excluyen la posibilidad de que se haya usado pintura para crear la imagen. Evaluación Ultravioleta y de rayos infrarrojos confirman estos estudios. El mejoramiento computarizado de la imagen y el análisis a través de un aparato conocido como VP-8 muestra que la ima-

---

[378] Frei, M.: "Identificazione e classificazione dei nouvi pollini della Sindone", 1982, publicado en La Sindone, Scienza e Fede.
[379] Jorio M, y Massaro A. "Identificazione del grupo delle trace di sangue umano sulla Sindone". Sindon, 1982.

gen tiene una singular información tridimensional codificada en ella. La evaluación micro química ha indicado que no hay evidencias de ningún tipo de especies, aceites o ningún otro bioquímico producido por el cuerpo en vida o en muerte. Está claro que ha habido un contacto directo entre la sábana y un cuerpo, que explican ciertos rasgos como marcas de flagelamiento, así como la sangre. Sin embargo, mientras que este tipo de contacto podría explicar algunos de los rasgos del torso, es totalmente incapaz de explicar la imagen de la cara con la alta resolución que ha sido ampliamente demostrada por la fotografía. El problema básico desde el punto de vista científico es que algunas explicaciones que pueden ser dadas desde el punto de vista de la química, están excluidas por la física. Contrariamente, ciertas explicaciones físicas que pueden ser atractivas, están completamente excluidas por la química. Para una explicación adecuada de la imagen de la sábana, debemos tener una explicación que sea científicamente aceptable, desde el punto de vista físico, químico, biológico y médico. Al presente, este tipo de solución no parece que pueda ser obtenido no obstante los mejores esfuerzos de este equipo. Además, experimentos en física y química con antiguos tejidos han fracasado al tratar de reproducir adecuadamente el fenómeno que presenta la Sábana de Turín. El consenso científico es que la imagen fue producida por algo que resultó en la oxidación, deshidratación y conjugación de la estructura polisacárida de las microfibras del tejido en sí. Tales cambios pueden ser duplicados en el laboratorio a través de ciertos procesos químicos y físicos. Un tipo similar de cambio en el tejido puede ser obtenido por el ácido sulfúrico o el calor. Sin embargo no hay métodos químicos o físicos conocidos que pueden explicar la totalidad de la imagen, ni cualquier combinación de circunstancias físicas, químicas, biológicas o médicas pueden explicar adecuadamente la imagen.

Entonces, la respuesta a la pregunta de cómo la imagen fue producida o que produjo la imagen, ahora como ha sido en el pasado, continua siendo un misterio.

Podemos concluir que por ahora la imagen de la Sábana es la de *un hombre realmente flagelado y crucificado. No es el producto de un artista. Las manchas de sangre están compuestas de hemoglobina y también dan un resultado positivo para suero de albúmina. La imagen sigue siendo un misterio y hasta que posteriores estudiosos químicos sean hechos, quizás por este grupo de científicos, o por otros científicos en el futuro, el problema continúa sin ser resuelto.* [380]

Para terminar de armar el rompecabezas sólo quedaba determinar la edad de la sábana con la utilización de la prueba del Carbono 14, cuyo método fue desarrollado por el norteamericano Willard F. Libby.

En 1982 el grupo STURP formó una comisión para manejar la posibilidad de la aplicación de la prueba del Carbono 14 a la sábana, la misma que propuso que 6 laboratorios de prestigio mundial deberían ser los encargados de efectuar los exámenes, agregándose posteriormente un sétimo.

El 29 de setiembre de 1986, el Cardenal Ballestrero organizó una reunión con la participación de los siete laboratorios seleccionados, estableciéndose un protocolo para el correcto y transparente examen del carbono 14, quienes tenían que actuar bajo la supervisión del Museo Británico, La Academia Pontificia y el Instituto de Metrología de Turín.[381]

Lo que siguió después fue una cadena de hechos insólitos, que primero hicieron que el grupo STURP pasara a un segundo plano, y posteriormente el 10 de octubre de 1987, El Cardenal Ballestrero de Turín anunciara que la prueba habría de ser hecha sólo por tres laboratorios: Tucson, Oxford y Zúrich. El 21 de Abril de 1988, se cortó la sábana, se dividió en tres partes produciéndose luego un hecho por demás sospechoso: El Cardenal Ballestrero y el delegado de Museo Británico, un tal Dr. Tite, se retiraron a la sacristía de la iglesia para colocar (en total secreto) las tres muestras (y otras 6 muestras de control) en 9 pequeños cilindros de metal, que luego fueron distribuidos entre los tres laboratorios antes mencionados. Lo que debió ser un sencillo procedimiento, les tomó a estas personas ¡30 minutos!

---

[380] Este documento fue obtenido de la siguiente página web: www.shroud.com/78conclu.htm
[381] El protocolo completo ha sido transcrito en la obra de Garza-Valdes, Leoncio A. The DNA of God, Berkley Books, New York, 2001, pág.169-170.

Lo que sigue es historia conocida: el 13 octubre de 1988 el Cardenal Ballestrero anunció al mundo que de acuerdo al resultado uniforme obtenido por los tres laboratorios que hicieron los exámenes, la famosa sábana tenía una antigüedad de un periodo comprendido en el siglo XI y XIV, hecho que debía poner término a la polémica sobre su autenticidad dándose por concluida la polémica.

Lejos de concluir el debate, éste se reavivó; había algo que olía mal. Durante el proceso inmediatamente anterior a la toma de las muestras los hechos no se habían desarrollado con total transparencia y parecía que había gato encerrado. Además los antecedentes de la Iglesia Católica, su conocida historia de ocultamiento, falsificaciones, manipulaciones y mentira, especialmente de su cúpula, indicaban que había que desconfiar de esos resultados, o más bien del proceso para obtener tales resultados.

El teólogo y escritor alemán Holger Kersten[382], quien tenía serias dudas sobre la transparencia del procedimiento y la validez del resultado, a partir del año 1988 inició una larga y exhaustiva investigación sobre el tema. Esto le llevó a conseguir las fotografías de la muestra que fue cortada de la sábana de Turín el 28 de abril de 1988, así como las fotografías de las muestras tal como llegaron al laboratorio de Zúrich y al de Oxford. Luego de hacer una comparación en cuanto a las dimensiones de la muestra obtenida en Turín y la muestra que llegó a Zúrich, comprobó que existía una notable diferencia en cuanto a las dimensiones del pedazo que se cortó ese 28 de abril de 1988 y los pedazos que llegaron a los laboratorios de Arizona, Oxford y Zúrich.

Posteriormente, Kersten logró efectuar una comparación computarizada de las fotografías llegando a la inequívoca conclusión de que en efecto las muestras de tela que llegaron a los tres laboratorios que hicieron el examen de Carbono 14 no proceden de la muestra que se extrajo de la sábana de Turín el 21 de abril de 1988.[383] Esto no hacía más que confirmar la turbia historia de la iglesia. No se necesitaba ser muy acucioso para concluir que

---

[382] Kersten Holger y Gruber, Elmar R., op. cit.
[383] Quien desee mayores detalles de esta investigación puede encontrarlos en la citada obra citada de Kersten y Gruber.

la muestra fue cambiada por el Cardenal Ballestrero y Tite en la Sacristía de la Catedral de Turín, durante esos 30 minutos que estos personajes desaparecieron y secretamente colocaron los especímenes en los respectivos tubos metálicos que posteriormente fueron entregados a los representantes de los tres laboratorios.

¿Qué otros hechos nos llevan a dudar del proceso? Hay varios:

1. Los siete laboratorios que originalmente deberían haber hecho la prueba, sin explicación alguna fue reducido a tres.

2. Las tres instituciones que deberían efectuar la labor de supervisión de la prueba, el Instituto di Metrologia G. Colonetti de Turín, la Academia Pontificia de Ciencias y el Museo Británico, también sin explicación, fueron reducidos a última hora a uno: el Museo Británico. La idea era que no hubieran muchos supervisores, especialmente si no se tenía control sobre ellos y, en el caso de Academia Pontificia de Ciencias, desligar de la prueba toda relación con la Iglesia, de tal forma que no se le involucrara – a la Iglesia – ni con el proceso ni con los resultados.

3. Cuando el Cardenal Ballestrero y el Dr. Tite, entran a la sacristía, se suspendió temporalmente la filmación del acto; tampoco se tomaron fotografías en la sacristía. De esta forma quedó en el más absoluto secreto lo que sucedió en dicho lugar, afectando seriamente la transparencia del acto.

4. Inmediatamente se hicieron públicos los resultados de la prueba, el Cardenal Ballestrero y el jefe de la Academia Pontificia de Ciencias, un Profesor Chagas, fueron cesados en sus funciones, de esta forma se silenció a todos los que podían dar información por parte de la Iglesia y las instituciones cercanas.

Esta tesis de que el pedazo de tela de la sábana que fue cortado el 21 de abril de 1988 fue cambiado para que los laboratorios escogidos obtuvieran un resultado erróneo va tomando cada vez más fuerza. Al respecto resulta muy valioso el aporte de los religiosos católicos Georges de Nantes y Bruno

Bonnet-Eymmard, quienes en la número 294, 1997 de la Revista de *"The Catholic Counter-Reformation"* [384] hicieron público los resultados en su propia investigación de los hechos. Para ellos simplemente hubo un cambiazo, que fue cuidadosamente planificado por una "mafia" interesada en que la sábana fuera fechada como fabricada en el Medioevo.

Mientras tanto, en 1993 el Dr. Leoncio A. Garza-Valdes tuvo oportunidad de analizar algunas muestras de la sábana que estuvieron en poder de Giovanni Riggi, quien encontró una capa bío-plástica, con bacteria y hongos, que bien pueden hacer variar los resultados de la prueba de carbono-14. Lo más interesante de su investigación se refiere al estudio de los rastros de sangre contenidos en las muestras, llegando a determinar su DNA, que pertenecía a un ser humano de sexo masculino, con cromosoma "Y", que implicaría que fue concebido a través de una relación sexual entre un hombre y una mujer. Como era de esperarse, estos estudios llevaron al Cardenal Saldarini, el sucesor de Ballestrero, a emitir con fecha setiembre de 1995 un comunicado en el que niega que Riggi tuviera en su poder muestra alguna de la sábana, y que por lo tanto los custodios de la sábana – la Iglesia Católica - no avalan ni aceptan los resultados de los estudios de Garza-Valdes.[385] No quiero dejar de mencionar que como parte de los estudios de Garza-Valdes, encontró algunas partículas de madera que corresponden al roble, que de probarse la autenticidad de la sábana llevaría al Vaticano al embarazoso dilema de tener que retirar de todas las iglesias del mundo los trozos de pino que desde hace 17 siglos se veneran como si fueran pedazos de la cruz verdadera.[386] Comparte el criterio de Garza –Valdes el inglés Ian Wilson, quien es un reconocido estudioso del tema.[387]

Existen otras teorías, como la de Raymond N. Rogers, un químico norteamericano vinculado a la NASA, que en el 2003 efectuó un estudio (publicado en el 2005 en la prestigiosa revista *Thermochimica Acta)* en el que llega a la conclusión que la prueba del Carbono-14 arrojó resultados erróneos porque en realidad se analizó un fragmento de la reliquia que fue

---

[384] El artículo completo puede ser consultado en www.crc-internet.org/shroud3.htm#hoaxers
[385] Garza-Valdes, Leoncio A. The DNA of God? Berkley Books, 2001.
[386] Garza-Valdes, Leoncio A., op cit.. pág. 191.
[387] Wilso, Ian, The Blood and the Shroud, Weidenfield & Nicholson, Londres, 1998.

dañado tras un incendio producido en 1532. En su estudio Rogers encontró una sustancia química llamada vanilina, que cubre algunos fragmentos de la sábana, fue colocada por las monjas que efectuaron los remiendos de la sábana tras el incendio de 1532, siendo uno de tales fragmentos el que se cortó para efectuar la prueba del Carbono-14. Este hecho ya fue denunciado por el Prof. Gabriel Vial, quien el 1988 afirmó que la parte de la sábana seleccionada para la prueba podría ser una reparación.

La idea de la Iglesia ha sido sacrificar la Sábana a cambio de tratar de evitar una desgracia mayor: el que quedara demostrado de que Jesús no murió en la Cruz. En ajedrez esto se llama un gambito. En el Derecho, esta conducta también tiene su propia tipificación. En la realidad, dado que no hay crimen perfecto y teniendo en cuenta que han quedado huellas e indicios de un espectacular fraude, el tiempo hará lo suyo y llegará el día que tenga que descubrirse la verdad, pues como lo dice la propia Biblia no es posible pretender tapar el sol con un dedo.

Contrariamente a lo esperado por la Iglesia, los resultados de la prueba de carbono 14 no han hecho otra cosa que reavivar la polémica y las huellas del delito han comenzado a ser descubiertas. Para terminar esta parte de la investigación sólo quiero mencionar tres hechos que me han llamado la atención y que será el lector el que formará su propia opinión:

1. Algunos meses de publicados los resultados, el 24 de Marzo de 1989, por rara coincidencia un viernes santo, el Prof. Hall de Oxford, uno de los principales actores de la prueba del Carbono-14, recibió de 45 donantes anónimos la friolera de un millón de libras esterlinas, las que fueron destinadas a la creación de una nueva jefatura de ciencia arqueológica en la Universidad de Oxford, que fue inmediatamente entregada al Dr. Tite, el mismo que intervino en el cambiazo.[388]

2. El 24 de junio de 1989, el científico Timothy W. Link, a los 42 años de edad, extrañamente murió en circunstancias calificadas como suicidio. Este científico tenía fama por su escrupuloso rigor en análi-

---

[388] La noticia fue publicada en la edición del 25 de marzo de 1989 del Daily Telegraph de Londres.

sis estadístico y formó parte del equipo de científicos de los laboratorios de Arizona que intervinieron en la prueba de Carbono 14. En Estados Unidos hay rumores de que su muerte haya tenido el objeto de silenciarlo.[389]

3. En circunstancias que nunca han sido claramente explicadas, minutos antes de la medianoche del 11 de abril de 1997, se produjo un incendio en la Catedral de Turín, donde se guarda la famosa sábana. Si no fuera por la oportuna intervención de los bomberos, es posible que la sábana hubiera podido ser consumida por el fuego.

Estos son los hechos, ¿Usted, qué piensa?

---

[389] A sugerencia proviene del artículo citado de The Catholic Counter-Reformation.

BIBLIOGRAFÍA

1. Abegg Jr., Martín Peter Flint & Eunece Ulrich, *The Dead Sea Scrolls Bible*, Harper San Francisco, 1999.
2. Allende, Carlos, *La Vida Desconocida de Jesús*, Océano Ambar, Barcelona 2005.
3. Ahmad, Khwaja Nazir, *Jesus in Heaven on Earth*, Ammadiyya Anjuman Isha`at Islam Lahore Inc., USA.
4. Baigent, Michael, *The Jesus Papers*, Harper San Francisco, 2006.
5. Bernard, David K., *La Unicidad de Dios*, World Aflane Press, MO., USA, 2000.
6. Blaschke, Jorge y otros, *El Vaticano Secreto, Historia Oculta de la Iglesia*, Grandes Enigmas Hermética, Barcelona, 2005.
7. Bloom, Harol, *Jesús y Yahvé*, Taurus Pensamiento, Argentina, 2006.
8. Bossi, Emilio (Milesbo), *Jesucristo nunca ha existido*, Tercera Edición, F. Granada y C, Barcelona, 1907.
9. Borg, Marcus, *Jesus & Buddha, The Parallel Sayings*, Ulisses Press, USA, 2002.
10. Borg, Marcus, *The Lost Gospel Q*, Seastone, Berkeley, California, 1999.
11. Burns, C. Delisle y Arthur Drews, *The Christ Myth*, Bibliolife, Charleston, S.C., USA.
12. Burkett, Elinor y Frank Bruni, *A. Gospel Of Shame*, Viking, New York, USA, 1993.
13. Byrrne, Rhonda, *The Secret*, Atria Books, Beyond Words Publishing, New, York, 2006.
14. Caner, Ergun Mehmet, Emir Feth Caner, *Christian Jihad*, Kregel Publications, Grand Rapids, MI, USA, 2004.
15. Campbell, Joseph, *El Héroe de las mil Caras, Psicoanálisis del Mito*, Fondo de Cultura Económica, México, 2000.
16. Campbell, Joseph, *El Poder del Mito*, Emece Editores, Barcelona, 1988.
17. Clavijo, Julio César, *Un dios Falso llamado Trinidad*, **http://pentecostalesdelnombre.com/x/index.php?option=com_content&task=-view&id=86.**
18. Chandelle, René, *Traidores a Cristo*, Ediciones Robinbook, España, 2006.
19. Chamberlin, E.R., *The Bad Popes*, Barnes and Nobel Books, New York, 1993.

20. Charles, R.H., *El Libro de Enoc El Profeta*, EDAF, Arca de Sabiduría, Madrid, 2005.
21. De Rosa, Peter, *Vicars of Christ*, Crown Publishers, Inc., New York USA, 1998.
22. Doane, T.W. *Bible Myths and their Parallels in other Religions*, 1882, Kessinger Publishing´s Rare Reprints.
23. Doherty, Earl, *The Jesus Puzzle, Did Christianity begin with a mythical Christ?*, Canadian Humanist Publications, Ottawa, Canada, 1999.
24. Doresse, Jean, *The Secret Books of the Egyptian Gnostics*, MJF Books, New York, 1986.
25. Douglas-Klotz, Neil, *The Hidden Gospel*, Quest Books, Theosophical Publishing House, Illinois, USA, 2001.
26. Drews, Arthur, *The Legend of Saint Peter*, American Atheist Press, 1997, Austin, Texas, USA.
27. Dummelow, J.R., *Commentary of the Holy Bible*, Londres, Macmillan & Co., 1917.
28. Ellerbe, Hellen, *The Dark Side of Christian History*, Morningstar and Lark, USA, 2004.
29. Erhman, Bart D. *Misquoting Jesus, The Story behind Who changed the Bible and Why*, Harper San Francisco.
30. Erhman, Bart D., *Lost Christianities, The Battles for Scripture and the Faiths We Never Knew*, Oxford University Press, New York, 2003.
31. Erhman, Bart D., *Lost Scriptures, Books that did not make it into the New Testament*, Oxford University Press, New York, 2003.
32. Erhman, Bart D., *Forged*, Harper One, New York, 2011.
33. Faber-Kaiser, Andreas , *Jesús vivió y murió en Cachemira*, EDAF, Madrid, 2005.
34. Finkelstein, Israel y Neil Asher Silberman, *The Bible Unearthed, Archaeology´s new vision of ancient Israel and the origin of its sacred texts*, A Touchstone Book, Published by Simon and Schuster, New York.
35. Freijeiro, Antonio Blanco, *Antología de las Procesiones. Antecedentes paganos de las procesiones cristiana*. (pttp://descargas.cervantesvirtual.com).
36. Freke, Timoty & Peter Gandy, *The Jesús Mysteries, Was the "Original Jesus" a Pagan God?*, Three Rivers Press, New York, 2000.
37. Freke, Timoty & Peter Gandy, *Jesus and the Lost Goddess*, Three

Rivers Press, New York, 2001.
38. Freke, Timothy, *A book you can read in an hour that will turn your world inside out,* Books for Buming, UK, 2005.
39. Freke, Timothy & Peter Gandy, *The Laughing Jesus,* Harmony Books, New York, 2005.
40. Friedman, Richard Elliot, *Who Wrote the Bible,* HarperSanFrancisco, New York,, 1989.
41. Fo, Jacopo y Laura Maluchelli, *Y Jesús Amaba a la Mujer,* Ma Non Troppo, Barcelona, 2003.
42. Fo, Jacopo, Sergio Tomat y Laura Malucelli, *El Libro Prohibido del Cristianismo,* Ma Non Troppo, Barcelona, 2004.
43. Garza-Valdes, Leoncio A. *The DNA of God,* Berkley Books, New York, 2001.
44. Gibbon, Edward, *History of Christianity,* New York, Peter Eckler Publishing Co., 1923.
45. Graham, Lloyd, *Deceptions and Myths of the Bible.* A Citadel Press Book, Carol Publishing Edition, 1999, USA.
46. Grant, Robert and David Noel Freedman, *The Secret Sayings of Jesus,* Barnes and Nobel Books, New York, 1993.
47. Green, Ruth Hurmence, *The Born Again Skeptic´s Guide to the Bible,* Freedom from Religion Foundation, Madison, Wisconsin, USA, 1979.
48. Greenberg, Gary, *101 Myths of the Bible,* Sourcebooks, Inc. Naperville, Illinois, USA, 2002.
49. Graves, Kersey, *The World´s Sixteen Cricified Saviors, Christianity before Christ,* Adventures Unlimited Press, USA, 2001.
50. Gruber, Elmar R. & Holger Kersten, *The Original Jesus, The Buddhist Sources of Christianity,* Element Books, Inc, USA, 1995.
51. Gruber, Elmar, *The Jesus Conspiracy, the Turin Shroud and the Truth about Resurrection,* Barnes and Nobel Books, New York, 1995.
52. Harpur, Tom, *The Pagan Christ,* Walker & Company, New York, 2004.
53. Harris, Sam, *A Letter to a Christian Nation,* Alfred A. Knopf, New York, 2006.
54. Hassain, Fida, *A search for the Historical Jesus,* Down-to-Earth Books, Ashfield, MA, USA, 2006.
55. Haught, James A., *Holly Horrors, and illustrated history of religious murder and madness,* Prometheus Books, New York, 1990.

56. Hoffmann, R. Joseph, *Celsus on the True Doctrine*, Oxford University Press, New York, 1987.
57. Jackson, John G., *Christianity Before Christ*, American Atheist Press, 1985.
58. Josefo, Flavio, *Antigüedades de los Judíos*, http://www.scribd.com/doc/5622297/Antiguedades-de-los-Judios-Flavio-Josefo.
59. Jung, Carl C., *Psicología y Simbólica del Arquetipo*, Editorial Paidos, Buenos Aires, 1977.
60. Kasser, Rodolphe; Marvin Meyer y George Wurst, *El Evangelio de Judas*, National Geographic, 2006.
61. Kersten, Holger & Elmar R. Gruber, *The Jesus Conspiracy, The Turin Shroud & The Truth About the Reserrection*, Barnes & Nobel Books, USA, 1995.
62. Knight Christopher and Robert Lomas, *The Hiram Key*, Barnes and Nobel Books, New York, 1996.
63. Knight Christopher and Robert Lomas, *The Second Messiah*, Barnes and Nobel Books, New York, 1998.
64. Kuhn, Alvin Boyd, *Who is this God of Glory?*
65. http://members.tripod.com/~pc93/whosking.htm.
66. Kuhn, Alvin Boyd, *Lost Light: Interpretation of Ancient Scriptures*, Kessinger Publishing´s, Rare Mystical Reprints.
67. Leedom, Tim C, *The Book Your Church Doesn´t Want You to Read*, Truth Seeker, California, 2003.
68. Leong, Kenneth S., *The Zen Teachings of Jesus*, Crossroad, New York, 2001.
69. McLaren, Brian D., *The Secret Message of Jesus*, W. Pusblishing Group, Nashville, Tennessee, USA, 2006.
70. Mack, Burton L., *Who Wrote the New Testament*, HarperSanFrancisco, New York, 1995.
71. Maccoby, Hyam, *The Mithmaker*, Barnes and Nobel Books, New York, 1986.
72. Martínez De Velasco, José, *Los Legionarios de Cristo*, Ediciones B, S.A., Argentina, 2004.
73. Massey, Gerald, *The Historical Jesus and the Mythical Christ*, The Book Tree, Escondido, California, 2000.
74. Massey, Gerald, *Gnostic & Historic Christianity*, Holmes Publishing Group, WA, USA, 2005.

75. Massey, Gerald, *Ancient Egypt, Light of the World*, Cosimo Classics, New York, 2007
76. Maxwell, Jordan; Paul Tice and Alan Snow, *That Old time Religion, The Story of Religious Foundations*, The Book Tree, Escondido, California, 2000.
77. Merrit, Nathaniel, *Jehovah Unmasked!* Moon Temple Press, Indio, CA, USA, 2005.
78. Meyer, Marvin, *The Gospels of Mary, The Secret Tradition of Mary Magdalene the Companion of Jesus*, HarperSanFrancisco, 2004.
79. Monserrat Torrents, José, *El Evangelio de Judas*, EDAF, 2006.
80. Murdock, D.M. (Acharya S.) *Suns of God, Khrisna, Buddha and Christ Unvieled*, Adventures Unlimited Press, USA, 2004
81. Murdock, D.M, (Acharya S.), *La Conspiración de Cristo, La Mayor Ficción de la Historia*, Valdemar 2006, Madrid.
82. Murdock, D.M. (Acharya S.), *Who was Jesús? Fingerprints of the Christ"*, Stellar House Publishing, USA, 2007
83. Murdock, D.M., *Christ in Egypt, the Horus-Jesus Connection*, Stellar House Publishing, 2009.
84. Notovitch, Nicolas, *The Unknown Life of Jesus Christ*, Three of Life Publications, Joshua Tree, California 1996.
85. Otero, Aurelio de Santos, *Los Evangelios Apócrifos*, Madrid; Biblioteca de Autores Cristianos, 1985, pags. 662-669. http://extrabiblica.tripod.com/apnt_abgj.pdf.
86. Pagels, Eliane, *Beyond Belief*, Vintage Books, New York, 2005.
87. Pagels, Eliane, *The Origin of Satan*, Vintage Books, New York, 1995.
88. Paine Thomas, *The Age of Reason, Part Three, Examination of the Prophecies, Edited and Annotated by Frank R. Zindler*, American Atheist Press, 1993, Austin Texas.
89. Perry, Paul, *Jesus in Egypt, Discovering the Secrets of Christ´s Childhood years*, Ballantine Books, New York, 2003.
90. Price, Robert M. *The incredible Shrinking Son of Man*, Prometeus Books, N.Y., 2003.
91. Prophet, Elizabeth Clare, *The Lost Years of Jesus*, Summit University Press, 1987.
92. Prophet, Elizabeth Clare, *Fallen Angels and the Origins of Evil*, Summit University Press, Corwing Springs, Montana, USA., 1992.
93. Prophet, Elizabeth Clare, *The Lost Teachings of Jesus*, Summit Uni-

versity Press, New York, USA, 1986.
94. Quiroz, Fernando, *Justos Por Pecadores, Planeta,* Colombia, 2008.
95. Roberston, J.M., *Pagan Christs,* Dorset Press, USA, 1966.
96. Robinson, James M., *The Secrets of Judas,* HarperSanFrancisco, 2006. Rodríguez, Pepe, *Mentiras Fundamentales de la Iglesia Católica,* Biblos, Barcelona, 2006.
97. Saraví, Fernando, *Culto a la imágenes,* http://www.recursosevangelicos.com/showthread.php?threadid=10569.
98. Schonfield, Hugh, *El Enigma de los Esenios,* EDAF, Biblioteca de Jesús, Madrid, 2005.
99. Smith, Morton, *The Secret Gospel,* The Dawn Horse Press, Middleton, California, USA, 2005.
100. Székely, Edmond Bordeaux, *Jesús el Esenio,* Editorial Sirio, S.A., Mexico D.F., 2004.
101. Sorel, Andrés, *Jesús, El Hombre sin Evangelios,* EDAF, Jesús de Nazaret, Biblioteca, Madrid, 2005.
102. Tácito, Cornelio, *"Anales".* Traducción, prólogo y notas de Crescente López de Juan. Libro de Bolsillo. Alianza Editorial, S. A. Madrid 1993.
103. Thiering, Barbara, *Jesus the Man,* Atria Books, New York, 1992.
104. Tomson, Peter J., *Presumed Guilty, How the Jews were blamed for the death of Jesus,* Fortress Press, Minneapolis, USA, 2005.
105. Torrents, José Monserrate, *Los Gnósticos, Textos I,* Biblioteca Básica Credos, Madrid, 2002.
106. Vallejo, Fernando, *La Puta de Babilonia,* Planeta, Mexico, 2007.
107. Vásquez, Rodolfo, *Génesis del logos en Séneca, Filón, Justino y Tertuliano* http://biblioteca.itam.mx/estudios/estudio/estudio01/sec_20.html.
108. Vanderkam, James and Peter Flink, *The Meaning of the Dead Sea Scrolls,* HarperSanFrancisco, New York, 2002.
109. Vidal, César, *El Documento Q,* Planeta, Barcelona, España, 1993.
110. Vidal, César, *Los Evangelios Gnósticos,* EDAF Jesús de Nazaret Biblioteca, Madrid, 2005.
111. Walker Barbara G., *Man Made God,* Stellar House Publishing, Seattle, 2010.
112. Westcott, Brooke Foss, *A General View of the History of the English Bible,* Londres, Macmillan & Co.,1868.

113. Wheless, Joseph, *Forgery in Christianity: A Documented Record of the Foundations of the Christian Religión,* Kessinger Publishing´s Rare Mystical Reprints, USA.
114. White, L. Michael, *From Jesus to Christianity,* HarperSanFrancisco, New York, 2004.
115. Wilson, Ian, *The Blood and the Shroud,* Weidenfield & Nicholson, Londres, 1998.
116. Yallop, David, *El Poder y la Gloria, Juan Pablo II: ¿Santo o Político?,* Planeta, Colombia, 2007.

www.ingramcontent.com/pod-product-compliance
Lightning Source LLC
Chambersburg PA
CBHW070749230426
43665CB00017B/2299